101 Dinge, die ein echter 1. FC Köln-Fan wissen muss

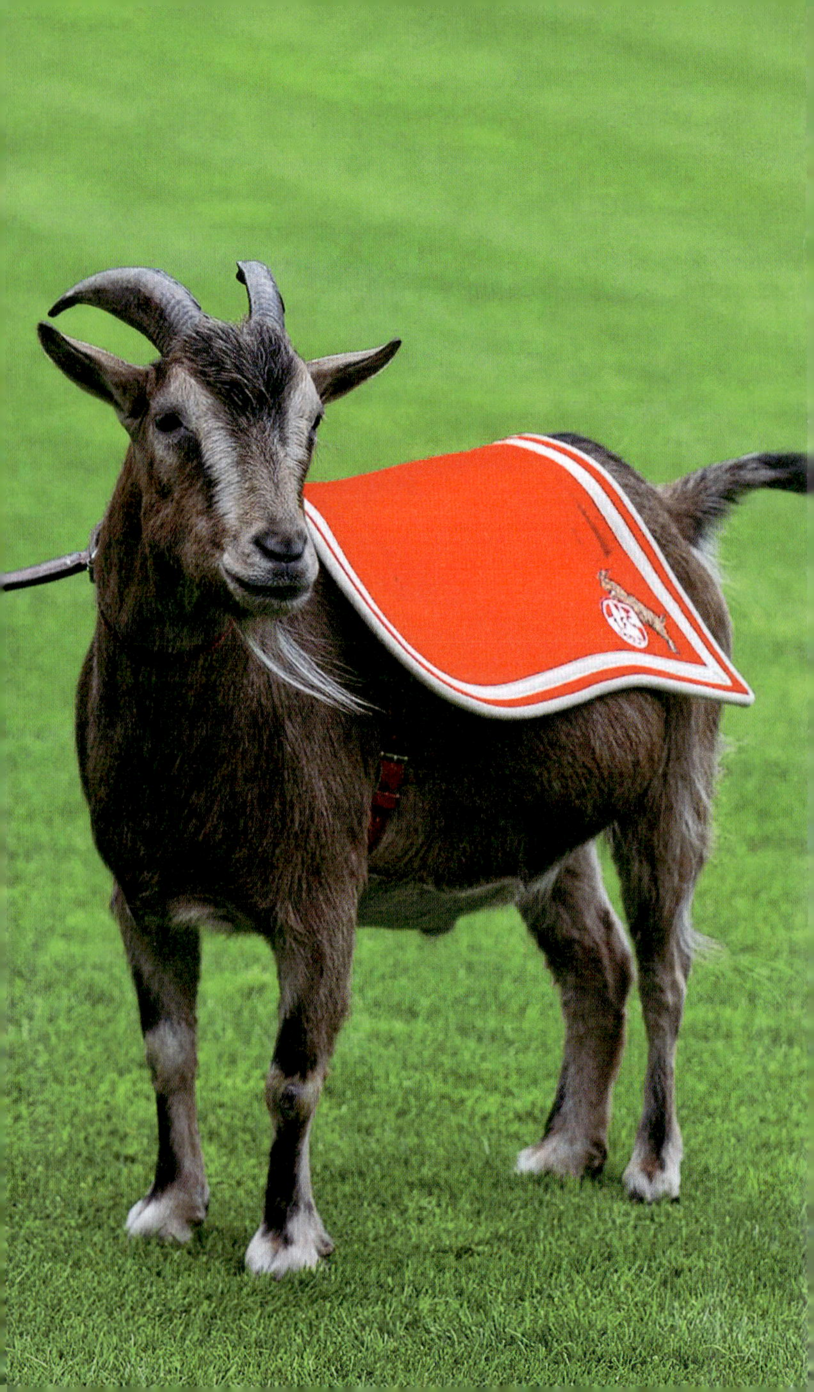

101 Dinge
die ein echter
1. FC Köln
Fan wissen muss

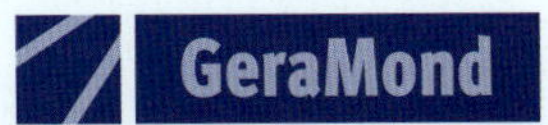

Inhalt

Vorwort

Köln ohne Dom, Karneval oder Kölsch? Undenkbar! Auch der 1. FC Köln gehört in diese Reihung. Manch ein Anhänger des Klubs wird sogar sagen: Er gehört an die erste Stelle.

Dabei ist der FC ein relativ junger Verein. Im Gründungsjahr 1948 wurde bei den heutigen Westrivalen Borussia Mönchengladbach, Bayer Leverkusen, Fortuna Düsseldorf, Schalke 04 oder Borussia Dortmund bereits rund ein halbes Jahrhundert Fußball gespielt. Und doch hat es der 1. FC Köln geschafft, mehr als nur eine Nische zu finden: Schnell wurde der Klub zur Nummer eins in der Region und zeitweise sogar in Deutschland.

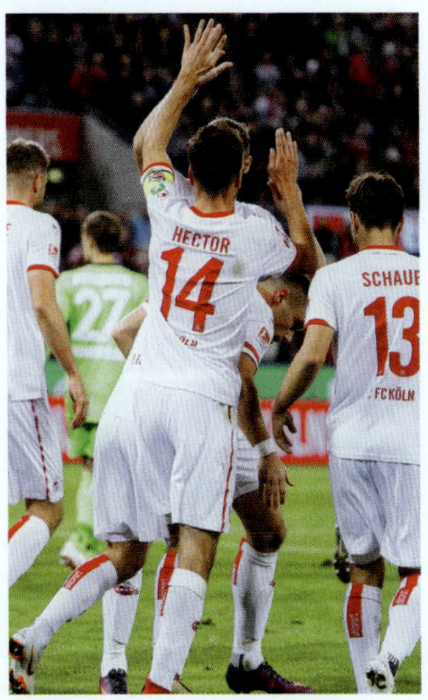

Der Mythos 1. FC Köln ist unabhängig von Liga und Tabellenstand.

Der 1. FC Köln ist das Verein gewordene Sprichwort „Himmelhoch jauchzend, zu Tode betrübt". Die Klubhistorie hält große Schlaglichter bereit wie den ersten Titelgewinn in der gerade gegründeten Bundesliga 1964, das Double 1978 und zahlreiche berauschende Europapokalnächte. Auf der anderen Seite stehen sechs Abstiege aus der 1. Bundesliga, die immer wieder begleitet oder eingeleitet waren von Chaos in der Führung, auf dem Trainerstuhl oder in der Mannschaft.

Dennoch, oder gerade deswegen, hat es der 1. FC Köln geschafft, unzählige Menschen in seinen Bann zu ziehen. Leidenschaft, Emotionen und Identifikation sind für die zahlreichen treuen FC-Fans oft wichtiger als der Tabellenstand. Der feste Glaube an die Rückkehr zur Stärke früherer Jahre eint sie – ebenso wie die in den letzten rund 30 Jahren gut trainierte Leidensfähigkeit.

Dieses Buch blickt zurück auf die großen FC-Momente. Wie begründet sich der Mythos des Vereins? Gleichzeitig geht es aber natürlich auch um die großen und kleinen Tragödien, die diesen Verein zu dem machen, was er ist: einmalig.

Viel Freude mit diesem Buch, *Marco Heibel*

Die Geburtsstunde

1

Zwei Vereine, eine Vision

Für zahllose Fans des 1. FC Köln ist Fußball auch an Heimspieltagen ein Kneipenerlebnis. Das hat ganz logische Gründe: Der Klub hat rund zwei Millionen Fans, mehr als 130.000 Mitglieder, aber ein Stadion für „nur" 50.000 Besucher. An ein Ticket zu kommen, gestaltet sich also durchaus schwierig. Dass dies rund 75 Jahre nach der Gründung des Vereins der Normalfall sein würde, davon dürfte am 13. Februar 1948 niemand ausgegangen sein. Mit Ausnahme von Franz Kremer vielleicht.

Denn der Vorsitzende des Kölner BC von 1901 betrat an jenem Freitagabend die Eckkneipe in der Luxemburger Straße 188 in der festen Überzeugung, ein Großprojekt des deutschen Sports auf den Weg zu bringen. In der urigen Gaststätte Roggendorf wollte Kremer seinen Klub aus dem feinen Kölner Stadtteil Klettenberg endlich aus der Mittelmäßigkeit herausführen – durch die Fusion mit einem Verein aus dem Arbeitermilieu, der benachbarten Spielvereinigung Sülz 07.

Das Ziel: aus der Anonymität an die Spitze

Keine drei Jahre nach dem Ende des Zweiten Weltkriegs waren der KBC und Sülz 07 allerdings nur zwei Vereine unter vielen. In der Domstadt, wohlgemerkt. Der ehrgeizige Kaufmann Kremer ließ sich davon nicht abschrecken. Er dachte größer, wollte nicht nur die städtische

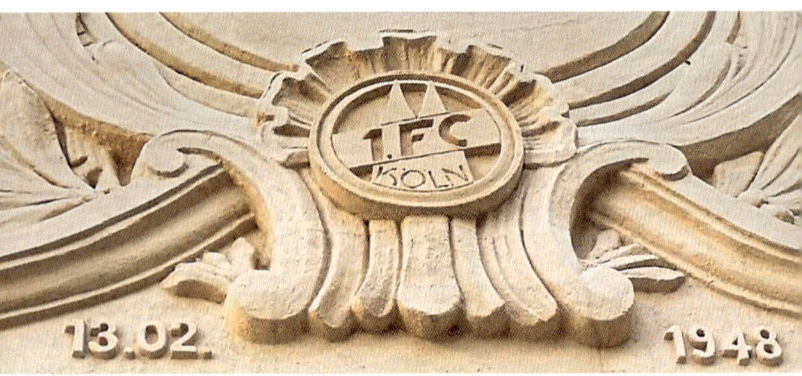

Kein Freitag, der 13. wie jeder andere

Konkurrenz hinter sich lassen, sondern auch die Großklubs aus dem Ruhrgebiet – namentlich Borussia Dortmund und Schalke 04 – angreifen und langfristig nicht weniger als die nationale Spitze erklimmen.

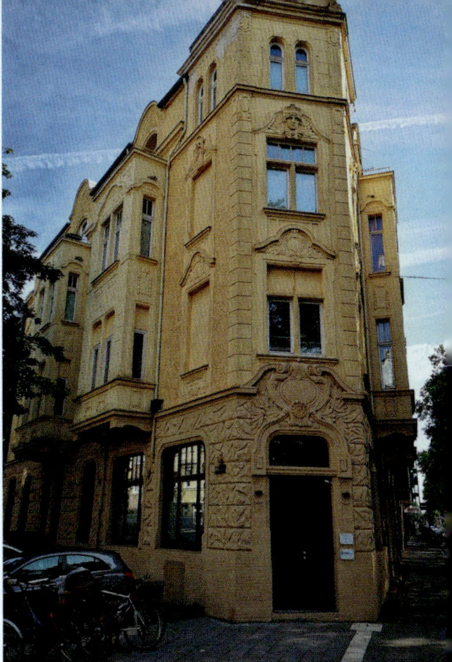

Hier begann alles: die Gründungskneipe in der Luxemburger Straße 188

Hierzu machte sich Kremer für die Gründung eines Großklubs in der Domstadt stark. Und tatsächlich traf der damals 42 Jahre alte Werbeartikelunternehmer offenbar den Nerv seiner Zuhörer, die seinen Ausspruch „Wollen Sie mit mir Deutscher Meister werden?" keineswegs als Scherz oder Anflug von Größenwahn abtaten. Der Kölner träumt halt gerne.

Mit überwältigender Mehrheit votierten die Mitglieder des KBC (156 Ja-Stimmen, zehn Enthaltungen, keine Nein-Stimme) wie auch von Sülz 07 (121 Ja-Stimmen bei 156 Teilnehmern) für die Verschmelzung. Der 1. Fußball-Club Köln 01/07 e. V. war geboren, Franz Kremer wurde ohne Gegenstimme zum ersten Präsidenten gewählt.

Bemerkenswerte Randnotiz: Die Spielvereinigung Sülz 07 war nur Kremers zweite Wahl. Zuvor hatte der umtriebige Macher eine Fusion seines KBC mit dem SV Union Köln forciert. Diese Verbindung scheiterte allerdings am vehementen Widerstand der Union-Mitglieder gegen die „Schaffung eines Großsportvereins". Vermutlich hat man diese Entscheidung bei Union schnell bereut: Während der eigene Klub immer tiefer abstürzte und sich 1971 nach einer Saisonbilanz von 0:60 Punkten in der Kreisklasse auflöste, avancierte der FC binnen drei Jahren zur unangefochtenen Nummer eins in der Stadt und sicherte sich bereits 1954 zum ersten Mal die Westdeutsche Meisterschaft.

Ein Name als Verpflichtung für Erfolge

Damit machte der 1. FC Köln seinem selbstgewählten Namen rasch alle Ehre. Das war allerdings auch nötig, denn sowohl links als auch rechts des Rheins machte sich die Sülz-Klettenberger Vereinigung mit ihrer Wahl keine Freunde. „Tradition hat nur dann Sinn, wenn der Wille zu noch größeren Taten vorhanden ist", konterte Kremer lapidar. Dem Geschäftsmann ging es nie um eine historische Daseinsberechtigung, sondern um eine rein sportliche.

Dabei war, so die Sage, die Namenswahl auch ein Stück auf den Zeitgeist zurückzuführen. So soll Karl Büttgen, der Ehrenvorsitzende von Sülz 07, ein Faible für den 1. FC Kaiserslautern gehabt haben, der mit dem späteren Weltmeisterkapitän Fritz Walter kurz nach Kriegsende im deutschen Fußball für Furore sorgte.

Einstand nach Maß

Bei der Wahl der Vereinsfarben machte es sich der 1. FC Köln einfach: Rot und Weiß wie die Kolorierung der Stadt – und wohl nicht ganz zufällig auch wie Sülz 07. Bereits am Tag nach der Gründung erhielt der FC die Spielberechtigung und schon am 15. Februar 1948 stand das erste Punktspiel auf dem Programm. In der Rheinbezirksliga/Gruppe 1 besiegte der „Neuling", der schlicht den Platz der Sülzer einnahm, den Gast Nippes 12 mit 8:2. Das erste Tor erzielte Walter Radant, dem beim Kantersieg vor 2432 Zuschauern auf der Radrennbahn noch vier weitere Treffer glückten.

Trotz des ersten Tabellenplatzes am Saisonende verpasste der 1. FC Köln den Aufstieg in die Oberliga West in den Ausscheidungsspielen gegen Rhenania Würselen. Doch schon zur Saison 1948/49 trugen zwei Personalien maßgeblich zum nachhaltigen Aufschwung bei: Abwehr-Haudegen Hennes Weisweiler übernahm das Amt des Spielertrainers, der junge Hans Schäfer verstärkte den Angriff. Der Weg führte nun steil nach oben. Ganz wie Franz Kremer es versprochen hatte.

Welcher war eigentlich der erste Fußballklub in Köln?

Im Kölner Norden kam die Kunde von der „Geburt" eines neuen Fußballvereins alles andere als gut an. Das hatte primär keine sportlichen Gründe, vielmehr stieß man sich beim VfL Köln 1899 am Namen des Konkurrenten: 1. FC Köln, das ging nun wirklich nicht. Tatsächlich war der VfL der älteste und damit rein historisch der erste Fußballklub der Stadt. Mit dem Gewinn der Westdeutschen Meisterschaften 1903 und 1906 war der VfL 1899 zudem früh sehr erfolgreich gewesen, doch gegen die Entschlossenheit des Emporkömmlings war schnell kein Kraut mehr gewachsen. Der 1. FC wurde der führende Verein in Köln und blieb es unangefochten.

Franz Kremer

2

Gründer, Visionär, Macher

Franz Kremer als Mann von natürlicher Autorität zu beschreiben, käme einer maßlosen Untertreibung gleich. Der am 30. Juli 1905 in Köln als viertes Kind eines Lokomotivführers geborene Kremer war ein Macher und Fußball-Vordenker im positivsten Sinne. Kremer erkannte, dass er mit seinem Stadtteilverein KBC keine Chance hatte, zu einem bedeutenden Klub in Deutschland aufzusteigen. Doch auch nach der Fusion mit der Spielvereinigung Sülz 07 waren Maßnahmen nötig, die Kremer resolut ergriff.

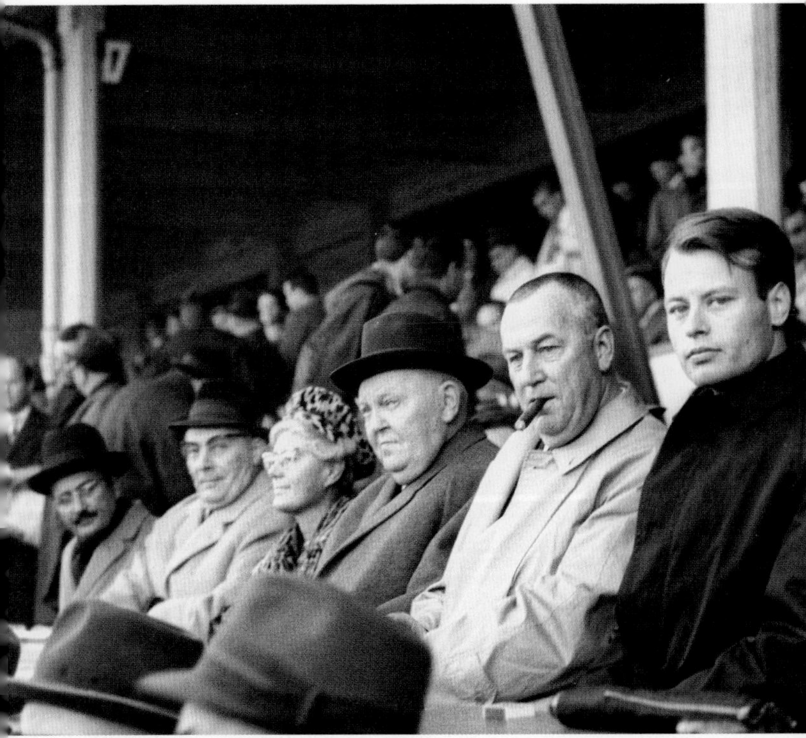

Immer mittendrin: Franz Kremer im Müngersdorfer Stadion neben Bundeswirtschaftsminister Ludwig Erhard

Zu einer Zeit, in der das Profitum vom Deutschen Fußball-Bund noch verboten war, vermittelte Kremer erstklassigen Fußballern aus der Region gut bezahlte Nebentätigkeiten oder Absicherungen für die Zeit nach der Karriere (u. a. Tankstellen, Tabakläden) und band sie so an seinen Verein. Auf diese Weise sicherte sich der 1. FC Köln kurz nach seiner Gründung die Dienste von Hans Schäfer oder von Jupp Röhrig, der 1950 zum ersten deutschen Nationalspieler der Geißböcke avancierte.

Seiner Zeit voraus

Ein weiterer Kniff: Weil pro Partie nur 250 Mark an Lizenzspieler gezahlt werden durften, ersetzte Kremer eine Trainingseinheit pro Woche durch ein Spiel gegen eine unterklassige Mannschaft. Köln konnte dank dieser Nische im Reglement ganz legal mehr zahlen als andere Vereine, die nicht so findig waren.

Kremer investierte aber auch in eine erstklassige Infrastruktur. Durch ein Finanzmanagement mit Weitsicht flossen zehn Prozent der Vereinseinnahmen auf ein sogenanntes „Sonderkonto zur Schaffung einer Großsportanlage".

Das auf dem ehemaligen Kölner Festungsring erbaute und 1953 fertiggestellte Geißbockheim mit anliegenden Trainingsplätzen war einzigartig in Deutschland. Zahlreiche Klubs aus dem In- und Ausland schickten über Jahre Vertreter nach Köln, um sich in puncto Organisation und Struktur etwas vom Vorreiter aus der Domstadt abzuschauen. Nicht von ungefähr galt der 1. FC Köln als erster Profiverein Deutschlands.

Kremers Image: „demokratischer Diktator"

Seinen Beinamen „Boss" zementierte Kremer, der sich selbst als „demokratischen Diktator" bezeichnete, durch regelmäßige Machtdemonstrationen im Alltag. So erzählte Hans-Gerhard König, Stadionsprecher-Legende und langjähriger FC-Geschäftsführer, in der Dokumentation „50 Jahre 1. FC Köln – Titel, Tore, Typen", wie Kremer ihn, Kapitän Schäfer, Trainer Willi Multhaup und Obmann Heinz Neubauer einmal in sein Haus in der Franzstraße im bürgerlichen Stadtteil Lindenthal zitierte: „Wir sollten um 15 Uhr da sein, standen um Viertel vor drei vor der Haustür wie die Schuljungen. Er hat uns um Punkt drei reingeholt, uns nacheinander abgebürstet und die Meinung gesagt. Wir vier haben keinen Mucks gemacht. Dann meinte er: ‚Meine Herren, jetzt haben wir uns mal wieder richtig ausgesprochen'." Darauf schenkte Kremer fünf Cognac ein, bat zum Anstoßen und schickte seine leitenden Angestellten wieder an die Arbeit.

Auch Wolfgang Overath musste sich reumütig der Autorität des Präsidenten beugen. Der junge Spielmacher hatte sich 1964 nach dem Gewinn der ersten Meisterschaft in der neu gegründeten Bundesliga ein schickes Auto gegönnt. Voller Stolz stellte er seinen Karmann Ghia am Geißbockheim ab.

Dabei übersah Overath allerdings, dass er auf dem Präsidentenparkplatz stand – den er erst 40 Jahre später mit Fug und Recht benutzen sollte (siehe Kapitel 81). Kremer entging dies keineswegs, und er konnte die Aktion, ob Versehen oder nicht, einem 20 Jahre jungen Spieler nicht durchgehen lassen. Also brüllte er während des Trainings über den Platz: „Wolfgang, wenn Sie noch einmal auf meinem Parkplatz stehen, lasse ich das Auto von der Polizei abschleppen." Overath glättete die Wogen sogleich und parkte seinen Wagen um.

Kremer trieb das Profitum in ganz Deutschland voran

Kremers Methoden mögen aus heutiger Sicht überzogen autoritär wirken, aber sie führten ohne Wenn und Aber zum Erfolg. In seiner 19-jährigen Präsidentschaft feierte der 1. FC Köln die Deutschen Meisterschaften 1962 und 1964, war fünfmal das beste Team der Oberliga West und erreichte 1954 das DFB-Pokalfinale. Darüber hinaus war Kremer eine der treibenden Kräfte bei der Gründung der Bundesliga, die ab 1963 ein Meilenstein für die Professionalisierung des gesamten deutschen Fußballs war.

Kremer starb 1967 an einem Herzinfarkt, ausgerechnet an einem 11.11., während er im Radio der Bundesliga-Übertragung lauschte. Nach dem Tor von Hannes Löhr zum 2:0 bei Eintracht Frankfurt sprach er an seine Frau Liselotte gerichtet seine letzten Worte: „Jetzt kannst Du das Radio ausmachen." Noch heute erinnert viel am Geißbockheim an den Gründungspräsidenten. Das Amateurstadion etwa trägt seinen Namen. Und selbstredend residiert der Klub in der Franz-Kremer-Allee.

Beinahe-Transfer I: Bert Trautmann

Bert Trautmann ist die größte Klublegende bei Manchester City. Nicht nur, aber natürlich auch, weil der deutsche Torhüter im FA-Cup-Finale 1956 gegen Birmingham City in der Schlussviertelstunde mit angebrochenem Genick seinen Kasten sauber hielt und den Pokalsieg sicherte.

Gut drei Jahre zuvor hatte Franz Kremer den gebürtigen Bremer an der Angel – wenn auch unter höchst seltsamen Umständen. Kremer wurde von einem Mann kontaktiert, der sich als alter Kriegskamerad und Berater Trautmanns ausgab. Das Ende vom Lied: Trautmann und Kremer trafen sich zwar, der Lockvogel aber kannte den Keeper gar nicht persönlich. Er hieß nur zufällig genauso wie der Kriegsfreund des Torhüters und hatte Trautmann per Brief für ein Wiedersehen nach Köln gelockt.

Geißbock Hennes

3 Wie ein Geschenk zum Markenzeichen wurde

1860 München trägt zwar den Beinamen „Die Löwen“, doch niemand käme auf die Idee, eine leibhaftige Raubkatze bei Heimspielen der Sechziger ins Stadion zu stellen. In dieser Hinsicht hat es der 1. FC Köln mit seinem Geißbock Hennes schon einfacher. Neun Generationen von Ziegen haben mittlerweile weit über tausend Spiele im Stadion verfolgt und dabei der Mannschaft mal mehr, mal weniger Glück gebracht.

Und weil lebende Maskottchen im Sport alles andere als gewöhnlich sind, hat Hennes sogar internationale Geltung erlangt. So kürte das renom-

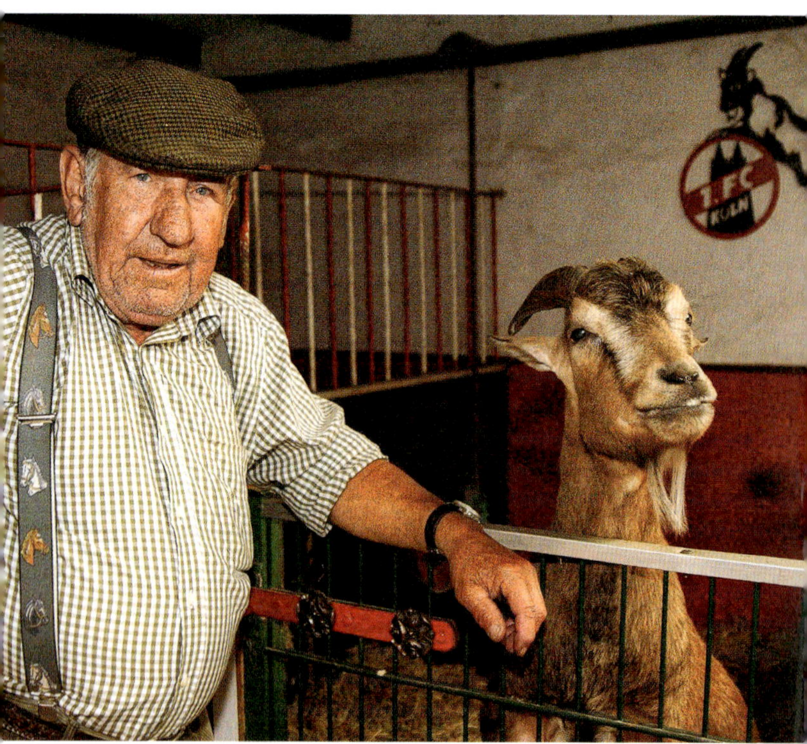

Bauer Wilhelm Schäfer und Hennes VII.

mierte US-Sportmagazin „Bleacher Report“ im Jahr 2013 das coolste Vereinslogo der Welt. Der 1. FC Köln landete auf dem respektablen 14. Platz, und zwar in erster Linie wegen des imposanten Geißbocks, der mit dem Vereinsnamen und dem Kölner Dom eine stimmige Einheit bildet. Doch auch wenn man es sich kaum vorzustellen vermag: Der 1. FC Köln existierte auch ohne seinen Geißbock – allerdings nicht allzu lange.

Mythenumrankte Namensgebung

Am zweiten Jahrestag der FC-Gründung, dem 13. Februar 1950, schenkte der Zirkus Williams den Kölnern auf der vereinseigenen Karnevalssitzung einen einjährigen Geißbock. Wie genau es zu der Namensgebung nach Trainer Hennes Weisweiler kam, ist mythenumrankt. Die populäre Sage, dass das Tier dem als durchaus störrisch geltenden Coach zur Begrüßung auf die Schuhe gepinkelt hat, konnte nie bestätigt werden.

Anfangs war Geißbock Hennes bei sämtlichen Spielen der Kölner dabei, ob zuhause oder auswärts. Die Beförderung des Paarhufers war dabei durchaus abenteuerlich: Mal fuhr Hennes im Mannschaftsbus mit, mal wurde das Maskottchen in einem Pkw transportiert. Erst später erhielt er einen eigenen Anhänger. Vor allem aus Tierschutzaspekten und logistischen Gründen ist Hennes mittlerweile nur noch bei den Heimspielen dabei.

Lange Tradition

Zu Ausfällen kam es nur durch höhere Gewalt, wie im Frühjahr 2001, als Hennes VII. wegen der grassierenden Maul- und Klauenseuche vom Gesetzgeber vorsorglich für zwei Heimspiele unter Hausarrest gestellt wurde. Als während der Corona-Pandemie Beschränkungen galten, musste Hennes ebenfalls draußen bleiben.

Im Lauf der Jahre lebten die Geißböcke bei unterschiedlichen Betreuern. Der bekannteste war Bauer Wilhelm Schäfer, der von 1970 bis zu seinem Tod am 11. Juni 2006 Hüter der FC-Wappentiere war. Seit August 2014 lebt Hennes im Kölner Zoo unter Artgenossen im „Kleinen Geißbockheim“. Wenn er nicht in seinem Gehege ist, wird eine FC-Fahne gehisst.

Identifikationsfigur und Markenzeichen

Das Besondere an Hennes: Das Maskottchen stiftete Identifikation und war ein unverwechselbares Symbol für den Klub, lange bevor in der PR-Sprache Begriffe wie Markenidentität geprägt wurden.

Mittlerweile hat nahezu jede Profimannschaft im Sport ein Maskottchen, doch nur wenige wirken authentisch. In dieser Hinsicht ist Hennes einzigartig und ein Vorreiter. Nicht von ungefähr trägt das 1953 fertiggestellte Klubhaus den Namen „Zum Geißbock“.

Hennes VIII. war der erste Social-Media-Star unter den Maskottchen im deutschen Fußball. So verfügte er über eine eigene Facebook-Fanseite. Und nicht nur das: Über eine Webcam auf der Internetseite des 1. FC Köln konnte man sein Treiben im Gehege oder in seiner mit Geißbock-Kacheln ausgekleideten Behausung rund um die Uhr verfolgen. Im August 2019 machte er wegen altersbedingter Arthrose Platz für Hennes IX.

Titel und Erfolge von Hennes I. bis Hennes IX.

Hennes I. (13. Februar 1950 – 4. November 1966)
Deutscher Meister 1962, 1964
Westdeutscher Meister 1954, 1960, 1961, 1962, 1963
Westdeutscher Pokalsieger 1953, 1964

Hennes II. (26. November 1966 – August 1970)
DFB-Pokalsieger 1968

Hennes III. (22. August 1970 – Juli 1975)
ohne Titel

Hennes IV. (August 1975 – 13. November 1982)
Deutscher Meister 1978
DFB-Pokalsieger 1977, 1978

Hennes V. (20. November 1982 – Juli 1989)
DFB-Pokalsieger 1983

Hennes VI. (August 1989 – 13. März 1996)
ohne Titel

Hennes VII. (15. März 1996 – 23. Juli 2008)
ohne Titel; erlebte die Bundesliga-Abstiege 1998, 2002, 2004 und 2006 sowie die Aufstiege 2000, 2003, 2005, 2008

Hennes VIII. (24. Juli 2008 – 1. August 2019)
ohne Titel; erlebte die Bundesliga-Abstiege 2012 und 2018 sowie die Aufstiege 2014 und 2019

Hennes IX. (seit 1. August 2019)
ohne Titel

Dom und Geißbock

4

Das FC-Wappen im Lauf der Zeit

Wie bereits angedeutet, bilden im FC-Wappen der Vereinsname, der Dom und der Geißbock eine Symbiose. Alle Elemente stützen einander. Kathedrale, Verein und Maskottchen gehören einfach zusammen.

Das war nicht immer so: Nach der Fusion vom KBC und Sülz 07 fehlte der Geißbock naturgemäß noch. Erst ab September 1950, rund sieben Monate nach der Schenkung von Hennes I. an den Verein, wurde das Maskottchen auch in das Vereinslogo integriert. Damals wie heute stellt sich der Geißbock kraftvoll auf die Hinterbeine, die Vorderhufen sind an das runde Wappenbild mit Dom und Vereinsname angelehnt.

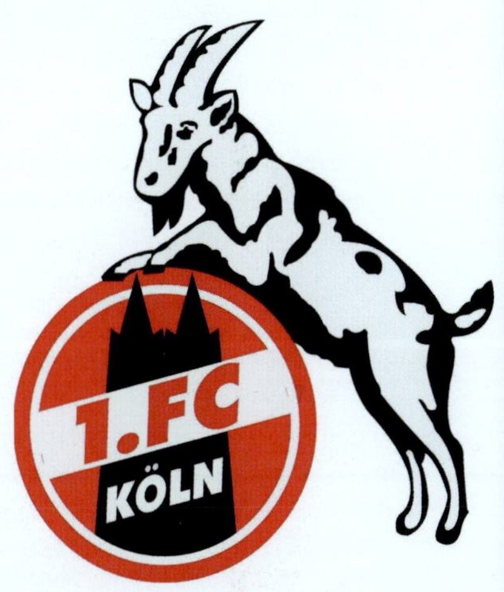

Dom, Stadt, Verein und Geißbock bilden eine Einheit.

Das Wappenbild geht auf Walter Hertel zurück, einen Grafiker, der im FC-Vorgängerverein KBC einst in der Handballabteilung aktiv war. Im Zentrum des Vereinswappens stand in der Erstfassung ein in Weiß gehaltener Kölner Dom, das weithin bekannte Wahrzeichen der Stadt, auf rotem Grund. Eine diagonale weiße Banderole überdeckte Teile der Kathedrale mit der in Rot gehaltenen Aufschrift „1. FC", im Sockel des Doms prangte in Rot der Schriftzug „Köln".

Dieses runde Logo mit dem wenig später hinzugefügten Geißbock hat sich in den letzten knapp 70 Jahren nur geringfügig verändert. Um den Dom stärker hervorzuheben, wird die berühmte Kirche seit 1967 in Schwarz dargestellt. In der Folge wurden nur noch Details angepasst, etwa die Konturen des Geißbocks vereinfacht und klarer strukturiert.

Seit 2000 verfügt der Verein auch über ein sogenanntes Premiumlogo, das etwa in Print- und Web-Publikationen zu sehen ist. Dieses zeichnet sich durch einen Glanzeffekt am linken oberen Rand aus. Seit dem 70. Geburtstag des Vereins prangt das Wappen auch an der Gründungskneipe, in der sich mittlerweile Büroräume befinden.

Hennes Weisweiler

5

„Schlauer Bauer" mit zwei Herzen in der Brust

Was haben der 1. FC Köln und Borussia Mönchengladbach gemeinsam? Nichts, ist man geneigt zu sagen. Zumindest auf einer Ebene stimmt das ganz und gar nicht. Die rheinischen Erzrivalen teilen sich nämlich den jeweils erfolgreichsten Trainer ihrer Vereinsgeschichte: Hennes Weisweiler.

Bei den „Bauern", wie der Rivale aus der niederrheinischen Provinz in Köln abschätzig genannt wird, errichtete Weisweiler von 1964 bis 1975 eine Großmacht des deutschen Fußballs, er gewann drei Meisterschaften und einmal den UEFA-Cup. Doch der am 5. Dezember 1919 im Kölner Umland geborene Weisweiler stand dem 1. FC Köln vielleicht noch einen Tick näher. Immerhin war er für den Verein in drei Etappen als Spieler, Spieltrainer und Chefcoach insgesamt elf Jahre lang tätig und zeichnete durch den Double-Gewinn 1978 für den Höhepunkt der Vereinsgeschichte verantwortlich.

Spieler, Spielertrainer, Trainer, Legende

Weisweiler war ein FC-ler der allerersten Stunde. Der vielseitig einsetzbare Lechenicher war Spieler des Kölner Ballspiel-Clubs, als dieser mit Sülz 07 zum 1. FC Köln fusionierte. Nach dem Verpassen des Aufstiegs in die Oberliga 1948 beförderte Präsident Franz Kremer den erst 28-jährigen Weisweiler, der kurz zuvor den Trainerlehrgang als Klassenbester abgeschlossen hatte, zum Nachfolger von Coach Karl Flink.

Unter dem Spielertrainer Weisweiler feierte Köln in der Saison 1948/49 in der Rheinbezirksliga 24 Siege in 26 Spielen. Die letzte Hürde vor dem Aufstieg in die Oberliga, damals die höchste Spielklasse, hieß Bayer 04 Leverkusen.

Totgesagte leben länger

Hennes Weisweiler hatte seinen Trainerschein noch nicht einmal in der Tasche, da war er schon Geschichte. Das dachte zumindest eine voreilige Kölner Zeitung, die nach einem Zusammenprall des damaligen FC-Spielers im Aufstiegsspiel am 16. Juni 1948 gegen Rhenania Würselen (0:1) berichtete, Weisweiler sei seinen Verletzungen erlegen. Die Nachricht schreckte sogar den Kölner Regierungspräsidenten Wilhelm Warsch auf. Der fand im Krankenbett jedoch einen zwar lädierten, aber lebendigen Weisweiler vor.

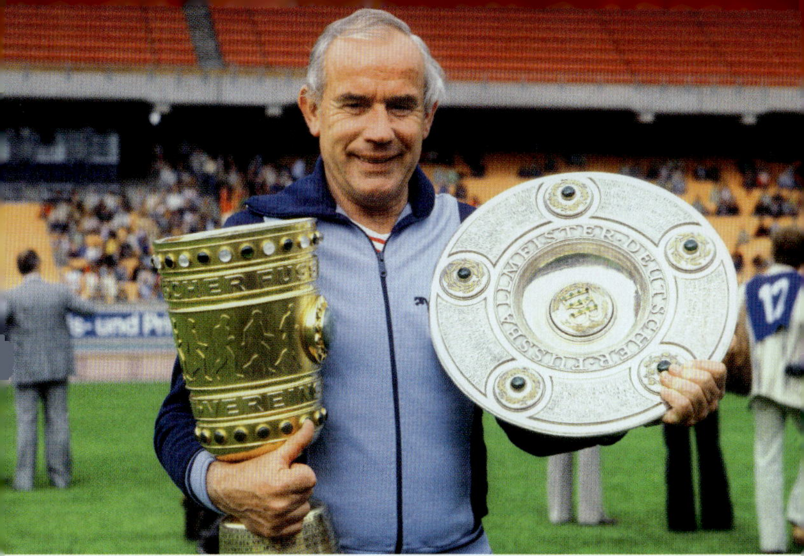

Unter Hennes Weisweiler erlebte der 1. FC Köln seine Blüte.

Dem 2:0 auf der heimischen Radrennbahn ließ der FC ein 3:1 in der benachbarten Industriestadt folgen. Mehrere Tausend Anhänger strömten damals nach Leverkusen, viele zu Fuß. Nach dem geglückten Aufstieg feierte Köln seine Helden, nicht mal eineinhalb Jahre nach der Gründung wurde der 1. FC Köln von den Menschen in der Domstadt begeistert angenommen.

In den Folgejahren belegte Köln unter Weisweiler in der Oberliga die Plätze fünf, vier und fünf. 1952 wollte der Verein einen neuen Impuls, sodass es zur ersten Trennung kam. Doch nur drei Jahre später heuerte Weisweiler erneut am Geißbockheim an. Zeitgleich begann er eine Anstellung als Dozent an der Deutschen Sporthochschule in Köln. Er leitete 13 Lehrgänge an der Trainerakademie, die heute nach ihm benannt ist. Nach dem zweiten Platz in der Oberliga verließ Weisweiler den Klub im Sommer 1958 ein zweites Mal.

Aller guten Dinge sind drei

18 weitere Jahre vergingen, ehe der für seine knorrige Art bekannte Weisweiler ein letztes Mal dem Ruf des Geißbocks folgte. In der Zwischenzeit hatte der Rheinländer sein Profil als Schleifer geschärft. In seiner streitbaren Art legte Weisweiler sich in Mönchengladbach etwa immer wieder mit Spielmacher Günter Netzer an – und trieb das Team damit zu Höchstleistungen.

Beim FC Barcelona wollte Weisweiler dies in der Saison 1975/76 wiederholen, er scheiterte aber an der Hausmacht von Superstar Johan Cruyff.

Die Chance für FC-Manager Karl-Heinz Thielen, der Weisweiler außerordentlich schätzte. Der „schlaue Bauer" (Thielen über Weisweiler) führte die Geißböcke in der Saison 1976/77 zum Gewinn des DFB-Pokals. Dabei blieb sich der autoritäre Coach treu: Über die Spielzeit entspann sich ein Zwist zwischen „Don Hennes" und Wolfgang Overath, dem in die Jahre gekommenen Spielmacher und Weltmeister von 1974.

Weisweiler wagt den Umbruch und wird belohnt

Zum Eklat kam es vor dem Wiederholungsspiel des DFB-Pokalfinals 1977 gegen Hertha BSC (1:0), für das Weisweiler seinen Star nicht nominierte. Overath, dem laut Weisweiler im Alter von 34 Jahren Tempo und Laufbereitschaft abgingen, beendete daraufhin seine Karriere. „Andere hauen auf den Schwachen rum, ich packe mir die Köpfe", sagte Weisweiler einmal.

In der Saison 1977/78 vertraute der Coach auf Weltmeister Heinz Flohe als Kopf der Mannschaft. Der FC lieferte sich ein Duell mit Mönchengladbach und holte in einem dramatischen Finish den Titel aufgrund der um drei Treffer besseren Tordifferenz. Durch den Sieg im Pokalfinale gegen Fortuna Düsseldorf (2:0) errang Weisweiler mit dem 1. FC Köln das Double 1978.

Krise nach der Krönung

Nach der größten Stunde der Vereinsgeschichte ging es bergab: Die Routiniers Hannes Löhr, Heinz Simmet und Wolfgang Weber beendeten ihre Karrieren, eine verjüngte Mannschaft mit den späteren Stars Pierre Littbarski und Bernd Schuster kam auch aufgrund von massiven Verletzungsproblemen nicht in Tritt. Nach Platz sechs in der Liga und dem Aus im Halbfinale des Landesmeistercups bahnte sich das Ende der Ära Weisweiler an.

Dieses wurde zunehmend unausweichlich, als es zum Bruch mit Spielmacher Flohe kam. Weisweiler suspendierte seinen Star im Frühjahr 1979 vom Training, Flohe reagierte zutiefst gekränkt und flüchtete zu 1860 München. Ein gutes halbes Jahr später nahm Weisweiler ein hochdotiertes Angebot von Cosmos New York an. Trainer und Verein wahrten so ihr Gesicht.

Weisweilers Leistungen für den Verein hinterließen in Köln einen tiefen Eindruck: Nach seinem Tod am 5. Juli 1983 erwiesen ihm 20.000 Menschen bei der Trauerfeier im Kölner Dom die letzte Ehre.

Jupp Röhrig

6

Der erste Nationalspieler

Der Stellenwert eines Fußballvereins lässt sich immer auch an der Anzahl seiner Nationalspieler ablesen. Der 1. FC Köln kann in seiner Geschichte allein auf 43 Akteure zurückblicken, die das Trikot der deutschen Nationalmannschaft trugen. Der erste von ihnen war der der 1925 in Zündorf geborene Jupp Röhrig († 2014).

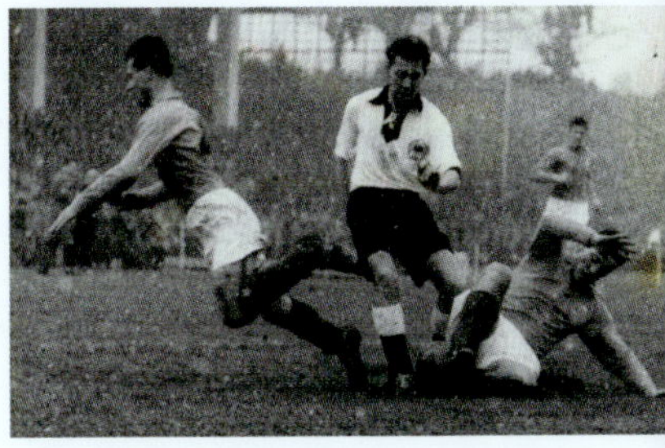

Jupp Röhrig war der erste Nationalspieler des 1. FC Köln.

Der Mittelfeldspieler war gleich beim ersten Länderspiel nach dem Zweiten Weltkrieg dabei, dem 1:0 gegen die Schweiz am 22. November 1950 in Stuttgart. Röhrig hatte das Pech, auf der gleichen Position wie Fritz Walter zu spielen, an dem es bei Bundestrainer Sepp Herberger kein Vorbeikommen gab. Bis 1956 kam Röhrig in zwölf Länderspielen zum Einsatz.

Nimmt man die Vorgängervereine des 1. FC Köln hinzu, so war Robert Hense der erste Nationalspieler.

Alle deutschen Nationalspieler des 1. FC Köln

Wolfgang Overath, 81 Länderspiele als Spieler des 1. FC Köln; Harald Schumacher, 76; Pierre Littbarski, 71 (73 insgesamt); Lukas Podolski, 69 (130), Bodo Illgner, 54; Wolfgang Weber, 53; Jonas Hector, 42; Bernd Cullmann, 40; Hans Schäfer, 39; Heinz Flohe, 39; Klaus Allofs, 29 (56); Karl-Heinz Schnellinger, 24 (47); Jürgen Kohler, 20 (105); Johannes Löhr, 20; Georg Stollenwerk, 19 (23); Thomas Häßler, 17 (101); Klaus Fischer, 19 (45); Leo Wilden, 15; Herbert Zimmermann, 14; Dieter Müller, 12; Joseph Röhrig, 12; Gerhard Strack, 11; Bernd Schuster, 9 (21); Stephan Engels, 8; Heinz Hornig, 7; Helmut Rahn, 6 (40); Paul Mebus, 5 (6); Patrick Helmes, 5 (13); Fritz Ewert, 4; Fritz Pott, 3; Hans Sturm, 3; Lukas Sinkiewicz, 3; Rainer Bonhof, 2 (53); Herbert Dörner, 2; Armin Görtz, 2; Hans-Josef Kapellmann, 2 (5); Harald Konopka, 2; Manfred Manglitz, 2 (4); Karl-Heinz Thielen, 2; Thomas Allofs, 1 (2); Bruno Labbadia, 1 (2); Herbert Neumann, 1; Paul Steiner, 1; Georg Euler, 1 (Sülz 07); Karl Flink, 1 (KBC); Robert Hense, 1 (KBC) (Stand: 30.6.2019)

Hans Schäfer

7

Die erste und größte Spielerikone

506 Pflichtspiele und unerreichte 306 Tore, Kapitän der Meistermannschaften von 1962 und 1964! Allein diese Zahlen erklären, warum der 1. FC Köln auf seiner Website Hans Schäfer als den „prägendsten Spieler und die herausragende Persönlichkeit der FC-Geschichte" bezeichnet.

Der 1927 im südlichen Kölner Stadtteil Zollstock geborene Schäfer war gewissermaßen das Fußball spielende Äquivalent zu Gründungspräsident Franz Kremer. Hier der Macher und Vordenker im Klubhaus, da der Instinktfußballer und Anführer auf dem Platz.

Der 1. FC Köln war erst wenige Wochen alt, da stieß der wegen seiner auffälligen Nase „De Knoll" gerufene Schäfer zur Saison 1948/49 zum Verein. Der dynamische und schussstarke Stürmer nahm unter Spielertrainer Hennes Weisweiler sogleich eine Schlüsselrolle ein. Besonders Schäfers Zusammenspiel mit Kölns erstem Nationalspieler Jupp Röhrig war gefürchtet.

Rasanter Aufstieg bis in die WM-Mannschaft von 1954

Über die westdeutsche Regionalauswahl und die B-Nationalmannschaft wurde auch Bundestrainer Sepp Herberger bald auf Schäfer aufmerksam. Am 9. November 1952 debütierte der damals 24-Jährige gegen die Schweiz und trug sich beim 5:1-Erfolg in Augsburg gleich zweimal in die Torschützenliste ein. Insgesamt erzielte Schäfer in 39 Länderspielen 15 Tore und nahm an drei Weltmeisterschaften teil.

Für Schäfer war es „kein Wunder"

Die deutschen Nationalspieler wurden durch das 3:2 im WM-Finale 1954 über die scheinbar unbezwingbare ungarische „Wunderelf" mit einem Schlag zu Nationalhelden, Hans Schäfer avancierte zu einem der großen Idole des deutschen Sports. Dabei konnte der bodenständige Kölner wenig mit dem Trubel anfangen, er empfand das Ereignis im Nachgang gar als überhöht, wie er 2010 im Gespräch mit dem „Tagesspiegel" erörterte: „Mit dem Ausdruck ‚Wunder von Bern' habe ich noch nie etwas anfangen können. Natürlich war es eine riesige Überraschung. Damit hatte niemand gerechnet, am wenigsten wir selbst. […] Aber im Sport gibt es keine Wunder. Es war eine großartige Leistung einer großartigen Mannschaft."

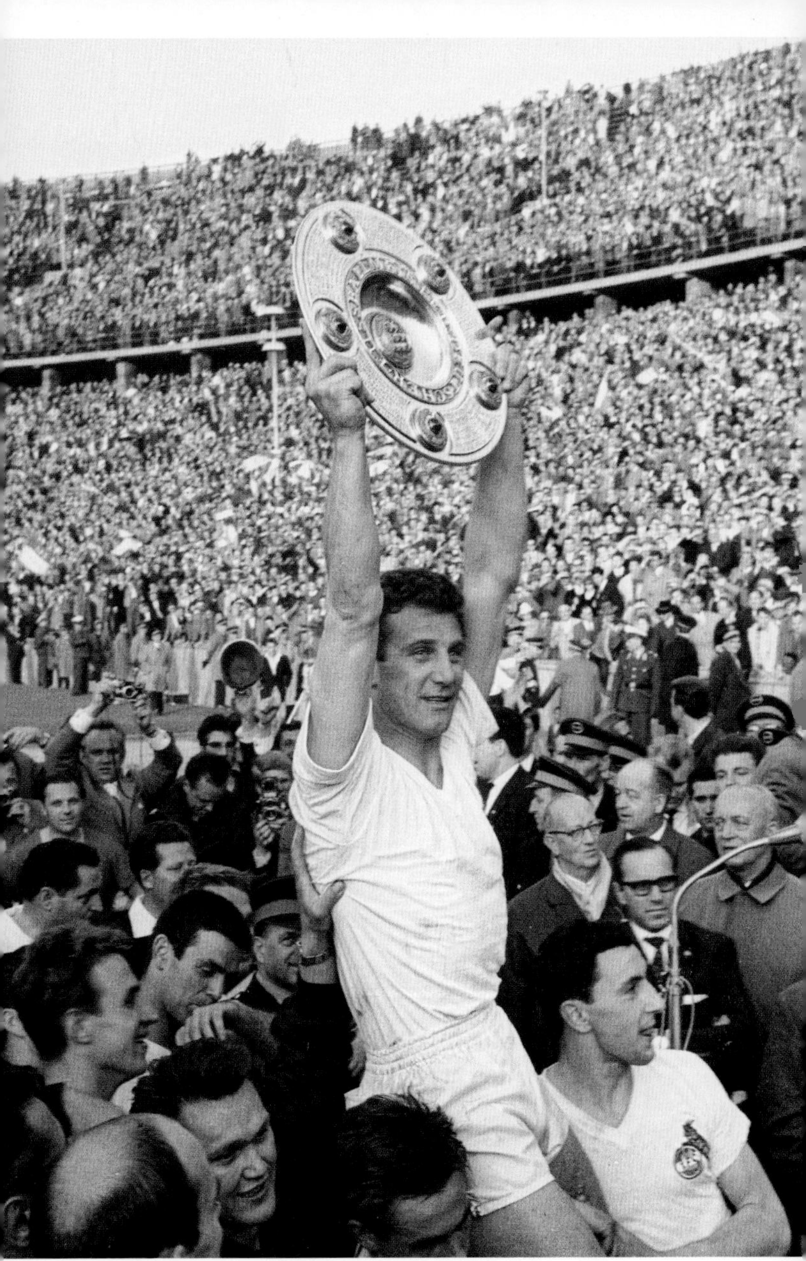

FC-Ikone, Held von Bern: Hans Schäfer (1962)

Eine großartige Mannschaft fand Schäfer auch in Köln vor, wo er trotz seines Ruhmes einige Jahre in einem großen Kaufhaus in der Parfumabteilung arbeitete. 1960, 1961, 1962 und 1963 dominierten die Kölner die Oberliga West beinahe nach Belieben.

Das erste Endspiel um die Deutsche Meisterschaft verlor der FC in Frankfurt 1960 noch mit 2:3 gegen den Hamburger SV, doch zwei Jahre später holte sich Köln mit dem mittlerweile zum Kapitän aufgestiegenen Schäfer durch ein berauschendes 4:0 im Finale von Berlin gegen den damaligen Rekordmeister 1. FC Nürnberg seinen ersten Titel. Schäfer eröffnete in der 22. Minute den Torreigen. Es war ein ganz besonderer Erfolg für den 1. FC Köln, der im Nachgang ein bisschen überhöht wurde. So verglich die Presse die seinerzeit ganz in Weiß spielenden Kölner mit der damals besten europäischen Vereinsmannschaft und gab den Geißböcken den Beinamen „Real Madrid des Westens".

Erste Bundesligameisterschaft als letzter Höhepunkt

Zwei Jahre später führte der mittlerweile ins Mittelfeld gerückte Routinier Schäfer den 1. FC Köln zum ungefährdeten Gewinn der ersten Meisterschaft in der neu gegründeten Bundesliga. Die darauffolgende Saison wurde seine letzte, auch weil der Körper nicht mehr so recht mitmachte. Mit 37 Jahren beendete Hans Schäfer, Idol und Freund von späteren FC-Größen wie Wolfgang Overath, Toni Schumacher oder Lukas Podolski, im Sommer 1965 seine aktive Karriere.

Drei Jahre, von 1966 bis 1969, war Schäfer noch als Co-Trainer für den 1. FC Köln tätig, ehe er sich aus dem Fußballgeschehen zurückzog. Der FC ist aber immer sein Verein geblieben: „Meinem 1. FC Köln will ich nahe sein, bis ich 100 werde und dann bei einem Glas Kölsch tot an der Theke umfallen", sagte Schäfer einmal. Am 7. November 2017, knapp drei Wochen nach seinem 90. Geburtstag, starb die unbestritten größte Spielerikone des Klubs. Seit 2018 trägt die Südtribüne seinen Namen.

„Lex Schäfer": verdient ist verdient

Als 1963 die Bundesliga eingeführt wurde, war die Bezahlung der Spieler rigide geregelt. Der Deutsche Fußball-Bund legte ein Monatsgehalt von 1200 D-Mark (rund 600 Euro) als Höchstwert fest. In der damaligen Zeit war das durchaus gutes Geld, aber im internationalen Maßstab war die Bezahlung nur durchschnittlich. Lediglich bei zwei Spielern machte der gestrenge DFB eine Ausnahme: Nationalmannschaftskapitän Uwe Seeler vom Hamburger SV und Schäfer als WM-Held von 1954 durften 2000 D-Mark verdienen.

Das Geißbockheim

8

Steine für den frühen Erfolg

Wer zur Heimat des 1. FC Köln möchte, der darf und muss sogar tief durchatmen. Inmitten des Äußeren Grüngürtels vor den Toren der Stadt befindet sich seit 1953 das Geißbockheim, ein seinerzeit hochgradig fortschrittlicher Komplex mit Geschäftsstelle, Gastronomie und Trainingsplätzen.

Wenn man sich heute fußläufig vom Decksteiner Weiher oder Beethovenpark beziehungsweise mit dem Auto vom Militärring oder der Berrenrather Straße dem Geißbockheim nähert, dann wähnt man sich für ein paar Augenblicke immer noch in den goldenen Sechzigern. Ein Umstand, der Fußballromantikern Tränen der Rührung in die Augen treiben mag – letztlich aber ist die Tatsache, dass das Geißbockheim nur hier und da ein Facelifting erhalten hat, ein sichtbarer Beleg dafür, dass der 1. FC Köln auch von der Infrastruktur her nicht mehr die Nummer eins in Deutschland ist.

Der Charme der Sechziger ist geblieben

Im Geißbockheim stehe „immer noch das Duschgel von Hennes Weisweiler", sagte der damalige FC-Sportchef Jörg Schmadtke im Jahr 2016, und dabei beliebte er wohl nur teilweise zu scherzen. Das idyllisch gelegene Herzstück des Klubs ist schlicht und einfach nicht mehr auf dem neuesten Stand. Bestrebungen des Vereins, das liebgewonnene Areal zu erweitern, stießen bei Teilen der Bevölkerung und der Politik auf heftigen Widerstand. Immerhin liegt das Geißbockheim in einem Landschaftsschutz- und Naherholungsgebiet.

Beim Bau der Anlage hatte man solche Probleme noch nicht. Dabei hat auch der Grund, auf dem das Geißbockheim steht, durchaus eine Vorgeschichte: Bis zum Ende des Ersten Weltkriegs befanden sich auf dem heutigen Vereinsgelände noch befestigte Verteidigungsanlagen. Erst der Abbau der Forts und die Begrünung eines 800 Hektar großen Gebietes auf Initiative des damaligen Oberbürgermeisters Konrad Adenauer verliehen dem Kölner Stadtrand den idyllischen Charme, der ihm bis heute eigen ist.

Schwitzen im Grünen

Zunächst befand sich ab 1926 auf der Abrissstelle des Fort VI b das Vereinsheim der SV Sülz 07. 1952 wurde der Grundstein für das Geißbockheim gelegt. Bauherr war das Unternehmen des damaligen DFB-Präsidenten Peco Bauwens. 1953 wurde das für einen vergleichsweise kleinen Verein mondäne Gebäude feierlich eröffnet. Es war der infrastrukturelle Grundstein für eine mittelfristig goldene Zukunft.

1962 wurde in den Räumlichkeiten die erste deutsche Meisterschaft gefeiert, 50.000 Fans strömten damals zum Vereinsgelände. Überhaupt bot das Geißbockheim den Fans stets die Gelegenheit, ihren Lieblingen ganz nah zu sein. Öffentliche Trainings in Köln sind gerade während der Schulferien regelrechte Events, an denen ganze Familien teilnehmen.

Mit mittlerweile vier Naturrasenplätzen, zwei Kunstrasenplätzen, einem Fußballkäfig, einem Fußballtennisplatz sowie dem 1971 fertiggestellten Franz-Kremer-Stadion, in dem unter anderem die Zweite Mannschaft und die Frauen-Mannschaft ihre Heimspiele austragen, sind die räumlichen Kapazitäten ziemlich ausgereizt.

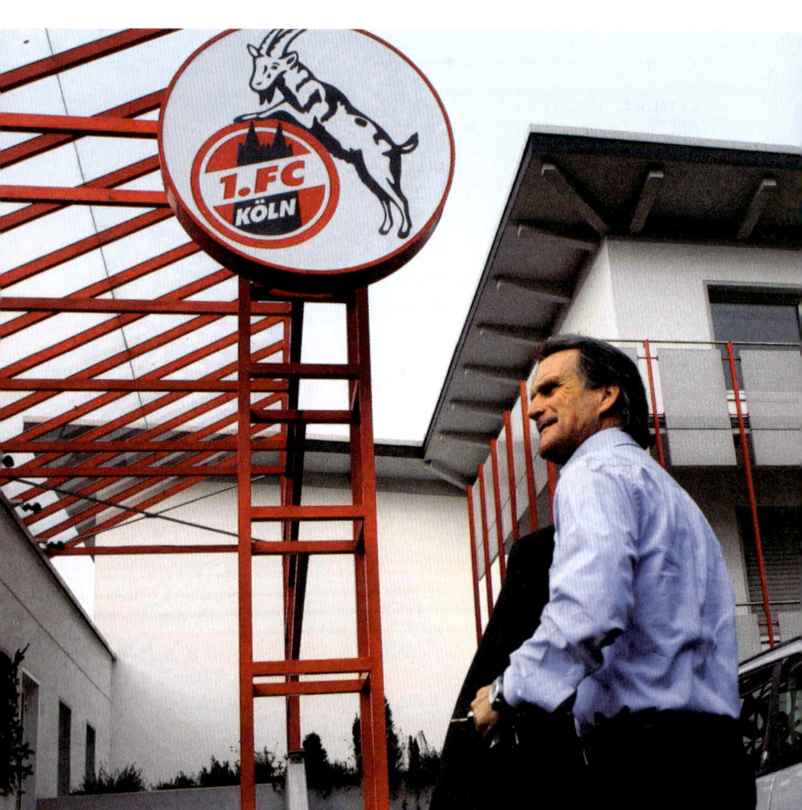

Mehr als einmal fuhr Wolfgang Overath am Geißbockheim vor.

Wie zum Beleg musste der 2008 fertiggestellte Verwaltungstrakt, der die Rückkehr der Geschäftsstelle aus dem Stadion ins Zentrum des Klublebens erlaubte, in einem schmalen Streifen zwischen dem Haupthaus und dem wichtigsten Trainingsplatz errichtet werden. Beinahe logisch, dass auch Parkplätze Mangelware sind. Die Suche nach Lösungen ist für den 1. FC Köln ein Zukunftsprojekt (siehe Kapitel 101).

Kölsche Emotionen und ihre Folgen

Der 1. FC Köln ist ein stark von der Leidenschaft geprägter Verein. So wurde nach dem DFB-Pokalsieg 1977 von etwas zu enthusiastischen Fans die Gastronomie im Geißbockheim regelrecht in ihre Einzelteile zerlegt. Daraus zog die FC-Führung ihre Schlüsse: Als sechs Jahre später der DFB-Pokal zum vierten und bislang letzten Mal gewonnen wurde, fand die Feier nur mit dem engsten Kreis mit Mannschaft, Betreuern und wenigen Ehrengästen statt.

Neben einem 1994 eingerichteten Fanshop im Geißbockheim hat sich der Verein im Lauf der Jahre immer wieder etwas einfallen lassen, seinen Anhängern zusätzlich zu den Trainingseinheiten etwas zu bieten. So entstand 1963 auf der Terrasse des Geißbockheims eine Minigolfanlage. Weiter wurden ein „Schwarzwaldhäuschen" und ein Ponyverleih geschaffen, die allerdings längst wieder der Vergangenheit angehören.

Viele Spieler lebten und leben in der Nähe des Geißbockheims, entweder in den Stadtteilen Sülz oder Lindenthal, aber auch im vor den Toren Kölns gelegenen Hürth. Ein Spieler allerdings hatte zwischenzeitlich den kürzest möglichen Weg zum Training: Der spätere Manager Karl-Heinz Thielen lebte zu Beginn seiner Spielerlaufbahn Anfang der 1960er-Jahre im Geißbockheim in einer kleinen Wohnung.

Ein Umzug wäre nur eine Notlösung

Den 1. FC Köln verbinden bei allen negativen Punkten auch jede Menge tolle Erinnerungen mit dem Geißbockheim. Deswegen erscheint ein Szenario mittelfristig ausgeschlossen: der Bau eines komplett neuen Trainingskomplexes außerhalb der Stadt – so wie es Trainer Christoph Daum in seiner zweiten Amtszeit (2006–2009) im Sinn hatte.

Der eigenwillige Coach störte sich seinerzeit am regen Publikumsinteresse. Am liebsten hätte er, wie etwa in Italien oder England üblich, unter Ausschluss der Öffentlichkeit trainieren lassen. Angeblich hatte Daum seinen Co-Trainer Roland Koch sogar schon mit der Suche nach einem geeigneten Ausweichareal beauftragt. Ehe die Pläne konkret wurden, hatte sich Daum per Ausstiegsklausel aber bereits Richtung Fenerbahçe Istanbul abgesetzt.

Frans de Munck

9

Der erste Popstar des deutschen Fußballs

Wie lockt man mehr Frauen ins Fußballstadion? Eine Frage, die sich heute kaum ein Bundesliga-Manager mehr stellen muss. Der auf Hochglanz polierte deutsche Fußball mit seinen modernen Arenen ist kein exklusives Freizeitvergnügen mehr für harte Kerle, er zieht längst auch Frauen und Kinder magisch in die Stadien.

Bis in die 1980er-Jahre hinein war das nicht so, was ein ziemliches Problem war. Lange Zeit stellte der Ticketverkauf für die Klubs nämlich die größte Einnahmequelle dar. Kamen weniger Zuschauer als kalkuliert, gerieten die Vereine schnell in wirtschaftliche Nöte. Frauen waren also eine potenzielle Einnahmequelle, die allerdings erst gewonnen werden musste. Mittlerweile sind die Erlöse durch Ticketverkäufe nur noch eines von mehreren Standbeinen, das große Geld kommt heute in erster Linie aus den TV-Verträgen und dem Sponsoring.

„Der schöne Frans"

Im Kampf um das (weibliche) Publikum war FC-Präsident Franz Kremer wieder einmal seiner Zeit voraus. 1950 verpflichtete der „Boss" den niederländischen Nationaltorhüter Frans de Munck. Ein erstklassiger Keeper, der mit seinen pechschwarzen Haaren und seinem Zahnpastalächeln auch noch überragend aussah. De Munck, von den Männern als „schwarzer Panther" gepriesen und von den Frauen als „der schöne Frans" angeschmachtet, wurde aber nicht nur zu einem Zuschauermagneten, sondern auch zu einem echten Rückhalt.

In de Muncks vier Jahren in Köln ging es für die Mannschaft stetig bergauf. Höhepunkte waren der erstmalige Gewinn der Westdeutschen Meisterschaft 1954 und das Erreichen des DFB-Pokalfinals im selben Jahr. Dabei wurde die Verpflichtung des ersten ausländischen FC-Spielers erst möglich durch dessen einjährige Sperre wegen verbotener Zahlungen unter der Hand – die glücklicherweise für den 1. FC Köln lediglich für de Muncks Heimatland galt.

Schönheit hat ihren Preis

Über Frans de Munck gibt es aus seiner Kölner Zeit zahlreiche Anekdoten. So mussten die Kollegen bei einem Freundschaftsturnier 1952 über eine Stunde im stehenden Mannschaftsbus warten, weil de Munck kurzerhand und ohne jegliche Ankündigung einen Friseur aufgesucht hatte. Ein anderes Mal überredete „der schöne Frans" den Busfahrer, ihn kurz zwecks Rasur zum Barbier zu fahren. Dieses Mal waren die Teamkameraden verdutzt, als am vereinbarten Treffpunkt nicht nur de Munck, sondern auch der Bus nicht da war.

Überhaupt war der 31-malige niederländische Nationalspieler sehr auf ein tadelloses Auftreten bedacht. So ließ er sich bei seiner Unterschrift in Köln 1950 vertraglich zusichern, nicht auf Aschenplätzen spielen zu müssen.

Schon seine Ankunft in der Domstadt war legendär: Weil er FC-Präsident Franz Kremer mitgeteilt hatte, einen Obsthändler aus seiner Heimat als Mitfahrgelegenheit zu nutzen, schickte der „Boss" zwei Spieler in den frühen Morgenstunden zum Kölner Großmarkt, um den Neuzugang abzupassen. Der aber kam stilecht in der US-Limousine eines niederländischen Großhändlers am Geißbockheim vorgefahren.

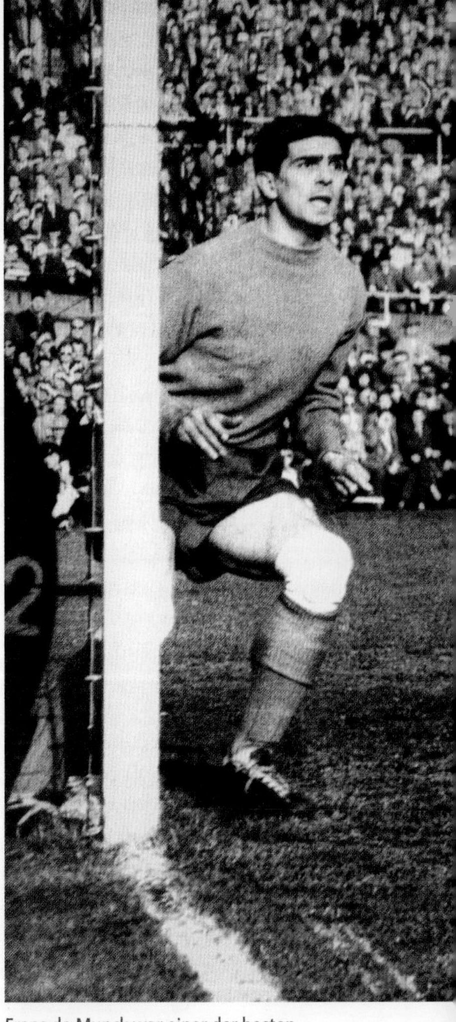

Frans de Munck war einer der besten Torhüter seiner Zeit.

Wenig verwunderlich ist bei dieser Vorgeschichte, dass de Munck auch als Filmschauspieler in Erscheinung trat. In „Das ideale Brautpaar" von Robert A. Stemmle aus dem Jahr 1954 spielte er ebenso wie Mannschaftskamerad Hans Schäfer eine Nebenrolle. Im selben Jahr kehrte de Munck in die Niederlande zurück. Dort spielte er noch 13 weitere Spielzeiten, ehe er mit 45 Jahren seine Karriere als Spielertrainer bei Vitesse Arnheim beendete. An Heiligabend 2010 starb das erste Torwartidol des 1. FC Köln.

Das Trikot

10 Zwischen Real-Madrid-Look und Karneval

Für Fußballfans ist ein Trikot mehr als ein Stück Stoff. Und so kommt es nicht von ungefähr, dass in vielen Klubs die treuesten Anhänger regelrecht auf die Barrikaden gehen, wenn ein neues Trikotdesign präsentiert wird, das die Tradition des Klubs so gar nicht widerspiegelt.

Beim 1. FC Köln ist dies vergleichsweise selten passiert. Beim Trikot der Saison 1997/98 aber – ein rot-oranges Wabenmuster – fühlten sich viele Traditionalisten vor den Kopf gestoßen. Es war ein ästhetischer Ausrutscher, der vom Timing in der Vereinsgeschichte kaum treffender hätte platziert sein können: Mit diesem Trikot stieg der 1. FC Köln erstmals aus der Bundesliga ab.

Im Großen und Ganzen war die Spielkleidung des 1. FC Köln aber geprägt von Tradition und Ästhetik. Viel Weiß und etwas Rot, manchmal auch viel Rot und etwas Weiß, waren die dominanten Farbmuster. Legendär ist bis heute das komplett weiße Outfit, in dem sich die Kölner Mannschaft in der Saison 1961/62 ihre erste deutsche Meisterschaft sicherte.

Als „Real Madrid des Westens" wurden die Geißböcke damals gefeiert. Immer wieder wurde dieser klassische Look seither neu aufgelegt. Gleiches trifft auf das Trikot zu, in dem der 1. FC Köln 1968 erstmals den DFB-Pokal gewann: ein weißer diagonaler Block, an den sich ein roter diagonaler Block anschmiegt.

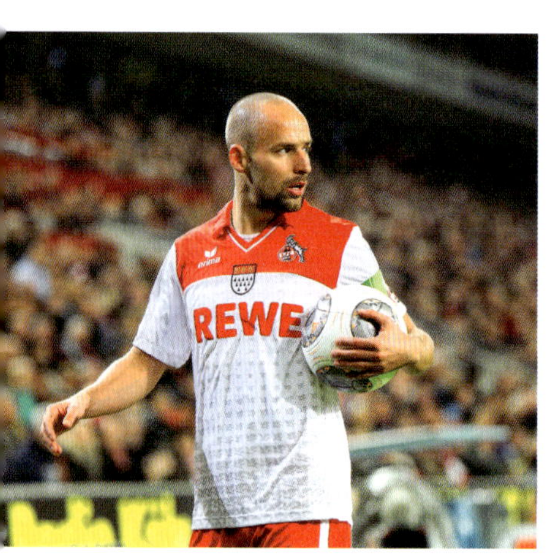

Kapitän Miso Brecko 2013 im ersten Karnevalstrikot des 1. FC Köln

Der Geißbock übrigens wurde zwar schon früh in das FC-Logo integriert, aber es dauerte bis zum DFB-Pokalfinale 1954, ehe die Spieler erstmals mit Hennes auf dem Trikot aufliefen. Neueste Errungenschaft ist das sogenannte Karnevalstrikot (siehe Kapitel 12), in dem seit 2013 jeweils um den Sessionsstart am 11.11. sowie um Rosenmontag herum gespielt wird.

Breite Brust

11

Trikotwerbung beim 1. FC Köln

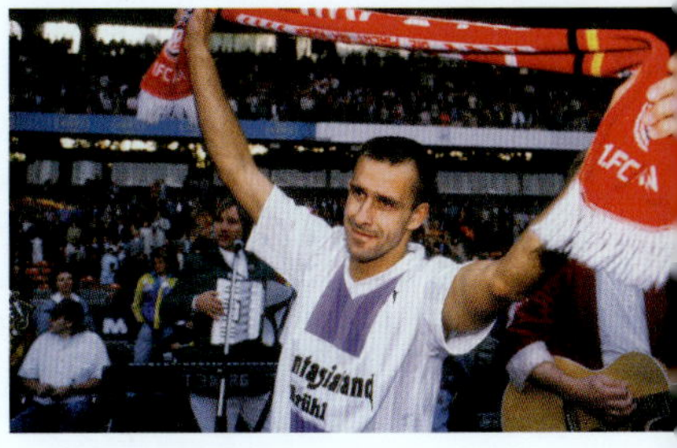

Der Schriftzug „Phantasialand" prangte nur beim Abschiedsspiel von Pierre Littbarkski auf dem Trikot.

Die Einführung der Trikotwerbung in Deutschland war ein kleiner Eklat. Eintracht Braunschweig umging 1973 das rigide Verbot des Deutschen Fußball-Bundes auf gleichermaßen clevere wie dreiste Weise: Das Maskottchen von Hauptsponsor „Jägermeister", einem Kräuterlikörhersteller, wurde kurzerhand zum Vereinswappen erhoben.

Der DFB gab zähneknirschend nach, ein Bundesligist nach dem anderen lief mit Werbeaufdruck auf. Der 1. FC Köln verkaufte als einer der letzten Erstligisten 1979 seine Trikotbrust an Elektrohersteller Pioneer. Seither wird mit dem Platz unter dem Wappen viel Geld verdient. Vermeintlich spektakuläre Deals mit der Urlaubsinsel Zypern (siehe Kapitel 85) und dem Phantasialand platzten – letzterer aus gutem Grund: Der im benachbarten Brühl gelegene Erlebnispark bot 1984 fünf Millionen Mark und wollte damit die Rückholaktion von Bernd Schuster ermöglichen. Der FC lehnte ab: Das Logo der Freizeitparks sollte nicht nur die Trikotbrust zieren, auch der Verein sollte in „1. FC Phantasialand Köln" umbenannt werden.

Die Trikotsponsoren des 1. FC Köln

1979–1982 Pioneer (Elektronikgeräte)
1982–1985 Doppeldusch (Hautpflege)
1985–1987 Daimon (Batterien)
1987–1991 Samsung (Unterhaltungstechnik)
1991–1993 Citibank (Kreditinstitut)
1993–1994 Pepsi (Erfrischungsgetränke)
1994–1999 Ford (Automobilindustrie)
1999–2003 VPV (Versicherungen)
2003–2005 funny-frisch (Knabbergebäck)
2005–2007 Gerling (Versicherungen)
seit 2007 REWE (Handel/Touristik)

Ausrüster mit Rang und Namen

Von adidas bis Dior

12

Der Stoff, aus dem die Träume sind, hatte beim 1. FC Köln in den goldenen 1960er-Jahren eine ganz besondere Qualität. Lange Jahre hielt sich das Gerücht, der seinerzeit höchst elitäre FC habe sich vom weltbekannten französischen Modelabel Christian Dior das berühmte Pokalsieger-Trikot von 1968 auf den Leib seiner Spieler schneidern lassen.

Tatsächlich entspricht dies – wie fast alle Anekdoten, die ein bisschen zu toll klingen – nicht der Wahrheit. Korrekt ist aber, dass Präsident Franz Kremer das rot-weiß-diagonale Kulttrikot, das 1998 zum 50. Vereinsjubiläum vom Ausrüster Puma sowie 2014 von Erima erfolgreich wiederaufgelegt wurde, von einem französischen Designer anfertigen ließ.

Haute Couture in der Domstadt

Das 1965 vorgestellte Jersey mit schickem Kragen und edlen Knöpfen stammte aus dem Modehaus Jacques Fath, welches sich eher auf Düfte, Wäsche und Accessoires spezialisiert hatte. Für den 1. FC Köln, damals einer der prestigeträchtigsten Vereine Europas, machte das Unternehmen aus der Modemetropole Paris aber eine Ausnahme.

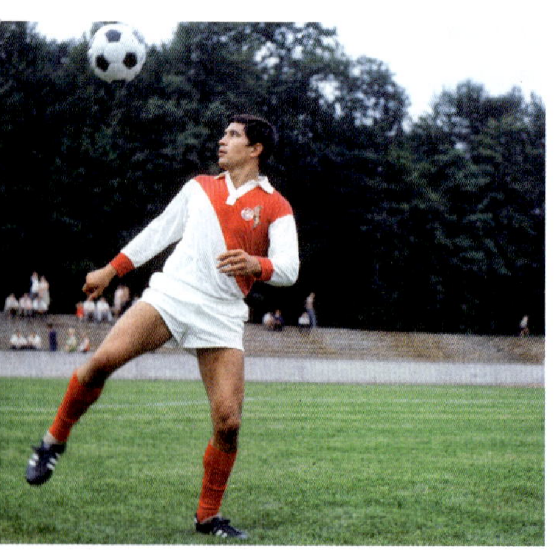

Schön und erfolgreich: Werner Biskup im wohl edelsten FC-Trikot

Auch Jacques Fath war ein großer Name in der Szene, unter anderem die Hollywooddiven Greta Garbo und Ava Gardner vertrauten den Ideen des Hauses. Das eigentlich Bemerkenswerte an diesem Jersey ging aber über die mondäne Herkunft hinaus: Das Stück Stoff bestand nicht nur, wie damals üblich, aus Baumwolle. Vielmehr war auch Seide beigemischt, wodurch das Trikot sanft auf der Haut lag und länger seine Form behielt.

Durch ganz besondere Eleganz zeichnete sich auch das FC-Trikot des ersten offiziellen Ausrüsters Le

Die offiziellen Ausrüster des 1. FC Köln

1974–1977	Le Coq Sportif	2002–2005	Saller
1977–1978	adidas	2005–2008	adidas
1978–1979	Erima	2008–2012	Reebok
1979–1985	adidas	2012–2018	Erima
1985–2002	Puma	2018–2022	Uhlsport
		seit 2022	Hummel

Coq Sportif aus. Das Jersey des französischen Sportartikelherstellers aus den 1970er-Jahren hatte einen roten Korpus und weiße Ärmel. Ein auf den ersten Blick simples Design, das aber enorme Eleganz ausstrahlte und heute noch zu den populärsten Trikots des Geißbock-Klubs zählt.

Dauerbrenner und neue Ideen

Die längste Partnerschaft ging der 1. FC Köln mit Puma ein, von 1985 bis 2002 trugen die FC-Spieler Trikots des Herzogenauracher Ausrüsters. Dessen großer Rivale adidas zeichnete dafür im Double-Jahr 1977/78 für die Spielkleidung des 1. FC Köln verantwortlich.

2005 brachte der damalige FC-Präsident Wolfgang Overath als langjähriger adidas-Repräsentant die drei Streifen in die Domstadt zurück. Das fast komplett weiße Trikot mit lediglich kleinen roten Applikationen erinnerte in seiner Schlichtheit an das „Real-Madrid-Trikot“ von 1962. Großer Erfolg war der Mannschaft um Lukas Podolski allerdings in diesem Dress nicht beschieden: Für den Aufsteiger ging es als Tabellen-Siebzehnter der Saison 2005/06 gleich wieder runter.

Erima, FC-Ausrüster nach dem fünften Abstieg im Jahr 2012, brachte eine Innovation ein, die bundesweit Beachtung fand und wenig später auch vom FSV Mainz 05 aufgegriffen wurde: In der Saison 2013/14 kreierte der Ausrüster das erste Karnevalstrikot. Darauf zu sehen war unter anderem neben dem Vereinsemblem auch das Wappen der Stadt Köln. Kleine Narrenkappen-Applikationen zierten den weißen Teil unterhalb der in Rot gehaltenen Schulterpartie. Die Rückennummern und die Spielernamen wurden in einer ungleichmäßigen Schrift abgebildet, die man im Rheinland wohl am ehesten mit dem Wort „Jeck“ beschreiben würde.

Das Trikot brachte seinen Trägern bei der Premiere reichlich Glück: Am 4. November 2013 demontierte der 1. FC Köln im Spiel der Aufstiegsaspiranten die Gäste von Union Berlin mit 4:0. Nicht zuletzt durch diesen Erfolg wurde das erste Karnevalstrikot zum Renner und begründete eine Tradition: Seither tritt der FC zur fünften Jahreszeit regelmäßig in einem Sondertrikot an, und zwar unabhängig vom Ausrüster.

Stadiongeschichte

13

In Müngersdorf zuhause

Der FC Liverpool spielt an der Anfield Road, der FC Barcelona im Camp Nou – und der 1. FC Köln in Müngersdorf. Seit der ersten Partie der Vereinsgeschichte, dem 8:2 am 15. Februar 1948 gegen Nippes 12, bestreitet der 1. FC Köln seine Heimspiele im Kölner Westen. An den Stadtwald angeschmiegt und keine vier Kilometer vom Geißbockheim entfernt, ist der Sportpark Müngersdorf gewissermaßen das „Wochenendhaus" des 1. FC Köln.

Bereits die Spielvereinigung Sülz 07 spielte auf dem Areal auf der Radrennbahn. Der 1. FC Köln zog später um auf die benachbarte, rund 60.000 Zuschauer fassende Hauptkampfbahn. Es war ein für die damalige Zeit typisches Stadion in Deutschland: Ein weites Oval, nur auf der Haupttribüne sorgte ein kleines Dach für Schutz vor Sonne und Niederschlag. In diesem Stadion feierte der 1. FC Köln große Erfolge, darunter 1964 den Gewinn der Bundesliga-Meisterschaft.

Zur WM 1974 in Deutschland sollte an gleicher Stelle eine neue, ungleich modernere Arena gebaut werden, was allerdings nicht rechtzeitig gelang (siehe Kapitel 34). Zur Überbrückung zog die Mannschaft erneut auf die kleine Radrennbahn um. Als das neue Müngersdorfer Stadion im November 1975 endlich fertiggestellt war, hatte der 1. FC Köln dafür eine Heimstätte wie kein anderer Klub im Land.

Erstes komplett überdachtes Stadion in Deutschland

Die Arena mit Tartanbahn und modernen Leichtathletikanlagen war das erste komplett überdachte Stadion in Deutschland. Das Dach der 61.000 Zuschauer fassenden Arena war zudem selbsttragend, sodass es keine Sichtbehinderungen durch Stützpfeiler gab.

Allerdings hatte diese Architektur auch ihre Nachteile. Zuallererst die Sicht: Hinter den Toren waren die Fans bis zu 60 Meter vom Spielfeld entfernt. Zudem war das weitläufige Oval äußerst windanfällig, auch bot das Dach an stürmischen Tagen bei Niederschlag unzureichenden Schutz. Nicht zuletzt aus diesen Gründen spielte der 1. FC Köln selbst in den weitgehend erfolgreichen 1970er- und 1980er-Jahren im Schnitt vor einem nicht einmal halbvollen Haus.

Ausverkauft war das Müngersdorfer Stadion in dieser Zeit nur bei absoluten Topspielen, etwa gegen Bayern München oder Borussia Mönchenglad-

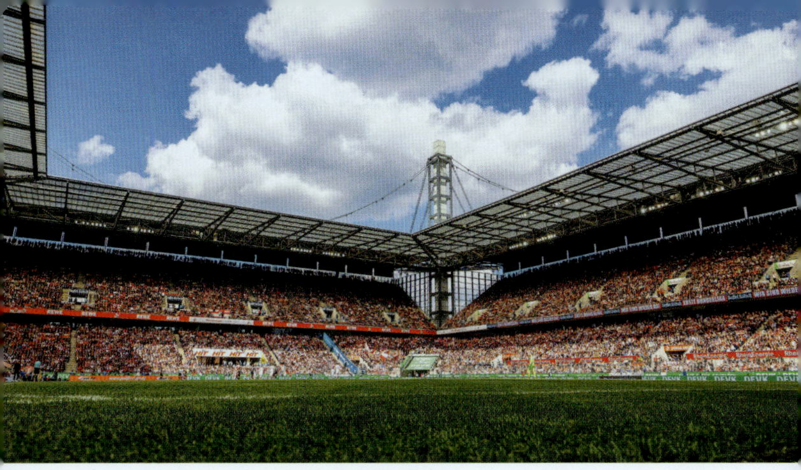

Ein Heiligtum für FC-Fans: das Stadion in Müngersdorf

bach. Dafür fanden zahlreiche Europapokalabende und Ligaspiele gegen weniger prominente Gegner teilweise vor weniger als 10.000 Zuschauern statt. Aus heutiger Sicht sind das unvorstellbare Zahlen. Immerhin: Bei der Europameisterschaft 1988 war Köln Spielort bei zwei Vorrundenpartien.

Ein reines Fußballstadion

Um die Jahrtausendwende herum setzte in Deutschland ein regelrechter Boom beim Stadionbau ein. Deutschland hatte im Juli 2000 den Zuschlag für die Ausrichtung der Weltmeisterschaft 2006 erhalten – und Köln wollte diesmal dabei sein. Das Müngersdorfer Stadion hatte ausgedient und wurde ab Dezember 2001 in mehreren Bauschritten ins heutige RheinEnergieSTADION verwandelt. In etwas mehr als zwei Jahren Bauzeit ließ die Stadt Köln für vergleichsweise günstige 117,5 Millionen Euro ein reines Fußballstadion errichten, das knapp 50.000 Menschen im Ligabetrieb Platz bietet. Zur Eröffnung besiegte der 1. FC Köln am 31. Januar 2004 die Mönchengladbacher Borussia im Derby durch ein Tor von Lukas Podolski mit 1:0. Das Stadion war Spielort des Confed-Cup 2005, der WM 2006 und wird auch 2024 zur Europameisterschaft internationale Gäste begrüßen.

In erster Linie ist hier aber der 1. FC Köln zuhause. Zwar als Mieter, aber mit eigener Einrichtung: So sind die jeweils 60 Meter hohen Ecktürme bei Flutlichtspielen des 1. FC Köln in den Vereinsfarben Rot und Weiß erleuchtet. Der 1. FC Köln würde das oft ausverkaufte Stadion gern vergrößern, auch gab es immer wieder lose Ideen für einen Standortwechsel. Doch bei Letzterem machen die Fans nicht mit. Für sie ist der Standort Müngersdorf „unverhandelbar“.

Heimat in der Kurve

14

Der FC und seine Fans

Die Südkurve im Kölner Stadion ist fest in der Hand der FC-Fans. Aus heutiger Sicht ist es kaum vorstellbar, dass die Treuesten der Treuen mal nicht „auf der Süd" gestanden haben. Tatsächlich aber waren die stimmungsvollsten Plätze im Kölner Stadion bis 1971 auf der Nordseite zu finden, was angesichts der Nähe zur Stadtbahn-Haltestelle nur logisch erscheint. Mit dem Abriss der alten Hauptkampfbahn wurde allerdings ein neues Konzept umgesetzt.

Die Anhänger der Gästeteams wurden im Müngersdorfer Stadion ab der Fertigstellung 1975 im Norden untergebracht, damit sie nach dem Spiel schneller Richtung Innenstadt abreisen konnten. Das Risiko von Spannungen zwischen den Fanlagern sollte so reduziert werden. Im Zuge dieser Maßnahme bezogen die hartgesottenen FC-Fans die neue Südkurve im weiten Oval der „Betonschüssel".

Die Entwicklung der Kölner Fankurve

Sie blieben dort selbstverständlich auch, nachdem zwischen 2001 und 2004 auf dem Grund der alten Müngersdorfer Arena das RheinEnergieSTADION entstand – und aus der weitläufigen Südkurve die ans Spielfeld angrenzende Südtribüne wurde.

Die Spiele des 1. FC Köln im Müngersdorfer Stadion ab 1975 waren nicht immer Publikumsmagneten (siehe Kapitel 13). Die Stehplatzränge auf der Südtribüne, sichttechnisch die schlechtesten Plätze im ganzen Stadion, waren allerdings auch bei geringer Gesamtauslastung stets gut besucht. Dabei war das Publikum einerseits besonders jung (für Jugendliche kostete die Tageskarte selbst bei Topspielen nur ein paar D-Mark), andererseits kam nicht jeder Stehplatzbesucher ausschließlich wegen des Fußballs ins Stadion.

Meilensteine beim Dauerkartenverkauf

Erste Saison: 1948/49, 50 Dauerkarten
Erstmals über 1000 Dauerkarten: Saison 1962/63, 1024 Dauerkarten
Erstmals über 5000 Dauerkarten: Saison 1993/94, 5000 Dauerkarten
Erstmals über 10.000 Dauerkarten: Saison 2000/01, 15.200 Dauerkarten
Seit der Saison 2008/09 ist das Dauerkartenkontingent vom Verein wegen der großen Nachfrage auf 25.500 Tickets limitiert.

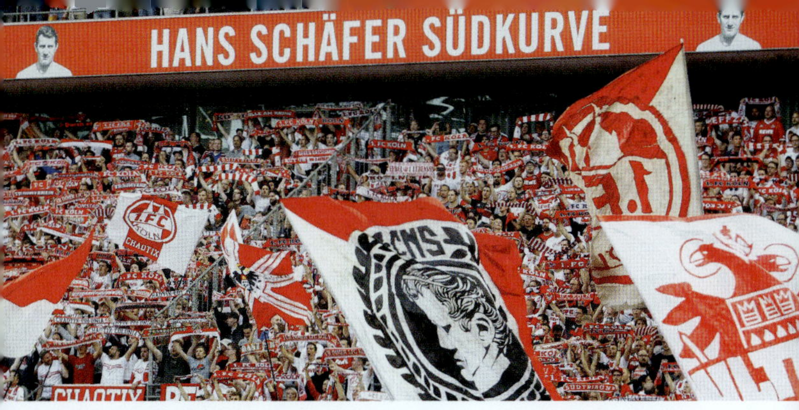

Die Südtribüne ist das Epizentrum der Stimmung.

Wie viele andere Klubs aus Deutschland oder England tummelten sich in den 1970er- und 1980er-Jahren zahlreiche Hooligans im Heim-Fanblock des 1. FC Köln. Ihre Stunde schlug oft erst nach den Spielen.

Um des Problems Herr zu werden, berief der Verein 1984 den ersten Fanbeauftragten der Bundesliga. Michael Trippel, seit 1999 Stadionsprecher, und sein Team entschärften das Gewaltproblem, das ebenso wenig wegzudiskutieren wie einfach so zu tilgen war, durch Entzerrung: Chronische Unruhestifter wurden in anderen Blöcken des Stadions untergebracht.

Ultrabewegung in den 1990er-Jahren

In der Südkurve entstand bald darauf eine der ersten Ultrabewegungen des deutschen Fußballs. Den Anfang machten 1994 die „Ultras CCAA“. Zwei Jahre später spaltete sich hieraus die „Wilde Horde“ ab, die schnell zur dominierenden Kölner Ultra-Gruppierung wurde.

Die Capos der „Wilden Horde“ geben seither auf dem Unterrang der Südtribüne im wahrsten Sinn des Wortes den Ton an. Das Modell der Vorsänger stößt nicht bei jedem Anhänger auf Gegenliebe, doch mit ihrem immensen Engagement für den Verein sorgen die Ultragruppierungen auch immer wieder für imposante Choreographien und tragen damit einen Teil zur berühmten Stimmung bei.

Zugleich ist die Südtribüne nicht immer nur eine stimmungsvolle Keimzelle der Fanliebe. Die „schwarze Wand“ nach dem Bundesligaabstieg 2012, als das gesamte Stadion in dunklen Rauch gehüllt wurde, war einer der Tiefpunkte der Vereinsgeschichte. Konzertierte Ausschreitungen Kölner Anhänger an Karneval 2015 im rheinischen Derby bei Borussia Mönchengladbach führten im weiteren Verlauf jener Saison zu Zuschauerteilausschlüssen in drei Heimspielen – auch die gute Stimmung war damit ausgesperrt.

Hans-Gerhard König

15

Mehr als ein Stadionsprecher

Das „Mädchen für alles“ hat in vielen Profivereinen längst ausgedient. Ein Mediendirektor gehört mittlerweile genauso selbstverständlich zum Mitarbeiterstab eines jeden Bundesligisten wie ein Stadionsprecher, ein Klub-Sekretär und selbstredend ein Geschäftsführer.

Der 1. FC Köln vertraute diese Bereiche über mehrere Jahre mit Erfolg einem einzigen Mann an: Hans-Gerhard König. Als „Stimme von Müngersdorf“ erlangte König besondere Bekanntheit. Von 1959 bis 1986 sowie von 1991 bis 1999 führte der im September 2003 verstorbene König mit sonorer Stimme als Stadionsprecher durch mehr als 1000 Heimspiele der Geißböcke. Dabei verließ auch den überaus beherrschten König bisweilen die Contenance. So konnte einmal die gesamte Kölner Radrennbahn mithören, wie er die Mannschaft in Bausch und Bogen kritisierte: „Die spielen heute wieder einen Scheiß.“ König hatte vor lauter Verärgerung vergessen, nach einer Durchsage sein Mikrofon auszuschalten.

Einer für (fast) alles

Bei Königs Job am Mikrofon blieb es aber nicht. Der gebürtige Niedersachse, der rasch zu einem Vertrauten von FC-Gründungspräsident Franz Kremer aufstieg, übernahm 1960 zusätzlich die Leitung des „Geißbock Echo“. Bis 1972 sowie nochmals von 1974 bis 1986 gab König beim FC-Vereinsmagazin die Linie vor. Von 1959 bis 1960 war König zudem noch Klubsekretär, von 1965 bis 1972 arbeitete er als FC-Geschäftsführer.

Damit bekleidete König sieben Jahre lang gleich drei wichtige Positionen innerhalb des Vereins in Personalunion. Als Geschäftsführer traf er sich teilweise persönlich mit Fans, die an einer Vereinsmitgliedschaft interessiert waren, zum Mittagessen im Geißbockheim. Undenkbar in heutigen Zeiten, da der 1. FC Köln mehr als 130.000 Mitglieder hat und die Zahlen ab Mitte der 2000er-Jahre regelrecht explodierten.

König fiel auch die immens schwierige Aufgabe zu, die Mannschaft am 11. November 1967 nach dem gewonnenen Auswärtsspiel bei Eintracht Frankfurt vom Tode Kremers zu unterrichten. „Ich habe selten bei einer Beerdigung an einem Grab so viele Männer weinen sehen wie bei der von Franz Kremer“, erinnerte sich König drei Jahrzehnte nach dem Tod des FC-Gründungspräsidenten.

Chronologie der erfolgreichen Jahre

Königs 1975 erschienene Chronologie „1. FC Köln. Vom Vorstadtverein zum Weltclub" ist bis heute eine Pflichtlektüre für hartgesottene FC-Anhänger. Das Datum der Fertigstellung dieses Werkes bietet einen großen Vorteil für zartbesaitete Gemüter: Der geneigte Leser bekommt fast ausschließlich Erfolgsgeschichten serviert, Bundesligaabstiege erschienen seinerzeit als ein Szenario, das nur andere Vereine ereilt.

1999 gab König sein letztes Amt, den Posten des Stadionsprechers, aus Altersgründen auf. Er tat dies ein Jahr später als vorgesehen, weil er sich nicht mit dem ersten Bundesligaabstieg am Ende der Saison 1997/98 in den Ruhestand verabschieden wollte. Sein Nachfolger wurde Michael Trippel, der zuvor als erster Fanbeauftragter des Vereins tätig war.

Königs weitere Funktionen sind im Zuge der zunehmenden Professionalisierung mittlerweile längst auf mehrere Schultern verteilt. Allein die Medienarbeit des 1. FC Köln ist seit Jahrzehnten als One-Man-Show längst nicht mehr zu bewältigen. Und Geschäftsführer gibt es beim 1. FC Köln seit Jahren zwei an der Zahl: einen für sportliche und einen für finanzielle Belange.

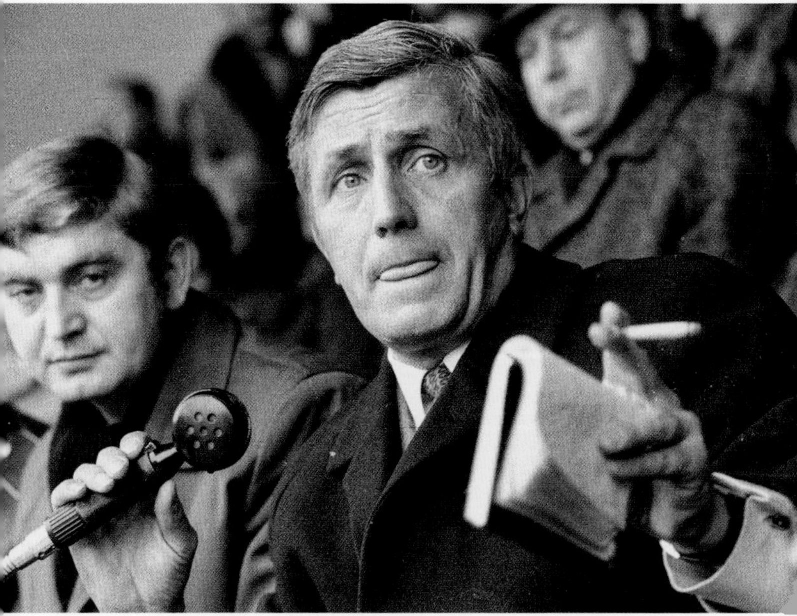

Die Stimme von Müngersdorf: Hans-Gerhard König

Tschik Čajkovski

16

Trainer der ersten Meistermannschaft

Die Entwicklungskurve des 1. FC Köln zeigte nach der Vereinsgründung rasant nach oben, aber der ganz große Wurf ließ dann doch auf sich warten. 1961 schließlich verpflichtete der Klub den Trainer, mit dem Franz Kremer seine vollmundige Vision von der Meisterschaft endlich Wirklichkeit werden ließ. Zlatko Čajkovski war am Geißbockheim ein alter Bekannter. Von 1955 bis 1958 wirbelte der zweimalige WM-Teilnehmer aus Jugoslawien im Mittelfeld des 1. FC Köln. Drei Jahre später gab Kremer dem Jungtrainer, der wegen seiner geringen Körpergröße von 1,64 Metern nur „Tschik“ (jugoslawisch „Cik“ = „Stummel“) genannt wurde, die Chance seines Lebens.

Der „Stummel“ entfacht ein Feuer

Radebrechend („Ich Lehrer für Fußball, nix für Deutsch“), aber mit einer ungemein erfolgreichen Ansprache sicherte sich der 1. FC Köln unter Čajkovski 1962 zunächst zum dritten Mal in Folge die Westdeutsche Meisterschaft. „Er hat uns derart für den Fußball begeistert, dass wir an nichts anderes mehr denken konnten“, sagte der damalige Stürmer Karl-Heinz Thielen.

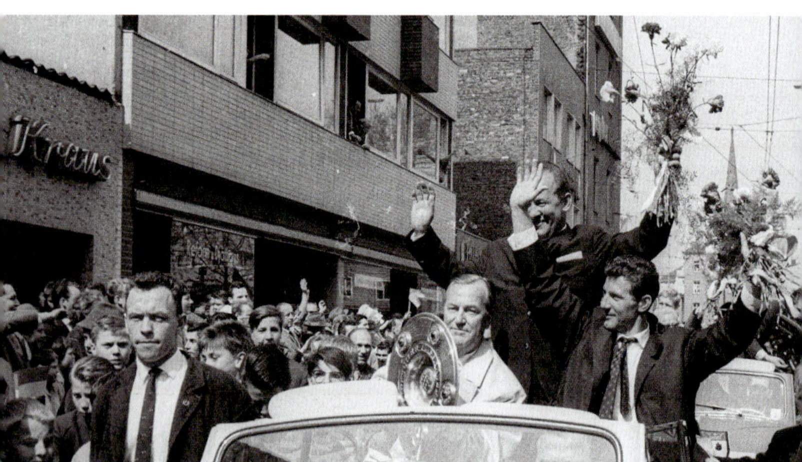

Čajkovski, „Boss“ Franz Kremer (l.) und Kapitän Hans Schäfer (r.) beim Meistercorso 1962

In der Endrunde marschierte der FC mit 6:0 Punkten und 14:1 Toren durch die Gruppenspiele gegen Eintracht Frankfurt, den Hamburger SV und Außenseiter FK Pirmasens. Im Endspiel am 12. Mai 1962 hatte der 1. FC Nürnberg, seinerzeit Rekordmeister, nicht den Hauch einer Chance. Durch die Tore von Weltmeister Hans Schäfer (22.), Ernst-Günter Habig (26., 49.) und Abwehr-Haudegen Fritz Pott (71.) spazierte der FC bei strahlendem Sonnenschein im Berliner Olympiastadion in blütenweißen Trikots zu einem 4:0 und war erstmals deutscher Meister.

Die Spieler beherzigten an diesem sonnigen Frühlingssamstag ein weiteres beliebtes Motto ihres Trainers: „Oben küssen, unten treten!" Mehrere Zeitungen verglichen die Kölner Spieler wegen ihres Outfits, aber auch wegen ihrer Spielweise mit dem großen Real Madrid, bei der Rückkehr lag die Domstadt der Mannschaft und ihrem stolzen Patriarchen Kremer zu Füßen.

Erste zarte Schritte in Europa

In jener Saison 1961/62 war der 1. FC Köln auch erstmals international vertreten. Im Messestädtepokal, einem Vorläufer der heutigen Europa League, meinte es das Los nicht gut mit dem Neuling. Gegen den italienischen Großklub Inter Mailand schlug sich der Debütant allerdings achtbar. Einem 4:2 im Hinspiel in Köln folgte ein 0:2 in der Lombardei. Das Entscheidungsspiel verlor der FC mit 3:5.

Es sollte nicht der letzte Auftritt in Europa bleiben: Durch den erstmaligen Gewinn der Deutschen Meisterschaft qualifizierten sich Čajkovski und seine Mannschaft erstmals für den Europapokal der Landesmeister 1962/63, den Vorläufer der heutigen Champions League. Spiele gegen das „echte" Real Madrid waren nun greifbar – doch so weit kam der 1. FC Köln damals nicht (siehe Kapitel 17).

Vom großen FC zu den kleinen Bayern

In seinem zweiten Trainerjahr gewann Čajkovski mit dem FC erneut die Westdeutsche Meisterschaft, nach der Niederlage im Endspiel gegen Borussia Dortmund zog der Coach aber weiter zu einem aufstrebenden Verein aus dem Süden namens Bayern München. Mit Spielern wie Franz Beckenbauer, Sepp Maier oder Gerd Müller (O-Ton Tschik: „Kleines, dickes Müller") formte Čajkovski binnen fünf Jahren eine internationale Spitzenmannschaft. 1973 erinnerte sich der mittlerweile zum Manager aufgestiegene Thielen an seinen geliebten Trainer Čajkovski und holte ihn zurück, doch die Erfolge waren nicht zu wiederholen. „Die gutmütige Art des Trainers hatte sich leider schnell abgenutzt", musste Thielen attestieren. „Tschik" Čajkovski starb 1998 im Alter von 74 Jahren in München.

Scouting mit Tücken

17

Die Lehrstunde von Dundee

Seine wohl dunkelste Stunde als Trainer erlebte „Tschik" Čajkovski gleich beim Debüt des 1. FC Köln im Europapokal der Landesmeister. Das Los hatte den Kölnern mit dem schottischen Meister Dundee FC eine vermeintlich lösbare Aufgabe beschert. Der 1. FC Köln, ganz seiner Zeit voraus, entsandte vor dem Hinspiel zur Absicherung dennoch einen Späher auf die Insel. Und der Scout war sich seiner Sache sicher, wie sich FC-Verteidiger Leo Wilden erinnerte: „Der sagte nur: ‚Das ist keine Mannschaft, die könnt ihr locker schlagen.'"

Doch dann kam alles ganz anders. „Wir liefen in blütenweißen Trikots auf, so nach dem Motto: ‚Wir sind das Real Madrid Deutschlands', und dann haben wir acht Stück bekommen", erklärte Wilden Jahrzehnte nach der Schmach in aller Schonungslosigkeit. „Wir waren zu überheblich. Was das für eine Mannschaft war! Die spielten wie eine Maschine."

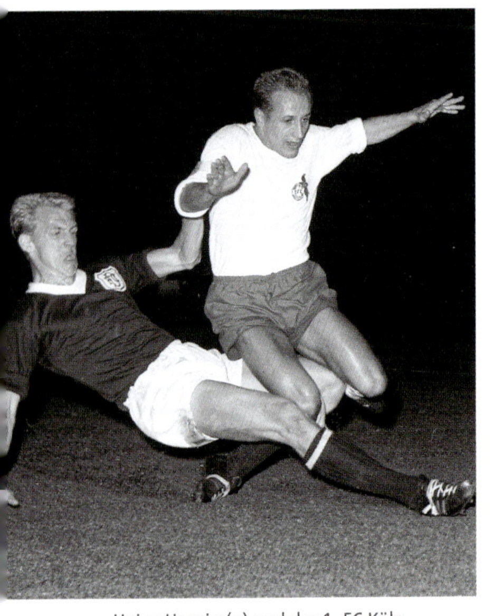

Heinz Hornig (r.) und der 1. FC Köln glänzten nur im Rückspiel.

1:8 hieß es am Ende, das Ausscheiden war vor dem Rückspiel in Köln praktisch besiegelt. Am schwersten traf die Niederlage den Trainer. „Winschte, Maschine stirzt ab", soll Čajkovski kurz vor dem Heimflug gemurmelt haben.

In seinem Buch „Ich mache Mannschaften" widersprach der für sein Temperament bekannte Coach energisch. „Am besten, Flugzeug stürzt ab", will er stattdessen gesagt haben. Immerhin gewann der 1. FC Köln das Rückspiel zwei Wochen darauf mit 4:0 und schied zumindest mit Anstand aus. Der Schock von Dundee hatte zudem etwas Gutes: So hoch hat der 1. FC Köln seither im Europapokal nicht mehr annähernd verloren.

Die Stollenwerk-Elf

18

Ein Unikat in Deutschland

Jeder Fußballverein steht vor dem Problem, dass nicht alle Akteure ihre Spielanteile erhalten. Der 1. FC Köln hatte hierfür eine Lösung parat. Reservisten, talentierte Nachwuchsspieler oder Rekonvaleszenten bestritten in der sogenannten „Stollenwerk-Elf" Freundschaftsspiele gegen die Teams aus der Region.

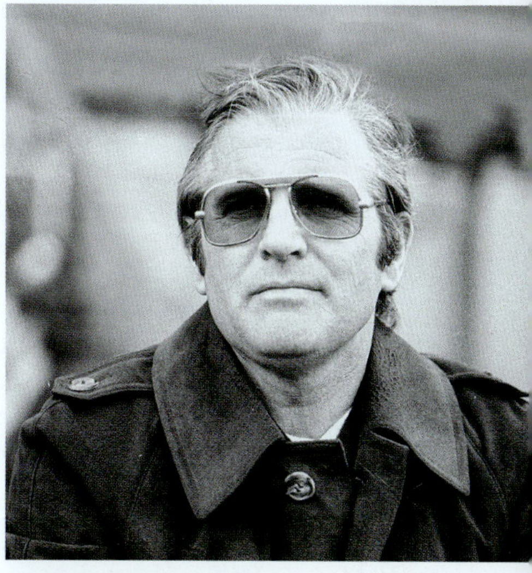

Nationalspieler, Führungsfigur und Namensgeber: Georg Stollenwerk

Gegründet wurde die Stollenwerk-Elf im August 1963, gewissermaßen als Ergänzung zum Kölner Bundesligaspielbetrieb. Ihren Namen verdankte sie dem damaligen Trainer, dem früheren Nationalspieler Georg Stollenwerk. Als dieser 1969 den Verein verließ, um Cheftrainer bei Alemannia Aachen zu werden, wurde die Stollenwerk-Elf aufgelöst.

Im Jahr 2008 überraschte FC-Präsident Wolfgang Overath bei der Mitgliederversammlung mit der Idee, die Stollenwerk-Elf wiederaufleben zu lassen. Immerhin zwölf Partien bestritt diese Mischung aus Reservisten und Nachwuchsspielern bis zur neuerlichen Auflösung im Jahr 2010. Diese kleine Ära endete zumindest mit einem Prestigeerfolg: Durch Tore von Millionenflop Alexandru Ioniţă und Reservestürmer José Pierre Vunguidica wurde am 16. November 2010 die Profimannschaft von Fortuna Düsseldorf in einem kleinen rheinischen Derby mit 2:1 geschlagen.

Sinn und Nutzen der Stollenwerk-Elf wurden immer wieder diskutiert. Doch letztlich empfahlen sich in dieser Mannschaft spätere Stützen wie Karl-Heinz Thielen, Matthias Hemmersbach, Fritz Pott oder nach der Wiederbelebung Simon Terodde und Jonas Hector für die Profimannschaft, wo sie Schlüsselrollen einnahmen.

Herausforderung gesucht

Der 1. FC Köln „gründet" die Bundesliga

19

Viermal in Folge Westdeutscher Meister, dreimal im Finale der deutschen Meisterschaft, 1962 der Titel – die Saisons 1959/60 bis 1962/63 waren für den 1. FC Köln gepflastert mit Erfolgen. Zugleich hinkte der deutsche Fußball international hinterher. In den Europapokalwettbewerben war für die (Halb-)Amateure des DFB gegen die Konkurrenz aus Spanien, Italien, Frankreich, England oder Schottland, wo seit Jahrzehnten in eingleisigen Profiligen gespielt wurde, in aller Regel Endstation. Spätestens nach dem Viertelfinal-Aus der Nationalmannschaft bei der Weltmeisterschaft 1962 in Chile wurde selbst dem letzten klar, dass auch die Bundesrepublik dringend eine Eliteklasse brauchte.

Eine der treibenden Kräfte hinter der Gründung der Bundesliga war Franz Kremer. Dem ehrgeizigen FC-Präsidenten war das System mit fünf Oberligen schon lange ein Dorn im Auge, die akute Krise war Wasser auf seine Mühlen.

Die Saison wurde erst im Frühjahr spannend

Natürlich spielte der 1. FC Köln im Oberligaalltag gegen Hochkaräter wie Schalke 04, Borussia Dortmund oder den Meidericher SV. Allerdings ging es auch allzu oft gegen kleinere Mannschaften aus der Region wie TSV Marl-Hüls oder Hamborn 07, die den FC kaum fordern konnten.

In den frühen 1960er-Jahren begann die Saison für die Domstädter im Grunde erst mit der Endrunde zur deutschen Meisterschaft im Mai, an der die Meister der fünf Oberligen sowie der Tabellenzweite der West-Staffel teilnahmen. Hier war in der Regel ein hohes Niveau gegeben. Das Ziel Kremers und nicht zuletzt auch von Bundestrainer Sepp Herberger („Wir brauchen diese Eliteklasse, wenn wir international mithalten wollen.") war aber, dass die besten Spieler an jedem Wochenende an ihre Grenzen gehen mussten.

Beim DFB-Bundestag am 28. Juli 1962 in Dortmund wurde trotz aller guten Argumente hitzig diskutiert, um genau 17.44 Uhr aber beschlossen die Delegierten mit 103:26 Stimmen den Start der Fußball-Bundesliga zur Saison 1963/64. Eine Vollprofi-Liga wurde sie aufgrund des immensen Widerstands einiger Landesfürsten zunächst nicht. Ledig-

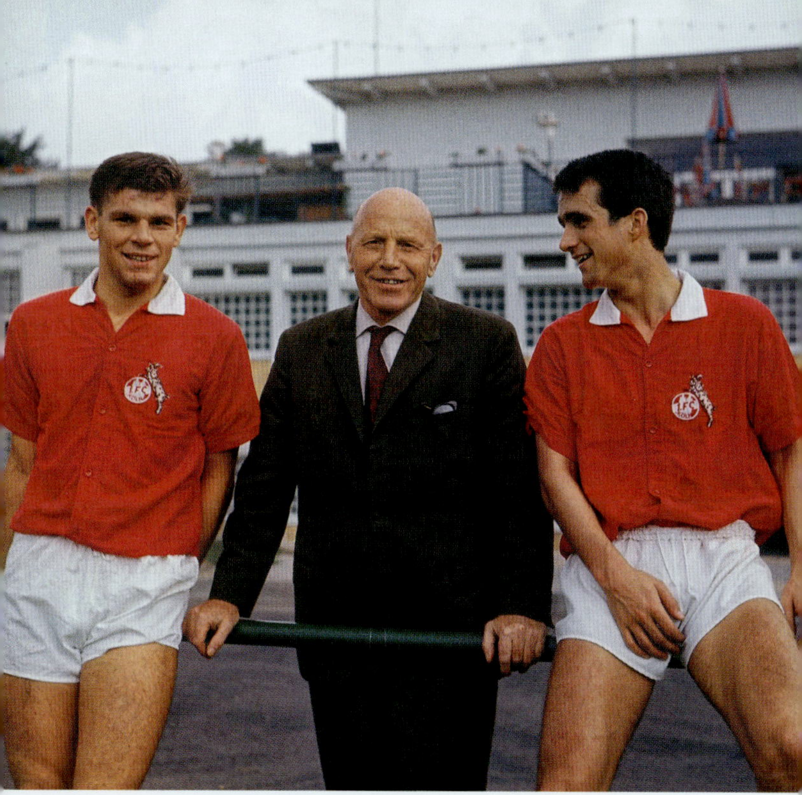

Mit den Top-Talenten Wolfgang Weber (l.) und Wolfgang Overath (r.) führte Trainer Georg Knöpfle den 1. FC Köln im ersten Bundesligajahr zur Meisterschaft.

lich bei der Abstimmung über die Einführung des Lizenzspielertums, welche das maximale Monatsgehalt auf 1200 D-Mark fixierte, wurde die notwendige Zweidrittelmehrheit erzielt.

Franz Kremer, seit 1949 Vorsitzender der „Interessengemeinschaft Bundesliga und Berufs-Fußball", war damit nicht restlos zufrieden. Er sei sich „stundenlang vorgekommen, als wäre ich auf dem falschen Bundestag", erklärte der FC-Präsident und machte damit seiner Ernüchterung über die Zaghaftigkeit des Gremiums Luft.

46 Bewerber um 16 Plätze

Der 1. FC Köln als mehrmaliger Westdeutscher Meister hatte seinen Platz in der neuen Eliteliga sicher, doch dahinter begann ein Hauen und Stechen. 46 Vereine bewarben sich um 16 Plätze, ausgewählt wurde nach Erfolgen in der jüngeren Vergangenheit sowie nach regionalen Gesichtspunkten. Keinen Platz gab es zunächst für Bayern München und Borussia Mönchengladbach – zwei Vereine, die in den 1970er-Jahren den Titel mehrheitlich unter sich ausmachen sollten. Dafür war etwa Preußen Münster vertreten, das sogleich abstieg und bis dato nicht wiederkehrte.

Am 24. August 1963 erfolgte der Startschuss der Bundesliga, die rasend schnell eine immense Popularität erlangte. Der 1. FC Köln wurde unter der Ägide des autoritären neuen Trainers Georg „Schorsch" Knöpfle seinem hohen Selbstanspruch sogleich gerecht. Der FC war an 29 der 30 Spieltage Tabellenführer und holte sich mit komfortablen sechs Punkten Vorsprung – wohlgemerkt nach der Zwei-Punkte-Regel – vor dem Meidericher SV aus Duisburg den ersten Meistertitel in der Bundesliga.

Die Mischung beim FC stimmte von Beginn an. Der 36 Jahre alte 1954er-Weltmeister Hans Schäfer als Kapitän und der 33-jährige Georg Stollenwerk gingen mit ihrer Erfahrung voran, in ihrem Windschatten entwickelten sich der spätere Weltmeister Wolfgang Overath, damals zarte 19 Jahre alt, und der gleichaltrige Abwehrrecke Wolfgang Weber in ihrer ersten Profisaison bereits zu absoluten Spitzenspielern.

Youngster Overath, die große Entdeckung

Overath erzielte am 24. August beim 1. FC Saarbrücken in der 22. Minute das erste Bundesligator der Kölner (Endstand 2:0). Der erst 23 Jahre alte Angreifer Karl-Heinz Thielen avancierte mit 16 Treffern zum besten Torjäger der Geißböcke, die lediglich nach dem vierten Spieltag nicht an der Tabellenspitze standen. Der Titel wurde bereits am drittletzten Spieltag durch ein 5:2 gegen den amtierenden Meister Borussia Dortmund unter Dach und Fach gebracht.

Die Mannschaft legte nach dem letzten Heimspiel am 9. Mai 1964, einem 2:1 gegen den VfB Stuttgart, mit der Meisterschale im Gepäck auf einem offenen Leiterwagen die rund vier Kilometer lange Strecke vom Stadion zum Geißbockheim auf kürzestem Weg zurück. Das sei „gut so" gewesen, erinnerte sich Weber, „sonst wären wir dort wohl nie angekommen".

60.000 Menschen säumten die Corso-Route. Am Geißbockheim ging die Party erst richtig los mit Meisterbankett, Freibier für die Fans und einem Feuerwerk inklusive Wasserorgel. Der FC schien auf Jahre in Deutschland unschlagbar zu sein: Kein anderer Klub hatte so viel Geld, ein so modernes Trainingszentrum und eine so stark besetzte Mannschaft. Die Realität holte die Kölner allerdings bald ein.

20

Wolfgang Overath

Der große Dirigent

Das größte von vielen Komplimenten erhielt Wolfgang Overath vom womöglich besten Fußballer aller Zeiten. „Zwei deutsche Spieler würde ich bedenkenlos in meine Wunschmannschaft nehmen: Overath und Beckenbauer. Es muss ein Genuss sein, mit diesen beiden in einem Team zu spielen“, ließ sich der große Brasilianer Pelé in Wolfgang Overaths Biographie „Ja, mein Temperament“ aus dem Jahr 1970 zitieren.

Tatsächlich war Overath beim 1. FC Köln und in der deutschen Nationalmannschaft eine begnadete Nummer zehn, wie es sie heute nicht mehr gibt. Der 1943 geborene Siegburger brillierte mit feiner Technik, Schnelligkeit, Übersicht und Biss. Zugleich galt Overath als eigenwilliger, schwieriger Charakter, den jeder Trainer bei Laune halten musste. Seine Spielweise und die Interpretation seiner Rolle finden sich im modernen Fußball nicht

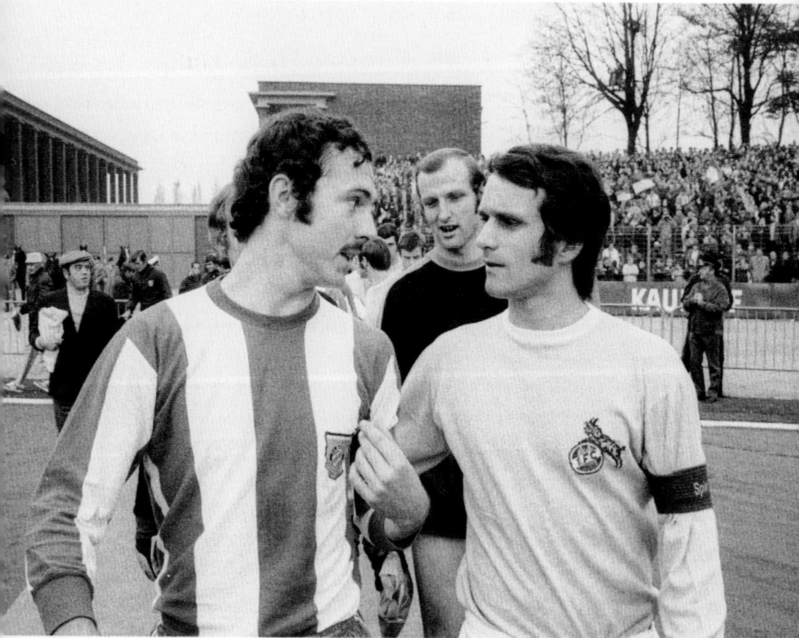

Auf Augenhöhe mit den Größten: Wolfgang Overath mit Franz Beckenbauer

mehr. Trotzdem – oder gerade deswegen – wird Overath nicht nur in Köln immer noch verehrt.

Rekorde, Rekorde, Rekorde

Mit 542 Pflichtspieleinsätzen ist Overath der Rekordspieler des 1. FC Köln. Für keinen anderen Klub schnürte der Rheinländer als Profi die Fußballschuhe, obwohl es an lukrativen Angeboten nicht mangelte. Mit 81 Länderspielen (17 Tore) ist der Weltmeister von 1974 zudem der Rekordnationalspieler der Geißböcke.

Overaths Zeit bei „seinem" Klub startete gleich mit einem Knall: Nachdem sich der Junioren-Nationalspieler für das Angebot des 1. FC Köln und gegen die Offerten von Bayer Leverkusen, Kickers Offenbach oder Borussia Dortmund entschieden hatte, erzielte er als 19-Jähriger am 24. August 1963 am ersten Bundesligaspieltag der Geschichte das erste FC-Tor in der Eliteklasse. Overath kam in seiner ersten Saison in jedem Spiel zum Einsatz, sein erhabener Fußball passte dabei perfekt zur Selbstwahrnehmung des 1. FC Köln, der die erste Spielzeit im Oberhaus mit der souveränen Meisterschaft krönte. Wer sonst hätte auch Meister werden sollen? „Wir hatten das Geißbockheim, andere haben sich in Garagen umgezogen. Wir spielten in den feinsten Trikots. Wir hatten überragende Fußballer mit Hans Schäfer an der Spitze", schwärmte Overath noch weit nach seinem Karriereende.

Der FC bot unter Franz Kremer mehr als jeder andere Verein in Deutschland – auch wenn das Geld laut Overath nicht das ausschlaggebende Argument war. „Ich hätte Fußball gespielt, wenn ich nicht einen Euro oder eine Mark bekommen hätte", erklärte der Linksfuß, der auch im Rentenalter noch wöchentlich gegen den Ball trat.

Das Gesicht des 1. FC Köln

Overath blieb 14 Jahre lang der Fixstern beim 1. FC Köln, Heinz Simmet hielt dem Dirigenten als Wasserträger ab 1967 in mehr als 300 Spielen den Rücken frei. Das Spiel des FC unter Overath war oft spektakulär und erfolgreich, aber unter dem Strich blieb (zu) wenig Zählbares: Zur Meisterschaft 1964 kamen lediglich noch die Pokalsiege 1968 (4:1 gegen den VfL Bochum) und 1977 (1:1 nach Verlängerung, 1:0 im Wiederholungsspiel gegen Hertha BSC) hinzu. Dabei waren für den FC in der Ära Overath weitere große Erfolge zum Greifen nah. Dreimal zog der Klub mit seinem Dirigenten in ein Europapokal-Halbfinale ein, 1965 und 1973 stand am Saisonende die Vizemeisterschaft, dazu ging 1970, 1971 und 1973 das DFB-Pokalfinale verloren. Fast genauso viel wert wie ein Titel: Am letzten Spieltag der Saison 1968/69 rettete Overath den FC im Heimspiel gegen den 1. FC Nürnberg mit seinem Tor zum 1:0 (Endstand: 3:0) vor dem Abstieg – und schickte die Franken als amtierenden Meister in die 2. Liga. Wäre es anders ausgegangen, hätte Wolfgang Overath seinen 1. FC Köln tatsächlich verlassen. Für den Abstiegsfall stand er bei Bayern München im Wort.

Schicksalsfiguren Netzer und Weisweiler

Wolfgang Overath lieferte sich über ein Jahrzehnt quasi ein Privatduell mit Günter Netzer vom Erzrivalen Borussia Mönchengladbach um die Spielmacherrolle in der Nationalmannschaft. Für Bundestrainer Helmut Schön galt angesichts der großen Egos der Platzhirsche das Motto: Es kann nur einen geben. Und der hieß meist Wolfgang Overath.

Im bereits angesprochenen Pokalfinale 1973 allerdings sorgte Netzer für die Schlagzeile. In seinem letzten Spiel für Mönchengladbach vor dem feststehenden Transfer zu Real Madrid wechselte er sich in der Verlängerung selbst ein. Er stellte damit Trainer Hennes Weisweiler bloß, der ihn aus Groll auf die Bank verbannt hatte, doch Netzer erzielte tatsächlich das 2:1-Siegtor im Düsseldorfer Rheinstadion.

Jener Weisweiler spielte auch für das Karriereende Wolfgang Overaths eine entscheidende Rolle. „Don Hennes“ übernahm den 1. FC Köln 1976 zum dritten Mal als Trainer und rieb sich von Beginn an am 33 Jahre alten Denkmal Overath. „Für unser Spiel ist er zu langsam und zu wenig deckungstreu“, befand Weisweiler. In der Saison 1976/77 machte Overath nur 24 Bundesligaspiele, die wenigsten in seinen 14 Profijahren. Im siegreichen Wiederholungsspiel des Pokalfinals 1977 gegen Hertha BSC strich Weisweiler die Identifikationsfigur aus dem Kader – für Overath das Signal, Schluss zu machen.

27 Jahre nach seinem Ende als Spieler kehrte Wolfgang Overath, mittlerweile erfolgreicher Geschäftsmann und Träger des Bundesverdienstkreuzes, als Präsident zum 1. FC Köln zurück. Es wurde eine Ära mit deutlich mehr Tiefen als Höhen (siehe Kapitel 81).

Overath Breitner da Silva Medina: Der FC inspiriert die Welt

Als Weltmeister ist Wolfgang Overath eines der Gesichter des 1. FC Köln und des deutschen Fußballs. Dennoch verwunderte eine Nachricht, die im Jahr 2010 von Brasilien aus um die Welt ging. Beim berühmten Pelé-Klub FC Santos debütierte damals ein Teenager namens Overath Breitner da Silva Medina. Die Namenswahl der Eltern machte den Jungkicker übrigens keineswegs glücklich: Als seine Idole gab er Zico und Ronaldinho an.

Der erste Brasilianer

Zézé und die Schneeallergie

21

Der 1. FC Köln war von Anfang an ein Verein für das Extravagante: Die Rheinländer hatten als erster Bundesligaverein ein lebendes Maskottchen, sie trugen blütenweiße Trikots wie sonst nur das große Real Madrid, auch die sportlichen Ansprüche wuchsen unter dem ehrgeizigen Präsidenten Franz Kremer schnell in den Himmel. Und so gönnte sich der frischgebackene deutsche Meister fast folgerichtig im Jahr 1964 den ersten Brasilianer der Fußball-Bundesliga.

Der 21-jährige Zézé, bürgerlich José Gilson Rodriguez, sollte das Flair der Weltmeisternation vom Zuckerhut nach Deutschland transportieren und die Fans mit genialen Kunststücken verzaubern. Wenn man schon nicht Pelé selbst bekommen konnte – der Stürmerstar war von Brasiliens Regierung nach dem WM-Triumph 1958 kurzerhand zum Staatseigentum ernannt worden –, dann doch zumindest einen vielversprechenden jungen Sambakicker.

Der Dom ist nicht der Zuckerhut

Zézé wurde nach damaligen Maßstäben mit großem Brimborium am Geißbockheim empfangen, der junge Angreifer konnte die stolze Ablösesumme von 150.000 D-Mark allerdings zu keiner Zeit rechtfertigen. Meistertrainer Georg Knöpfle soll schon beim ersten Training mit Ernüchterung registriert haben, dass er nicht den erhofften zweiten Pelé bekommen hat. Dennoch setzte er Zézé beim Auftakt in die Saison 1964/65 ein – und danach nur noch vier weitere Male.

Die Möglichkeiten des Scoutings in Südamerika waren seinerzeit allerdings auch begrenzt. FC-Präsident Franz Kremer machte sich zwar höchstselbst auf den Weg nach Brasilien, doch letztlich musste er dem Urteil des renommierten Spielervermittlers Julius Ukrainczyk vertrauen. Der überzeugte den „Boss" mit erstaunlichen Zahlen von einer Europatournee, bei der Zézé 18 der 22 Tore seines Klubs erzielt haben soll. Seriös nachzuprüfen war das freilich nicht.

Hinzu kam: Der hagere Zézé hatte arge Akklimatisierungsprobleme. Die Sprachbarriere war in einer Zeit, als nicht einmal ein Prozent der Bundesligaspieler aus dem Ausland stammte, ein immenses Problem. Bei Zézé setzte allerspätestens der Fluchtreflex ein, als er im Winter 1964/65 zum ersten Mal in seinem Leben Schnee sah. Nach nur einer Saison mit der überschaubaren Ausbeute von einem Tor in fünf Ligaspielen wurde der Vertrag dann aufgelöst – ein Arzt hatte bei Zézé eine Schneeallergie diagnostiziert.

Kein glückliches Händchen mit Brasilianern

Es vergingen 32 Jahre, bis wieder ein Brasilianer beim Geißbockklub in einem Pflichtspiel eingesetzt wurde. Luciano Emilio fand aber ebenso wenig sein Glück beim FC wie Vorgänger Zézé: Nach sechs Spielen ohne Treffer wurde der Angreifer im Sommer 1999 weitergereicht.

Überhaupt landete der 1. FC Köln in seiner langen Historie mit nur einem Brasilianer einen Volltreffer: Pedro Geromel bestritt zwischen 2008 und 2012 insgesamt 123 Pflichtspiele (vier Tore) für die Geißböcke. Damit trug der Innenverteidiger häufiger das Kölner Trikot als alle weiteren zehn FC-Brasilianer zusammen.

Der technisch versierte Innenverteidiger Geromel glänzte als umsichtiger Abwehrchef und trug in seiner letzten Saison in Köln gar die Kapitänsbinde. Nach seiner FC-Zeit stieg er zum brasilianischen Nationalspieler auf.

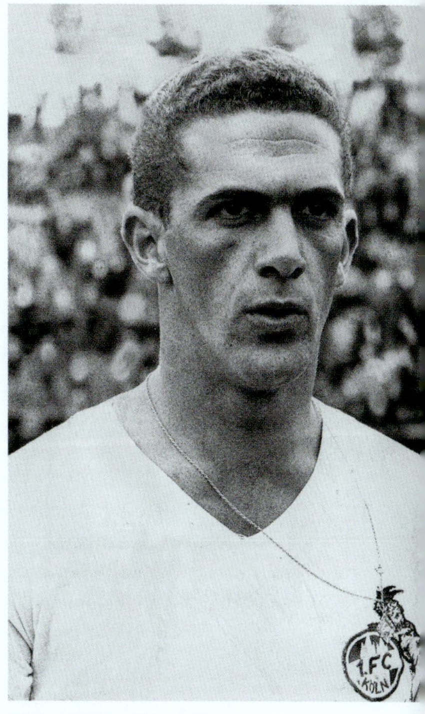

Zézé, mit bürgerlichem Namen José Gilson Rodriguez

Der (fast) vergessene Fehlgriff aus Brasilien

Sucht man nach Brasilianern, die für den 1. FC Köln gespielt haben, fehlt der Name Miguel Ferreira. Dabei wechselte der Torhüter 1965 für stattliche 100.000 D-Mark in die Domstadt. Der Charmeur, der die Damen auf der FC-Geschäftsstelle mit Handkuss begrüßte, erwies sich allerdings schnell als bundesligauntauglich. Ohne jeden Einsatz wurde er ablösefrei an den Bonner SC weitergereicht.

Die größten Transfermissverständnisse des 1. FC Köln

22

Die Erben des Zézé

Natürlich tätigt kein Verein vorsätzlich schlechte Transfers. In den Präsidien, Managerbüros und Scouting-Abteilungen der Klubs wird lange abgewogen. Passt der Spieler zu unserer Spielweise? Können wir ihn uns leisten? Und nicht zuletzt: Will er überhaupt zu uns kommen? Manchmal stecken Wochen, Monate oder gar Jahre der Vorarbeit in einer Spielerverpflichtung. Immer in der Hoffnung, einen Superstar zum kleinen Preis entdeckt zu haben.

Der 1. FC Köln hat natürlich in seiner Geschichte auch zahlreiche Glücksgriffe vorzuweisen, andernfalls hätte der Verein nicht sieben große Titel gewonnen. Doch angefangen mit Zézé waren auch einige Fehlgriffe dabei, die den Verein teilweise teuer zu stehen kamen. Eine Auswahl:

Christian Dollberg

Ein Argentinier mit deutschem Pass, dessen Großeltern in Köln geboren wurden – besser ging es kaum auf dem Papier. Doch der Innenverteidiger, 1995 für eine Million D-Mark von CA Lanus verpflichtet, kam in Deutschland überhaupt nicht zurecht. Nach dem Trainerwechsel von Morten Olsen, der auf Raumdeckung setzte, zu Manndeckungsverfechter Stephan Engels war Dollbergs Zeit nach wenigen Monaten abgelaufen. Noch heute gilt er in FC-Fankreisen als Synonym für einen teuren Fehlgriff.

Marco Reich

Marco Reich galt nach dem WM-Desaster 1998 neben einem gewissen Michael Ballack als großer Hoffnungsträger des deutschen Fußballs. Doch die Karrieren der beiden Kaiserslauterer Meisterspieler entwickelten sich höchst unterschiedlich. Mittelfeldspieler Ballack stieg bei den weiteren Stationen Bayer Leverkusen, Bayern München und FC Chelsea zum Nationalmannschaftskapitän und Weltstar auf. Reich wechselte 2001 zum 1. FC Köln, mit sechs Millionen D-Mark Ablöse war der Angreifer damals der teuerste Transfer der Vereinsgeschichte. In 24 Spielen blieb Reich ohne jedes Tor, nach dem Abstieg 2002 wechselte er zu Werder Bremen. Reichs auffälligster FC-Moment war kein Torschuss, sondern ein Ausspruch: „Ich bin wohl der einzige, der sich über den Euro freut: Jetzt bin ich nur noch der Drei-Millionen-Euro-Fehleinkauf."

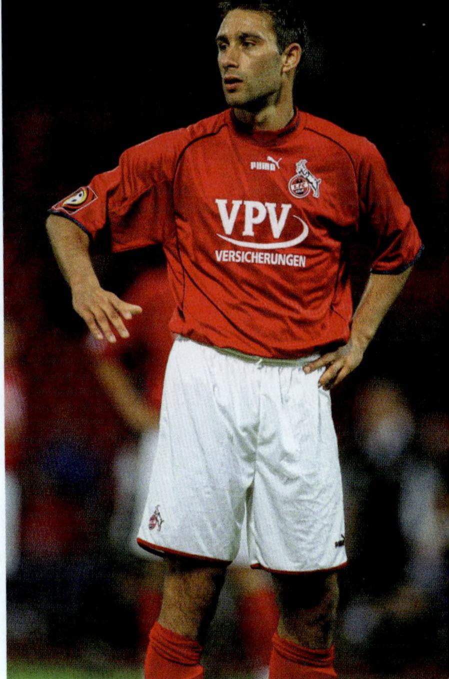

Marco Reich hatte ein erfolgloses Intermezzo in Köln.

Lilian Laslandes

In derselben Saison wie Reich spielte Lilian Laslandes für den 1. FC Köln. Vermeintlich war die Leihe des Angreifers im Januar 2002 ein Coup. Laslandes war immerhin siebenmaliger Nationalspieler für Weltmeister Frankreich, dazu schlachterprobt in Champions League und UEFA-Cup. In Köln stellte sich allerdings schnell heraus, dass er überhaupt nicht fit war. Seine Bilanz: Fünf Bundesligaspiele, kein Tor, eine Rote Karte. Und ein Spitzname: Laslandesliga.

Manasseh Ishiaku

Der Nigerianer war der Königstransfer und ausdrückliche Wunschspieler von Trainer Christoph Daum nach der Bundesliga-Rückkehr 2008. Zwei Millionen Euro ließ sich der FC den Angreifer kosten, der beim MSV Duisburg in der Saison zuvor zehnmal getroffen hatte. Köln verpflichtete ihn trotz einer hartnäckigen Knieverletzung. Ishiaku kam nie auf die Beine, nach drei Toren in zweieinhalb Jahren wurde er nach Belgien weitergereicht.

Maniche

Der Portugiese schaffte es bei der Heim-EM 2004 ins All-Star-Team, bei der WM 2006 beförderte er mit seinem Tor die Niederlande aus dem Turnier. Doch beim 1. FC Köln zeigte der Mittelfeldspieler bei seinem Intermezzo 2009/10 nichts von seiner alten Klasse. Übergewichtig und divenhaft schleppte sich der Großverdiener über den Platz, einem Fotografen zeigte er beim Aussteigen aus seinem sündhaft teuren Sportwagen demonstrativ den Mittelfinger. Nach drei Toren in 30 Spielen war für Maniche Schluss in der Domstadt. Immerhin: Im Derby gegen Mönchengladbach rettete er mit seinem Tor im Frühjahr 2010 ein 1:1.

Auf der Kippe

23

Der Münzwurf von Rotterdam

Dramen gab es in der Geschichte des 1. FC Köln einige. Sechs Abstiege aus der 1. Bundesliga zwischen 1998 und 2018 bescherten vielen Fans graue Haare. Auch das Herzschlagfinale um die Meisterschaft 1978 hat die Menschen gefesselt. Das wohl größte Drama in der Geschichte des 1. FC Köln ist aber der Münzwurf von Rotterdam 1965 – als nach 300 Minuten Spielzeit die Glücksgöttin Fortuna im zweiten Anlauf gegen den deutschen Meister und zugunsten des FC Liverpool entschied.

Doch der Reihe nach. Zwei Jahre nach dem Debakel von Dundee war der 1. FC Köln zum zweiten Mal im Europapokal der Landesmeister vertreten. Die Mannschaft von Meistertrainer Georg Knöpfle hatte ihre Lehren gezogen und sich in den ersten beiden Runden gegen Partizani Tirana und Panathinaikos Athen schadlos gehalten. Für das Viertelfinale hielt das Los mit dem englischen Meister FC Liverpool allerdings ein internationales Schwergewicht bereit.

Ein Drama in vier Akten

Am 10. Februar 1965 erreichte der 1. FC Köln in Müngersdorf vor den Augen von Bundeskanzler Ludwig Erhard ein 0:0. Die Partie wurde in sieben europäischen Ländern live im Fernsehen übertragen, für die damalige Zeit ein höchst beachtlicher Wert. Das für den 3. März angesetzte Rückspiel an der Anfield Road wurde wegen eines Schneesturms gar nicht erst angepfiffen, die FC-Delegation und rund 400 Fans waren umsonst nach England gereist.

Als am 17. März endlich gespielt wurde, avancierte FC-Torhüter Anton „Toni" Schumacher zum Helden von Liverpool. Köln rettete mit Glück und dank des starken Schlussmanns ein 0:0. Nach damaligem Reglement gab es im Anschluss keine Verlängerung und auch kein Elfmeterschießen, stattdessen musste ein Entscheidungsspiel auf neutralem Platz angesetzt werden.

Die Wahl der UEFA fiel auf Rotterdam. Aufgrund der Nähe zur Domstadt reisten rund 20.000 FC-Fans am 24. März ins Stadion De Kuip und bescherten ihrer Mannschaft gefühlt ein Heimspiel. Liverpool führte allerdings nach 36 Minuten scheinbar vorentscheidend mit 2:0, ehe Karl-Heinz Thielen (40.) und Hannes Löhr (48.) alles wieder auf null stellten.

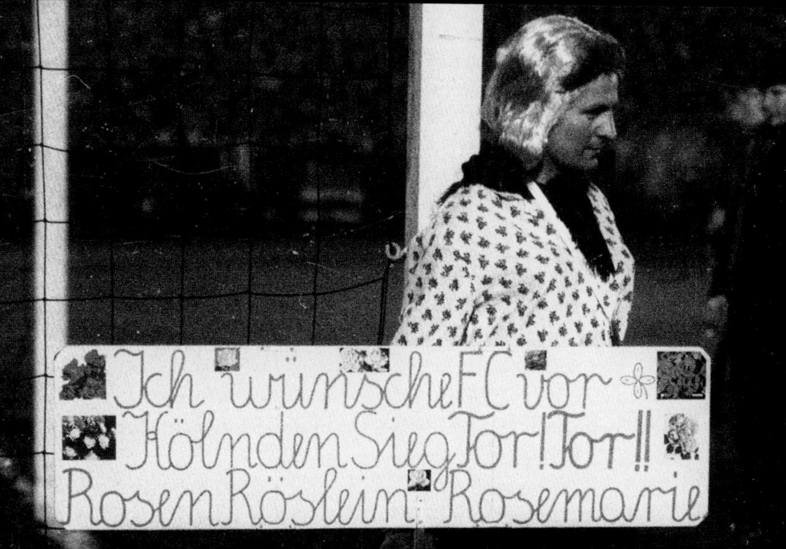

Die Wünsche dieses als Frau verkleideten FC-Fans im Heimspiel erfüllten sich nicht.

Mann des Spiels aus Kölner Sicht war aber Verteidiger Wolfgang Weber, der sich in der ersten Halbzeit einen Wadenbeinbruch zuzog (siehe Kapitel 24) und durchspielte, weil damals noch nicht ausgewechselt werden durfte. Trotz dieses Handicaps war Köln auf dem tiefen Rasen dem Sieg näher. So verweigerte etwa der belgische Schiedsrichter Robert Schaut einem Tor von Heinz Hornig die Anerkennung.

Als auch nach der Verlängerung des Wiederholungsspiels kein Sieger gefunden war, musste der Münzwurf entscheiden. Keine sportlich faire Methode, doch so sahen es die Regularien vor bis zur Einführung des Elfmeterschießens im Jahr 1970.

Nur die Roten jubeln

Schiedsrichter Schaut warf eine rot-weiße Holzmünze vor den Augen der Kapitäne Hans Sturm und Ron Yeats in die Luft, doch bei der Landung blieb diese im Schlamm stecken, ohne sich zu einer Seite zu neigen. Auch hier musste eine Wiederholung her, nach der nur noch die Liverpooler Spieler jubelten. Der 1. FC Köln schied aus, ohne in sieben Spielen eine einzige Niederlage erlitten zu haben. Dafür hatte der Klub an einer der denkwürdigsten Geschichten des Europapokals der Landesmeister mitgewirkt.

In der Bundesliga blieb die angestrebte Titelverteidigung aus. Werder Bremen mit dem späteren Kölner Trainer Willi Multhaup setzte sich knapp vor dem FC durch.

Wolfgang Weber

24

Ein Beinbruch ist doch kein Beinbruch

Wolfgang Weber zählt zu einem elitären Zirkel. Der langjährige Verteidiger des 1. FC Köln ist einer von nur elf Deutschen, die in einem WM-Endspiel ein Tor erzielt haben. Ein immens wichtiges war es noch dazu: Am 30. Juli 1966 rettete der Verteidiger die deutsche Mannschaft durch seinen Treffer zum 2:2 in der 90. Minute in die Verlängerung – in welcher dann das hinlänglich bekannte und diskutierte Wembley-Tor die Partie und damit die WM zugunsten der gastgebenden Engländer entschied.

Angesprochen wird Wolfgang Weber aber zumeist auf eine andere Szene. Rund 15 Monate zuvor hatte der Mann, der wegen seiner wuchtigen Statur „Bulle" genannt wurde, über eine Halbzeit sowie eine Verlängerung lang mit einem gebrochenen Wadenbein gespielt. Webers Geschichte trug einen nicht unerheblichen Teil zur Legendenbildung des bereits angesprochenen „Münzwurf-Spieles" am 24. März 1965 in Rotterdam gegen den FC Liverpool bei.

Der legendäre Sprung von der Pritsche

„Damals habe ich nicht gewusst, dass das Bein gebrochen war. Wir dachten, es sei eine schwere Prellung, die ja auch stark schmerzt", sagte Weber 2015 im Interview mit der „Kölnischen Rundschau". Die Verletzung im rechten Unterschenkel zog er sich Mitte der ersten Halbzeit bei einem Zusammenprall mit Gegenspieler Gordon Milne zu. Weber ließ sich zunächst am Spielfeldrand behandeln. Doch weil noch nicht ausgewechselt werden durfte, erhielt der damals 21-Jährige vom Kölner Mannschaftsarzt Dr. Bohne eine schmerzstillende Spritze. Weber sollte es noch einmal versuchen, so die Auffassung zur Halbzeitpause in der Kabine. „Heinz Hornig und einige andere haben noch rumgeflachst, ich solle mich nicht so anstellen", erinnerte sich Weber: „Im Grunde habe ich vor lauter Schmerzen alles um mich herum vergessen. Das meiste weiß ich nur aus den Erzählungen meiner Mitspieler, und was das Spiel betrifft von den Fernsehaufnahmen."

Als ultimativer Test sollte er auf Geheiß des Mannschaftsarztes von einer Pritsche springen. Weber gehorchte: „Es war so, dass man den Wadenbeinbruch äußerlich nicht erkennen konnte. Instinktiv bin ich wohl zuerst auf dem gesunden linken Bein aufgekommen, und trotzdem tat es höllisch weh. Aber ich bin dann wieder mit raus und habe bis zum Ende der Verlängerung auf dem Platz gestanden."

Humpelnder Weber mit Großchancen

Weber räumte seinen Platz in der Verteidigung, wo er in jedem Laufduell heillos unterlegen gewesen wäre und stellte sich in den Angriff. Manchmal sank er auch darnieder, weil die Schmerzen unerträglich wurden. Weber aber machte weiter, denn seine Mitspieler wollte er keinesfalls im Stich lassen: „Es war, als hätte mir jemand ein Messer ins Bein gerammt. Wenn ich heute in Aufzeichnungen sehe, wie ich mich über den Platz schleppe, wird mir noch immer ganz anders."

Tatsächlich hatte Weber, der von 1963 bis zu seinem Karriereende 1978 in 425 Pflichtspielen für den 1. FC Köln auflief, sogar zwei gute Torgelegenheiten. Der gelernte Abwehrspieler scheiterte aber jeweils knapp.

Webers glatter Wadenbeinbruch wurde erst nach der Rückkehr in die Domstadt diagnostiziert. Vom Hauptbahnhof wurde „Bulle" umgehend in die Uni-Klinik gebracht. Die FC-Spiele der nächsten fünf Monate verfolgte Weber von der Tribüne. Dafür erhielt er ein besonderes Bonbon: NRW-Ministerpräsident Franz Meyers spendierte dem willensstarken Abwehrspieler einen einwöchigen Kuraufenthalt in Bad Münstereifel. Das Bemerkenswerte daran: Meyers war Fan von Borussia Mönchengladbach.

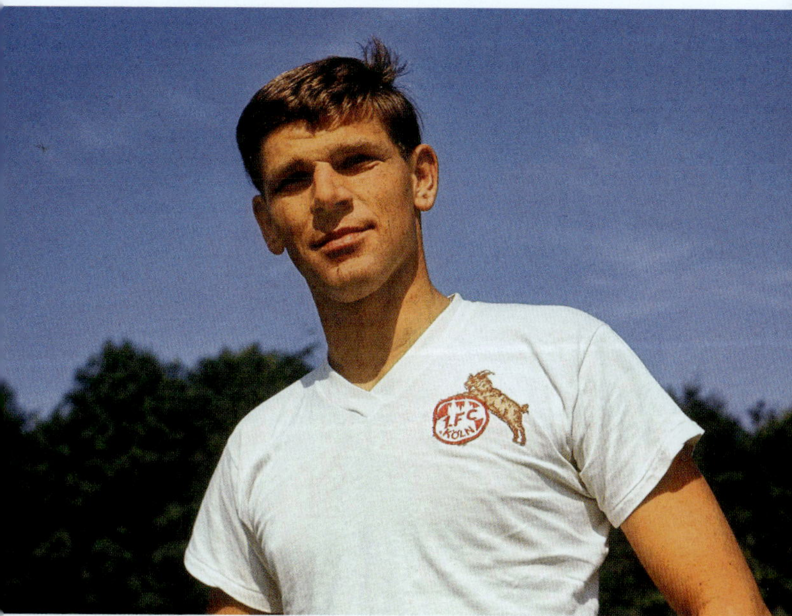

Nicht nur körperlich ein Gigant: „Bulle" Weber

Mister 100 Prozent

25

Keine Titel ohne Thielen

Das Erfolgsrezept für den 1. FC Köln ist in statistischer Hinsicht ganz einfach: Karl-Heinz Thielen eine Beschäftigung geben, und die Titel kommen garantiert. Der „Robert Redford vom Geißbockheim", wie Thielen wegen seiner blonden Haare und seines gepflegten Auftretens genannt wurde, weist eine 100-prozentige Beteiligung an allen großen Kluberfolgen auf. Der Außenstürmer, der 1959 in den FC-Profikader aufrückte, gewann als Spieler die Meisterschaften 1962 und 1964 sowie den DFB-Pokal 1968. Nach seinem Karriereende wechselte der smarte Thielen im Alter von gerade einmal 33 Jahren auf den Managerstuhl.

Er holte Hennes Weisweiler als Trainer zurück, der den 1. FC Köln zum Pokalsieg 1977 und im Jahr darauf zum Double aus Meisterschaft und DFB-Pokal führte. Später wurde Thielen Vizepräsident und Schatzmeister,

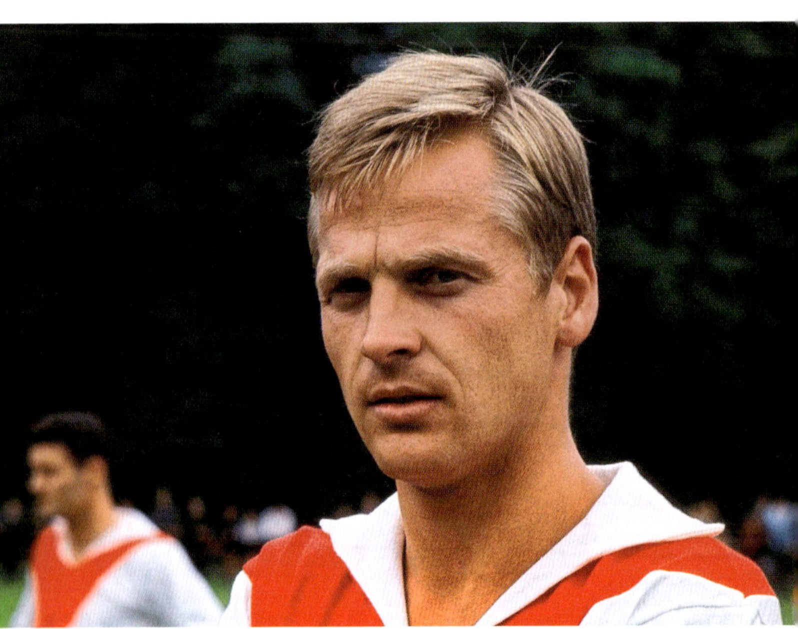

Der „Robert Redford vom Geißbockheim" in seiner ersten Rolle als Spieler

in diese Zeit fiel der DFB-Pokalsieg 1983 und damit der bis dato letzte große Titel des 1. FC Köln.

Ein Rechtsaußen der Spitzenklasse

Thielen war zudem ein Rekordjäger in der Fußball-Bundesliga. Nur ein Akteur hat bis dato häufiger in einem Ligaspiel getroffen, nämlich der ebenfalls für den 1. FC Köln spielende Dieter Müller mit sechs Treffern beim 7:2 gegen Werder Bremen am 17. August 1977 (siehe Kapitel 40).

Thielen selbst war der erste Fünferpacker der Bundesliga. In der Premierensaison erzielte der Angreifer am 7. Dezember 1963 beim 5:1 des FC gegen den 1. FC Kaiserslautern sämtliche Kölner Treffer. Am Ende der Meistersaison war Thielen mit 16 Treffern bester Torschütze seiner Mannschaft.

Am 29. April 1964 debütierte der gebürtige Rheinland-Pfälzer im Freundschaftsspiel gegen die Tschechoslowakei (3:4) in der deutschen Nationalmannschaft. Obwohl Thielen ein Stützpfeiler der Kölner Offensive blieb, kam nur ein weiterer DFB-Einsatz 1965 im Test gegen England (0:1) hinzu. 1973 beendete Thielen seine Spielerlaufbahn nach 221 Bundesligaeinsätze und 55 Toren – allesamt für den 1. FC Köln, in dessen Geißbockheim er als junger Spieler zeitweise gar eine kleine Wohnung hatte.

Reibungsloser Wechsel auf den Bürostuhl

In seiner zweiten Karriere als Manager gelangen Thielen zahlreiche Transfercoups, unter anderem holte er 1976 den Belgier Roger Van Gool für die damalige Bundesliga-Rekordtransfersumme von einer Million D-Mark. Top-Talente wie Herbert Zimmermann, Pierre Littbarski oder Bernd Schuster wurden ebenso von Thielen ans Geißbockheim gelotst wie gestandene internationale Stars.

Karl-Heinz Thielen, der immer wieder auch über den Tellerrand des Fußballgeschäfts hinausblickte, wechselte 1989 die Rheinseite und war für zwei Jahre als Sportdirektor beim Rivalen Fortuna Düsseldorf tätig. Ende 1992 kehrte Thielen nochmals als Manager zu seinem FC zurück. In seine kurze Amtszeit bis September 1993 fiel noch ein weiterer offizieller Titel, auch wenn er nicht die Wertigkeit der Meisterschaft oder des DFB-Pokals hat: Im Januar 1993 gewann der abstiegsbedrohte FC das DFB-Hallenmasters.

Nach seinem zweiten Abschied vom 1. FC Köln betätigte sich Thielen, der ein ausgesprochen gutes Auge für Talente hatte, als Spielervermittler. Lange Jahre war er Präsident der Deutschen Fußballspieler-Vermittler Vereinigung. 2012 schickte er sich an, abermals zum 1. FC Köln zurückzukehren. Thielen kandidierte als Vereinspräsident, die Mehrheit der Mitglieder schenkte jedoch Werner Spinner das Vertrauen.

Die große Zäsur

Der Tod von Franz Kremer

26

Nur wenige Menschen wussten im Herbst 1967 um den kritischen Gesundheitszustand von Franz Kremer. Und so kamen auch keine Fragen auf, als der Präsident des 1. FC Köln nach einem Europapokal-Auswärtsspiel am 11. November nicht die Reise zur Bundesligapartie bei Eintracht Frankfurt antrat.

Umso tiefer traf Mannschaft und Öffentlichkeit die Nachricht vom Tode des ebenso respektierten wie beliebten „Boss" nach dem 2:1-Erfolg bei den Hessen. Karl-Heinz Thielen erinnerte sich im Gespräch mit dem „Express": „Hannes Löhr und ich saßen nebeneinander im Bus. Das Geißbockheim war komplett erleuchtet, als wir ankamen. Völlig ungewöhnlich für die späte Uhrzeit. ‚Ich glaube, der Kremer ist tot', sagte ich zu Löhr, und er antwortete: ‚Ja, das glaube ich auch'."

Abruptes Ende einer Ära

Kremers Tod im Alter von 62 Jahren bedeutete eine große Zäsur. Dem 1. FC Köln brach eine Führungsfigur weg, der deutsche Fußball verlor einen geachteten Visionär. Der demokratische Diktator Kremer hatte aber seinen Nachlass als Präsident geregelt und für den Fall der Fälle seinen Vizepräsidenten Werner Müller zum Interimsnachfolger bestimmt.

Tatsächlich bröckelte aber mit Kremers Tod die Vormachtstellung des 1. FC Köln in Deutschland. Der rasante Aufstieg des Klubs von einem regionalen Verein zur Nummer eins im Lande und einer der Top-Adressen in Europa binnen weniger als 20 Jahren war Kremers Verdienst.

Es lässt sich nur mutmaßen, ob der FC diese Stellung länger innegehabt hätte oder sogar hätte ausbauen können, wenn Kremer noch ein paar Jahre gelebt hätte. Immerhin schwang sich im Süden der Republik bereits in Kremers letzten Lebensjahren der FC Bayern München zu einem Top-Verein auf. Als Aufsteiger gewann der FCB mit den späteren Weltstars Franz Beckenbauer, Gerd Müller und Sepp Maier 1966 den DFB-Pokal und im Jahr darauf den Europapokal der Pokalsieger. Nicht einmal eine Dekade später waren diese Spieler und ihr Verein die Nummer eins der Welt.

Kölner Wirtschaft als Triebfeder

Doch der 1. FC Köln blieb auch nach Kremers Tod eine gute Adresse. Dies lag nicht zuletzt an der Vorarbeit des Gründungspräsidenten, der

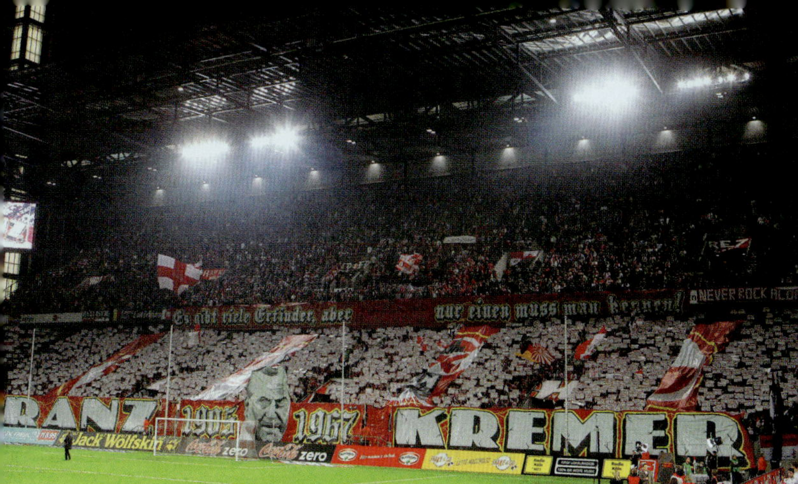

Franz Kremer bleibt unvergessen.

die lokale Wirtschaft für den 1. FC Köln einnehmen konnte. Thielen erinnerte sich: „Kremer hat als Erster erkannt, in welchen wirtschaftlichen Dimensionen sich der Fußball bewegen würde und dem 1. FC Köln gemeinsam mit Geschäftsführer Hans-Gerhard König eine andere gesellschaftliche Schicht erschlossen. Kremer hat es geschafft, das Kapital Kölns am Tisch des 1. FC zu vereinen und aus dem FC einen erfolgreichen Verein zu machen. Das haben andere Klubs mit mehr Tradition in Köln verschlafen, weil sie nicht up to date waren."

Tatsächlich hat die lokale Wirtschaft dem 1. FC Köln auch in den großen Krisen, die erst weit nach Kremers Tod kamen, die Treue gehalten. Der Automobilbauer Ford (1994–1999) mit seiner Fabrik in Riehl, die Versicherer VPV (1999–2003) und Gerling (2005–2007), der Knabbergebäckhersteller Intersnack (funny-frisch; 2003–2005) und der Handelsriese Rewe (seit 2007) fungierten beziehungsweise fungieren als „kölsche" Unternehmen gar als Haupt- und Trikotsponsoren des FC. Eine Identifikation, die sich zurückführen lässt auf die Ära Kremer mit ihren großen Erfolgen.

Die Präsidenten des 1. FC Köln

Franz Kremer 1948–1967
Werner Müller 1967–1968
Oskar Maaß 1968–1973
Peter Weiand 1973–1987
Dietmar Artzinger-Bolten 1987–1991
Klaus Hartmann 1991–1997
Albert Caspers 1997–2004
Wolfgang Overath 2004–2011
Werner Spinner 2012–2019
Werner Wolf seit 2019

Die Nummer eins

27 Der 1. FC Köln – Maßstab im deutschen Fußball

Beim Blick in die Geschichtsbücher des deutschen Fußballs hält Bayern München fast alle wichtigen Rekorde. Das war nicht immer so! Aufgrund seiner Vormachtstellung in der Frühphase der Bundesliga war der 1. FC Köln lange Jahre der Maßstab im deutschen Fußball.

So übernahmen die Geißböcke als Meister der Premieren-Saison 1963/64 ganz logisch auch die Führung in der „ewigen“ Bundesliga-Tabelle. Diese Position hielten die Rheinländer fast zwei Jahrzehnte lang, erst während der Saison 1980/81 zog Bayern München vorbei, sofern man die heute gültige Drei-Punkte-Regel heranzieht. Nach der Zwei-Punkte-Regel blieb der 1. FC Köln gar bis zur Saison 1983/84 vorn.

Noch länger dauerte die statistische Wachablösung auf internationalem Parkett: In den ersten 30 Bundesligajahren von 1963 bis 1993 nahm der FC sagenhafte 23-mal an einem Europapokal-Wettbewerb teil. Damit war Köln in dieser Zeitspanne sogar einmal häufiger international vertreten als der FC Bayern, der allerdings erst 1965 in die Bundesliga aufgestiegen ist.

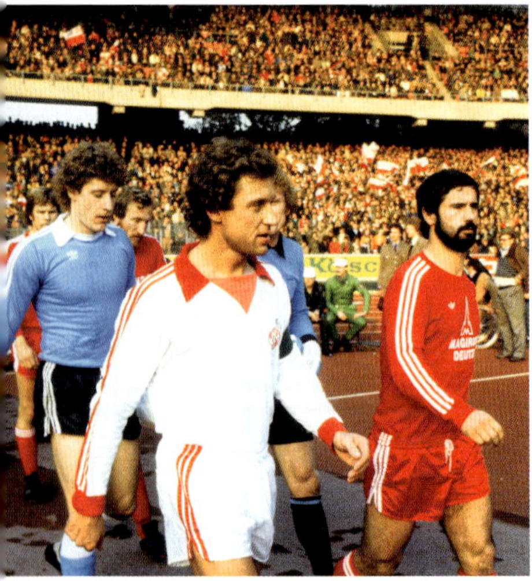

Besonders beeindruckend war die Konstanz des 1. FC Köln. Der Klub wurde im angesprochenen 30-Jahre-Korridor zwar nur zweimal Meister und viermal Pokalsieger, er erreichte aber fünfmal zwischen 1964/65 und 1989/90 die Vizemeisterschaft und zog fünfmal zwischen 1969/70 und 1990/91 erst im DFB-Pokalfinale den Kürzeren.

Auch wirtschaftlich war der FC in der guten alten Zeit ein Gigant. So tätigte der Klub 1976 den ersten Millionentransfer der Bundesliga mit der Verpflichtung des belgischen Nationalstürmers Roger van Gool vom FC Brügge.

Selbst zu Zeiten von Gerd Müller (r.) war der FC in Deutschland statistisch noch die Nummer eins vor dem FC Bayern.

Spieler-WG

28

Das Haus Sonnenwinkel

Wenn in modernen Zeiten ein Spieler zu einem Bundesligaverein wechselt, ist der Ablauf oft identisch: Der Klub bucht für den Neuzugang in einem feinen Hotel in der Stadt ein Zimmer, bis dieser eine schicke Wohnung oder ein Haus gefunden hat. In den 1960er-Jahren wurde dies beim 1. FC Köln noch anders gelöst: In Hürth-Efferen, und damit nur wenige Kilometer vom Geißbockheim entfernt, unterhielt der Klub zeitweise das sogenannte Haus Sonnenwinkel, in dem Zugänge und ledige Profis in einer Art Wohngemeinschaft untergebracht wurden. Das Haus gehörte zunächst Präsident Franz Kremer, ehe es von einem ehemaligen Vereinsgastronomen übernommen wurde. Prominente Bewohner waren Spielmacher Wolfgang Overath, Torjäger Hannes Löhr, Jürgen Jendrossek oder der Schwede Roger Magnusson.

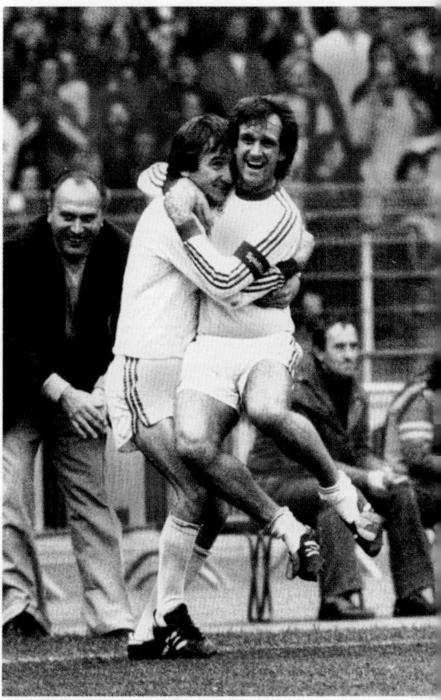

Erfolgsduo auf und neben dem Platz: Hannes Löhr und Wolfgang Overath

Auch der geniale Heinz Flohe lebte als blutjunger Spieler kurzzeitig im Spielerheim, allerdings litt der Edeltechniker und spätere Weltmeister unter heftigem Heimweh. Kremer gestattete „Flocke" daraufhin, aus seiner rund 40 Kilometer entfernten Heimatstadt Euskirchen nach Köln zu pendeln.

Overaths Zeit in dem schmucken Klinkerhaus hingegen hatte erhebliche Nachwirkungen und sorgte für Überstunden bei der Deutschen Post. Weil das Fachmagazin „kicker" das Haus auch dann noch als Overaths Autogrammadresse aufführte, als dieser längst ausgezogen war, kamen jede Menge Fanbriefe unnötigerweise erst über den Umweg Hürth-Efferen zum populären FC-Spielmacher. Ende der 1960er-Jahre schloss der 1. FC Köln seine Spieler-Herberge.

Hannes Löhr

29

Torjäger mit „Näschen"

Der 1. FC Köln hatte in seiner Bundesligageschichte viele große Torjäger in seinen Reihen: Christian Müller, Hans Schäfer, Karl-Heinz Thielen, Dieter Müller, Klaus Allofs, Klaus Fischer, Tony Woodcock, Toni Polster, Lukas Podolski, Milivoje Novakovic, Anthony Modeste und, und, und. Der Erfolgreichste aus dieser Reihe geht angesichts dieser schillernden Namen fast ein wenig unter.

Johannes Löhr, den alle Welt nur „Hannes" nannte, war kein Lautsprecher und auch keine Diva, sondern ein mannschaftsdienlicher Angreifer, der für den 1. FC Köln in der 1. Bundesliga mehr Tore erzielte als jeder andere: 166 zwischen 1964 und 1978.

Der gebürtige Eitorfer, der wegen seines markanten Riechorgans von den Fans den kölschen Beinahmen „de Nas" erhielt, wurde mit dem FC dreimal Pokalsieger und einmal deutscher Meister. In der Saison 1967/68 avancierte Löhr zudem mit 27 Toren zum ersten Bundesliga-Torschützenkönig des Vereins. Eine Leistung, welche die stadionnahe Gaststätte „Haus Marienbild" dazu veranlasste, zwischenzeitlich das „Torschützensteak à la Löhr" auf die Speisekarte zu setzen.

Rekrutierung in der Kaserne

Obwohl der 1942 geborene Löhr aus dem Kölner Umland stammte und seine Klasse früh ersichtlich wurde, landete der Linksaußen erst über Umwege in der Domstadt. Nach erfolgreich abgeschlossener Maschinenschlosserlehre wechselte Löhr 1962 zunächst vom SV Eitorf zu den zweitklassigen Sportfreunden Saarbrücken.

Bundesliga-Torschützenkönige des 1. FC Köln

1967/68 Hannes Löhr, 27 Tore
1976/77 Dieter Müller, 34 Tore
1977/78 Dieter Müller, 24 Tore
1984/85 Klaus Allofs, 26 Tore
1988/89 Thomas Allofs, 17 Tore
2004/05 Lukas Podolski, 24 Tore (2. Bundesliga)
2007/08 Milivoje Novakovic, 20 Tore (2. Bundesliga)
2018/19 Simon Terodde, 29 Tore (2. Bundesliga)

Schnell fiel er dort nicht nur Bundestrainer Sepp Herberger auf, sondern auch dem Kölner Trainer Georg Knöpfle. Der schickte Obmann Heinz Neubauer los, um Vertragsgespräche zu führen. Gesprochen wurde dabei nicht in einem Café oder einer Hotellobby, sondern in der kargen Atmosphäre der Falckenstein-Kaserne in Koblenz, in der Löhr Anfang 1964 seinen Grundwehrdienst als Pionier absolvierte.

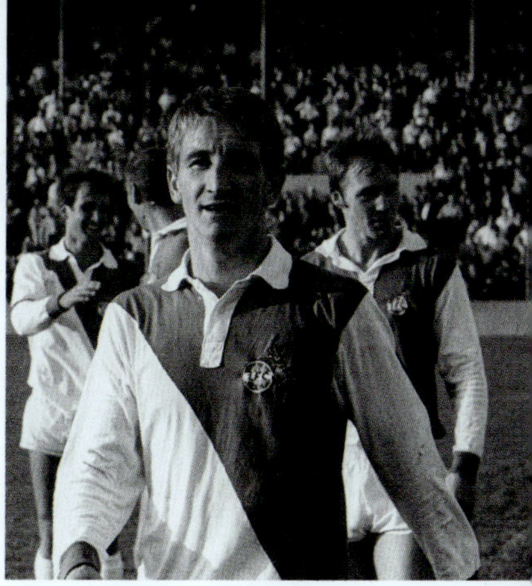

Hannes Löhr ging nicht nur mit Toren voran.

Der FC stach durch diesen unkonventionellen Schachzug die zahlreichen weiteren Interessenten aus und sicherte sich auf diese Weise „einen guten Fang", wie Herberger anerkennend befand. Nach leichten Anlaufschwierigkeiten in seiner ersten Saison 1964/65 wurde Löhr bald zu einem Schlüsselspieler im Kölner System. „Wenn man Leistung brachte, spielte man, dann funktionierte auch die Integration völlig problemlos", erklärte der Fanliebling seine Eingewöhnung lapidar.

Ein Leben für FC und DFB

Bei seinem ersten Länderspiel am 22. Februar 1967 in Karlsruhe gegen Marokko (5:1) führte sich Löhr gleich mit einem Tor ein. Insgesamt bestritt die Frohnatur 20 Länderspiele (fünf Tore). Bei der WM 1970 in Mexiko stand er in allen sechs Partien der deutschen Mannschaft auf dem Platz.

Parallel arbeitete Löhr früh an seiner Karriere nach der Karriere. Bereits 1967, mit 25 Jahren, absolvierte er das Fußballlehrer-Examen, anschließend nahm er ein Studium an der Deutschen Sporthochschule in Köln auf. Nach dem Rückzug vom Profifußball arbeitete Löhr beim FC als Co-Trainer, Sporttechnischer Leiter und von August 1983 bis Februar 1986 als Cheftrainer. Nach seiner Vertragsauflösung heuerte Löhr beim Deutschen Fußball-Bund an und führte 1988 in Seoul die Olympiamannschaft – mit den Kölnern Thomas Häßler, Armin Görtz und Olaf Janßen – zu Bronze.

Ab 1990 war Löhr beim DFB zwölf Jahre lang für die U21-Nationalmannschaft zuständig. Bis zu seinem Tod am 29. Februar 2016 blieb Löhr, der stadionnah in Köln-Junkersdorf lebte, ein Dauergast bei Heimspielen seines FC.

Erfolgsrezept

30

Koch und Betreuer als Kultfiguren

Bei vielen Fußballmannschaften nimmt das Team hinter dem Team eine vollkommen unterschätzte Rolle ein. Physiotherapeuten, Zeugwarte, Busfahrer oder Köche leben für ihren Verein und sind Spielern und Trainern wichtige moralische Stützen. Beim 1. FC Köln haben zwei Persönlichkeiten aus der zweiten Reihe besonders prägende Rollen gespielt.

Koch Jupp Müller wurde 1965 von FC-Präsident Franz Kremer aus einem Schweizer Hotel gewissermaßen vom Herd weg verpflichtet. 35 Jahre lang bekochte Müller Generationen von Spielern, Trainern, Funktionären und Fans am Geißbockheim.

Um Jupp Müller ranken sich zahlreiche Anekdoten. So soll er über seinen nörgelnden Namensvetter Dieter Müller, seinerzeit zweimaliger Bundesliga-Torschützenkönig auf der Suche nach alter Treffsicherheit, gesagt haben: „Ein Haar in der Suppe findet er. Aber das Tor nicht. Und das ist 7,32 Meter breit."

Noch länger war Hans Thönnes für den 1. FC Köln tätig. Der Zeugwart hatte von 1948 bis 1971 sowie von 1972 bis 1986 Spielkleidung, Schuhe und Bälle im Griff. Thönnes war für die Spieler eine absolute Respektsperson. So zitterte selbst FC-Torwartlegende Harald „Toni" Schumacher vor dem Zorn des Zeugwarts, als er 1985 bei einem Showtraining ein paar Bälle ins Publikum schoss: „Hoffentlich bekommen wir jetzt keinen Ärger mit Hans."

Manager Michael Meier, der Thönnes in seiner ersten Amtszeit von 1981 bis 1987 hautnah erlebte, erinnerte sich an die Knausrigkeit des Zeugwarts: „Da mussten schon riesige Löcher in Schuhen oder Trikots sein, ehe der Hans was Neues rausrückte."

Dieter Trzolek: Der Miraculix von Köln

32 Jahre arbeitete Dieter Trzolek für Bayer Leverkusen, von 2008 bis 2011 wirkte „Miraculix" aber auch beim 1. FC Köln. Die Methoden des Physiotherapeuten waren so skurril wie legendär: Trzolek schwor auf ein Kräuterbuch von 1895. Er setzte auf Haifischknochenpulver, Murmeltierfett oder Kakteenhonig. Zuweilen wurde er belächelt, doch die Methoden des Druiden hatten Erfolg.

Beinahe-Transfers II

31

Uli Hoeneß und Paul Breitner

Paul Breitner, vor allem aber Uli Hoeneß stehen wie kaum jemand anders für den FC Bayern München. Das lange Zeit eng befreundete Duo verkörpert sinnbildlich das „Mia san mia" des Rekordmeisters.

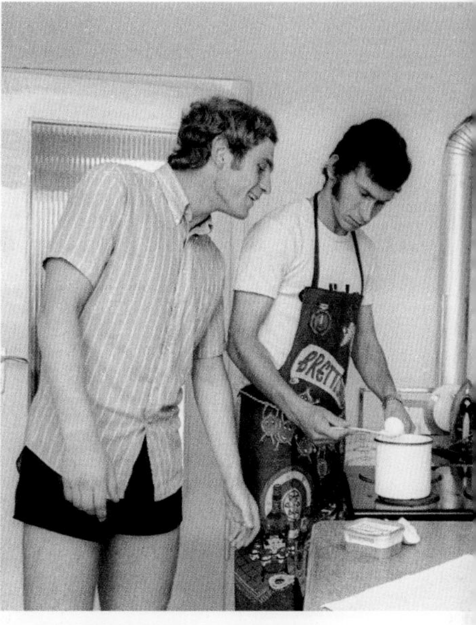
Der 1. FC Köln hätte die guten Freunde Hoeneß und Breitner gern verpflichtet.

Insbesondere Hoeneß hat den FC Bayern geprägt: Von 1970 an ist der gebürtige Ulmer für den Klub von der Säbener Straße als Spieler, Manager oder Präsident tätig. In diesen knapp 50 Jahren avancierte der Klub von der Nummer zwei in der Stadt hinter dem TSV 1860 zum deutschen Rekordmeister und zu einer Top-Adresse auf der ganzen Welt.

Eben jener Hoeneß und auch sein Kompagnon Breitner wären allerdings zu Beginn ihrer Profikarrieren beinahe beim 1. FC Köln gelandet. Stürmer Hoeneß, damals zarte 18 Jahre jung, und der ein Jahr ältere Linksverteidiger Breitner kamen beim FC Bayern als Zugänge in der Saison 1970/71 nicht wie gewünscht zum Zuge. Ein in der Wirtschaft gut vernetzter FC-Edelfan bekam davon Wind und stellte im Spätherbst 1970 den Kontakt zwischen den aufstrebenden Junioren-Nationalspielern und FC-Präsident Oskar Maaß her.

Es kam sogar zu einem Treffen der Kölner Delegation mit den beiden späteren Welt- und Europameistern in einem Münchner Hotel. Der FC Bayern, im Jahr zuvor zum zweiten Mal deutscher Meister geworden, bekam allerdings Wind von den Abwerbeversuchen des Konkurrenten aus dem Rheinland und stattete Hoeneß und Breitner sogleich mit besser dotierten Verträgen aus. Tatsächlich startete das Duo bald darauf bei und mit den Bayern durch.

DFB-Pokalfinale 1973

32

Das Jahrhundert-Derby

Das vermutlich beste Duell zwischen den rheinischen Erzrivalen 1. FC Köln und Borussia Mönchengladbach ist vor allem wegen zwei Szenen im kollektiven Gedächtnis geblieben. 1. Gladbachs auf die Bank degradierter Star Günter Netzer wechselte sich im DFB-Pokalfinale 1973 zu Beginn der Verlängerung selbst ein. 2. In der 94. Minute schoss jener Netzer das 2:1-Siegtor für die Borussia.

Tatsächlich aber grenzte es an eine Beleidigung für alle Beteiligten, die Partie auf diese beiden Schlüsselmomente zu reduzieren. Dieses Duell der Erzrivalen war nämlich voller Emotionen und pikanter Randgeschichten. Zunächst einmal fand die Partie in Düsseldorf statt, das von beiden Städten keine 40 Kilometer entfernt lag. Für den Kölner ist Düsseldorf seit Jahrhunderten ein rotes Tuch, so findet man im gesamten Kölner Stadtgebiet kein Verkehrsschild, das den Weg in die nordrhein-westfälische Landeshauptstadt weist.

Heißer Tag mit hitzigem Spiel

Zehntausende FC-Fans fanden an diesem 23. Juni 1973 dennoch den Weg ins Rheinstadion, das mit 70.000 Zuschauern ausverkauft war. Es war einer der heißesten Tage des Jahres, und der Deutsche Fußball-Bund war bei der Ansetzung gnadenlos: Anstoß war um 16.00 Uhr, die Akteure auf dem Rasen schindeten sich 120 Minuten lang bei Temperaturen jenseits der 30 Grad.

Köln, das zum vierten Mal binnen sechs Jahren im Pokalfinale stand und als Vizemeister eine gute Saison hinter sich hatte, ging leicht favorisiert in die Partie. Bei Mönchengladbach knirschte es dagegen. Vor allem der schwelende Konflikt zwischen Trainer Weisweiler und Netzer, dessen Wechsel zu Real Madrid feststand und seinen Noch-Coach verärgerte, belastete das Binnenklima beim Bundesliga-Fünften.

Obwohl das Duell der Star-Spielmacher zwischen Netzer und Wolfgang Overath ausblieb, wurde es ein hochklassiges Spiel. Es ging rauf und runter, der Kölner Torhüter Gerhard Welz und sein Gladbacher Gegenüber Wolfgang Kleff mussten mehrfach spektakulär retten, weil beide Abwehrreihen mit den gegnerischen Sturmläufen überfordert waren.

In den regulären 90 Minuten fielen zwar nur die Tore durch den Gladbacher Nationalspieler Herbert Wimmer (24.) und seinen Kölner Namens-

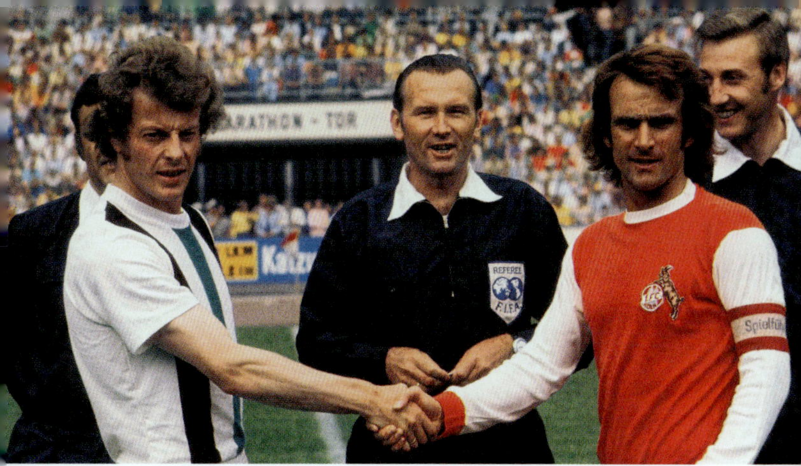

Das Vorspiel zum historischen Duell: die Kapitäne Herbert Wimmer und Wolfgang Overath

vetter Zimmermann (40.). Doch allein viermal retteten Pfosten und Latte, zudem vergab Borussen-Stürmer Jupp Heynckes einen Elfmeter.

Netzers Moment zerstört Kölns Träume

Overath verausgabte sich völlig, der Kölner Spielmacher wurde von Trainer Rudi Schlott nach 71 Minuten vom Feld genommen. Overaths Gegenpart Netzer indes verfügte vor der Verlängerung seine Einwechslung. „Ich spiele dann mal jetzt", murmelte der beleidigte Star dem sturen Weisweiler zu, zog die Trainingsjacke aus und ging auf den Platz.

Und natürlich: Mit seiner ersten guten Aktion entschied Netzer das Spiel. Der launische Spielmacher passte zu Rainer Bonhof, trat an, distanzierte seinen Bewacher Harald Konopka, bekam den Ball zurück und traf mit seinem schwächeren linken Fuß in den Winkel. „Den Doppelpass habe ich mit Bonhof zehn Jahre trainiert, nie hat er geklappt", erklärte Netzer.

Wie der 1. FC Köln doch noch Pokalsieger 1973 wurde

Wer während des DFB-Pokalfinals 1973 verreist war, im Urlaub weder mit der Heimat telefoniert noch Zeitung gelesen hat, der konnte bei seiner Rückkehr nach einem Blick in den Briefkasten durchaus annehmen, dass der 1. FC Köln das Finale gewonnen hatte. Versehentlich gingen nämlich von der Postkartenausgabestelle Düsseldorf am 23. Juni 1973 frankierte und gestempelte Grußpostkarten aus, auf denen der FC mit Mannschaftsfoto als Pokalsieger 1973 verewigt war.

Borussia Mönchengladbach

Der einzig anerkannte Erzrivale

33

Zwischen den Stadtgrenzen von Köln und Leverkusen liegt nicht einmal ein Kilometer, zudem hat Bayer dem FC seit den 1990er-Jahren sportlich den Rang abgelaufen. Ein Duell dieser Vereine ist aber nur für die Leverkusener Seite das Spiel des Jahres. Ähnlich verhält es sich mit dem 1. FC Köln und Fortuna Düsseldorf. Die Städte stehen sich seit über 700 Jahren in herzlicher Abneigung gegenüber, doch die FC-Fans bringen der Fortuna, die zwischenzeitlich in die vierte Liga abgerutscht war, fast schon Gleichgültigkeit entgegen. Unter dem Begriff Derby versteht man beim 1. FC Köln die Spiele gegen Borussia Mönchengladbach. Diese Duelle fallen in die Kategorie der Hochrisikospiele, vergleichbar nur mit Dortmund gegen Schalke oder allenfalls noch Bremen gegen Hamburg.

Ein Emporkömmling aus der Provinz

Dabei ist Mönchengladbach auf den ersten Blick kein Gegner zum Reiben. Die Stadt zwischen Rhein und niederländischer Grenze hatte gerade einmal 155.000 Einwohner, als die Borussia 1965 in die Bundesliga aufstieg. Köln zählte fast sechsmal so viele Menschen, war die rheinische Metropole schlechthin und stellte mit dem 1. FC Köln den führenden Fußballverein in Deutschland.

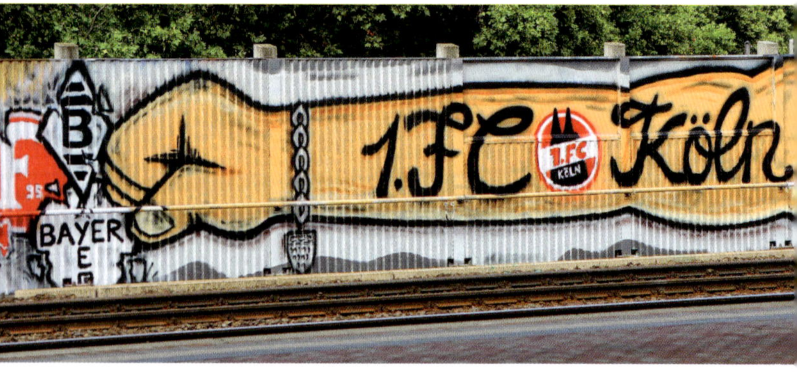

Graffiti am Bahnhof Köln-Ehrenfeld: Der FC und seine Rivalen; Mönchengladbach steht auch hier nicht zufällig an erster Stelle.

Wenig verwunderlich, dass die Mönchengladbacher von Kölner Seite als „Buure" („Bauern") abgekanzelt wurden. Die Borussia unter Hennes Weisweiler, ihrem brillanten Trainer mit Kölner Vorgeschichte, entwickelte sich allerdings rasend schnell zu einem echten Konkurrenten. 1968 schloss Gladbach erstmals eine Saison vor dem 1. FC Köln ab. Die Rivalität war nicht mehr wegzudiskutieren, als die Borussia 1970 und 1971 gar deutscher Meister wurde. Die Anhänger beider Lager trugen ihren Teil dazu bei, dass Spiele zwischen Köln und Mönchengladbach selten ereignislos sind. Selbst dann, wenn auf dem Rasen nicht viel passiert.

So „verschwand" im Oktober 1971 in der Nacht vor dem Derby in Köln der Mannschaftsbus der Gladbacher vom Parkplatz des Mannschaftshotels. In dem Gefährt, das erst Wochen zuvor für 150.000 D-Mark angeschafft worden war, befanden sich zu allem Unglück auch die Spielkleidung inklusive der Fußballschuhe.

Auf die Schnelle wurde in den Privatwohnungen der Borussen-Spieler Ersatz beschafft, doch die Aktion verfehlte ihre Wirkung offenkundig nicht: Köln gewann das Spiel mit 4:3. Der Mannschaftsbus tauchte übrigens nach der Partie in Frechen-Königsdorf wieder auf.

Der berühmte Fahnenklau

Das Derby am 7. April 2008 in Köln stellt den Höhe- beziehungsweise Tiefpunkt der Fanbeteiligung dar. Knapp zwei Wochen vor dem Spiel meldeten die „Ultras MG" ihre Fahne als vermisst. Wie sich herausstellte, hatten sich zwei getarnte FC-Anhänger unter einem Vorwand Zugang zum Lagerraum des Gladbacher Stadions verschafft und das symbolträchtige Stück Stoff entwendet. Die „Ultras MG" lösten sich nach dem Verlust ihrer heiligsten Insignie auf. Aus Sorge vor Rachegelüsten wurde FC-Maskottchen Hennes bis zum Spiel von einem Sicherheitsdienst bewacht.

Die Partie selbst lief nur aus Gladbacher Sicht wie gewünscht. Die Gäste, vor dem 27. Spieltag der 2. Liga klar auf Aufstiegskurs, führten in Köln mit 1:0. Der FC war Tabellendritter und brauchte jeden Punkt, doch den Spielern fiel kaum etwas ein. Da wurde im FC-Block in der 85. Minute die Fahne der „Ultras MG" gehisst. Die Gladbacher Anhänger wüteten, das Spiel wurde unterbrochen. Die FC-Spieler bündelten ihre Konzentration, Patrick Helmes gelang in der Schlussminute per Foulelfmeter noch das 1:1.

Am Ende der Saison stiegen beide Klubs auf. So einträchtig waren FC und Borussia zuletzt 1962, als sie für ein Freundschaftsspiel gegen eine DFB-Auswahl für 90 Minuten gar zu einem Team „fusionierten". Immerhin: Gespielt wurde in FC-Trikots.

Kölsche Bauplanung

Wie Köln bei der WM 1974 nur zusah

34

632 Jahre und zwei Monate vergingen zwischen der Grundsteinlegung und der Fertigstellung des Kölner Doms. Solange hat der Neubau des Müngersdorfer Stadions Anfang der 1970er-Jahre nicht einmal annähernd gedauert. Allerdings zog er sich immer noch lange genug hin, um die angepeilte Fertigstellung der Arena zur Weltmeisterschaft 1974 in Deutschland um mehr als ein Jahr zu verfehlen.

Die Stadt hatte den Neubau des komplett überdachten Stadions mit Leichtathletik-Anlagen auf dem Grund der altehrwürdigen Hauptkampfbahn seinerzeit etwas zu optimistisch geplant. Weil die Baukosten immer weiter stiegen, wurde das Projekt mehrere Monate auf Eis gelegt. Köln zog als WM-Spielort zurück.

Der FC musste solange auf der deutlich kleineren Radrennbahn spielen, die aufgrund ihrer Enge zwar gerade unter Flutlicht eine besondere Atmosphäre bot. Allerdings entgingen dem Klub dadurch Einnahmen aus dem Ticketverkauf, der in den 1970er-Jahren noch die Haupteinnahmequelle der Vereine darstellte. Fast vier Jahre spielte der 1. FC Köln letztlich auf der Radrennbahn, die er sich sogar mit dem kleinen Stadtrivalen Fortuna teilen musste. Während im Jahr 1974 die Weltmeisterschaft statt in der Domstadt Köln in Düsseldorf gastierte, bekam Köln mit der Fertigstellung des Müngersdorfer Stadions ein Jahr später dann immerhin die seinerzeit fortschrittlichste Arena in Deutschland.

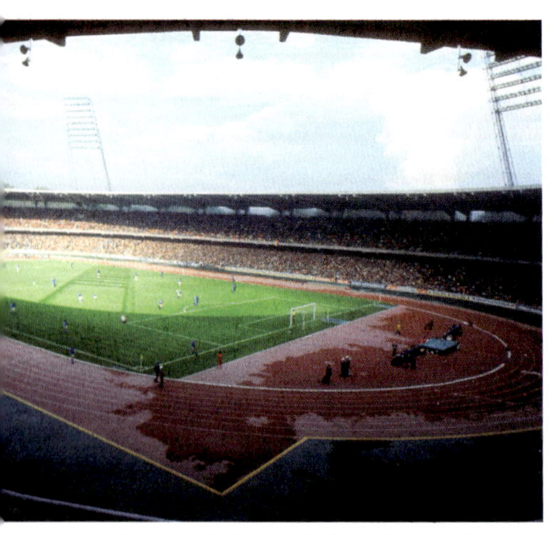

Das „neue" Müngersdorfer Stadion wurde erst nach der WM 1974 fertig.

Vor der Weltmeisterschaft 2006 machte Köln es dann besser. Der Neubau eines reinen Fußballstadions konnte schon im Januar 2004 eingeweiht werden.

DFB-Titelgaranten

35

Ohne Kölner geht's (fast) nicht

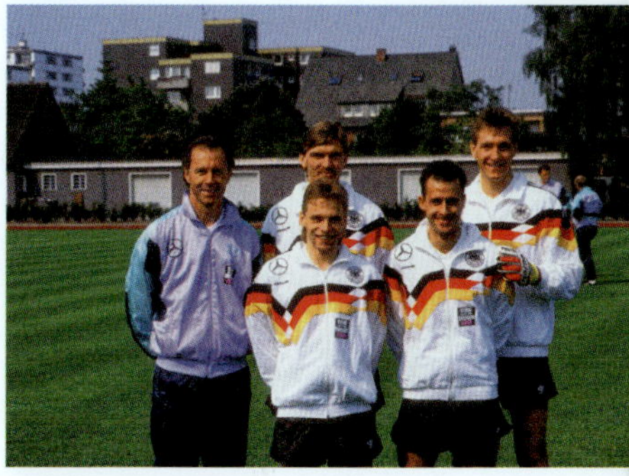

DFB-Teamchef Franz Beckenbauer und seine vier Kölner Weltmeister 1990

Bayern München und der Deutsche Fußball-Bund wollten den Erfolg bei der Heim-WM 2006 nicht gefährden. Also einigten sich die Parteien darauf, dass Lukas Podolski erst ab dem 10. Juli offiziell als Spieler des deutschen Rekordmeisters geführt wurde und nicht schon am 1. Juli, wie bei Vereinswechseln üblich. Immerhin hatte die Nationalmannschaft bis dato immer mindestens einen Kölner Spieler in seinen Reihen gehabt, wenn eine Weltmeisterschaft gewonnen wurde. Und so blieb der 21-jährige Podolski bis zum Ende des „Sommermärchens", das letztlich statt des erhofften Titels einen umjubelten dritten Platz brachte, ein Spieler des 1. FC Köln.

Tatsächlich hat der FC einen Anteil an immerhin fünf der sieben großen Titelgewinne der deutschen Nationalmannschaft. Nimmt man den Confed-Cup 2017 dazu, bei dem Jonas Hector mitwirkte, sind es sogar sechs von acht. Nur bei der EM 1996 (nach dem Rücktritt von Weltmeister-Torwart Bodo Illgner) und der WM 2014 in Brasilien gewann Deutschland ohne aktuellen FC-Spieler den Titel. Wobei Podolski, damals beim FC Arsenal in England tätig, eine Fahne der Stadt Köln um die Schultern trug, als er bei der Rückkehr nach Deutschland mit dem WM-Pokal vor dem Brandenburger Tor mit Hunderttausenden Fans feierte.

FC-Spieler bei DFB-Titelgewinnen

WM 1954: Hans Schäfer, Paul Mebus
EM 1972: Hannes Löhr
WM 1974: Wolfgang Overath, Heinz Flohe, Bernd Cullmann
EM 1980: Toni Schumacher, Bernd Schuster, Bernd Cullmann, Herbert Zimmermann
WM 1990: Bodo Illgner, Pierre Littbarski, Thomas Häßler, Paul Steiner

Müller und Flohe

36

Fußball-Deutschland dankt Köln bei der EM 1976

Bei der Europameisterschaft 1976 blieb der deutschen Nationalmannschaft die erfolgreiche Titelverteidigung knapp verwehrt. Ohne den Beitrag der Kölner Nationalspieler wäre die Elf von Bundestrainer Helmut Schön aber gar nicht erst ins Finale gekommen, denn fünf der sechs Tore bei der Mini-Endrunde in Jugoslawien (16. bis 20. Juni 1976) gingen auf das Konto von FC-Profis.

Im Halbfinale gegen den Gastgeber verkürzte zunächst Heinz Flohe in der 64. Minute auf 1:2, ehe sein Klubkollege Dieter Müller die Partie bei seinem Länderspieldebüt im Alleingang drehte. In der 79. Minute kam der 22 Jahre alte Angreifer für den Mönchengladbacher Mittelfeldarbeiter Herbert „Hacki" Wimmer, in der 82. Minute rettete Müller das Team in die Verlängerung, in welcher er in der 115. und 119. Minute abermals traf. Drei Tore beim Länderspieldebüt gelangen in der DFB-Geschichte nur sechs Spielern, Müllers Hattrick hatte aber aufgrund der Wichtigkeit der Partie den größten Stellenwert.

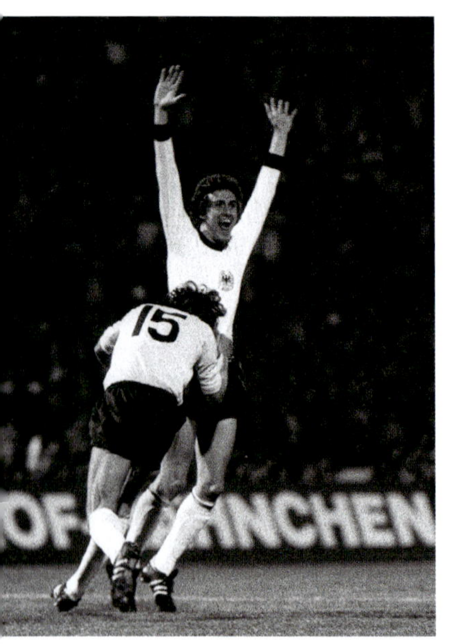

EM-Halbfinale 1976: Torschütze Müller wird vom Klubkollegen Flohe gefeiert.

Im Finale gegen die Tschechoslowakei drei Tage später erhielt Müller, dessen Verhältnis zu Bundestrainer Schön stets schwierig war, von Beginn an das Vertrauen. Wie schon im Halbfinale lag Deutschland früh 0:2 zurück, doch Müller brachte den Weltmeister durch sein Anschlusstor in der 28. Minute wieder ins Spiel.

In der Schlussminute traf dann der Frankfurter Bernd Hölzenbein als erster Nicht-Kölner im Turnier für die deutsche Mannschaft und rettete den Titelverteidiger in Verlängerung und Elfmeterschießen. Dort blieb Heinz Flohe vom Punkt souverän, Müller trat nicht an. Den entscheidenden Fehlschuss leistete sich Bayern-Stürmer Uli Hoeneß.

37

Roger van Gool

Der erste Millionen-Mann der Liga

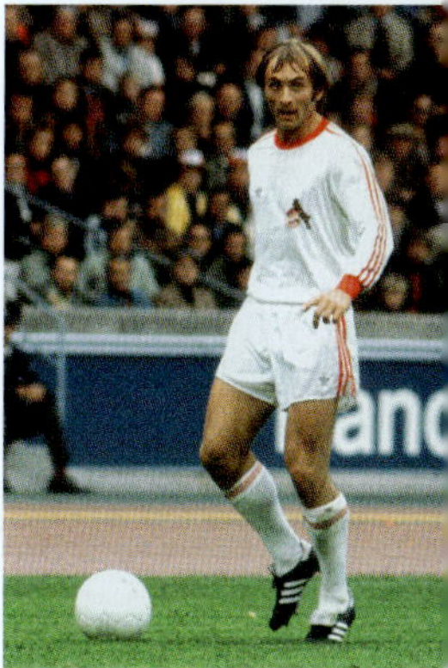

Für Roger van Gool ging der 1. FC Köln an die Schmerzgrenze.

Neymar war Paris St. Germain 2017 satte 222 Millionen Euro wert, Bayern München überwies 2019 für Lucas Hernandez 80 Millionen Euro. Einen Aufschrei erzeugt eine Ablöse in solchen Dimensionen kaum noch, eher ein Kopfschütteln.

Ganz anders war das 1976, als der 1. FC Köln als erster Bundesligist eine Million D-Mark für einen Spieler ausgab. In Deutschland entbrannte eine Diskussion, wie viel ein Mensch wert sein kann oder darf.

Der 1. FC Köln bewertete die Personalie eher nüchtern. Der belgische Rechtsaußen Roger van Gool war nun einmal der erklärte Wunschspieler des frisch verpflichteten Wunschtrainers Hennes Weisweiler. FC-Manager Karl-Heinz Thielen gab nach ein paar unruhigen Nächten nach und machte Weisweiler glücklich, der nach einem Scouting-Besuch bei van Gools Klub FC Brügge lapidar erklärt hatte: „Den nehmen wir."

Van Gool schlug sofort ein, der dribbelstarke Belgier wurde zum Publikumsliebling und zahlte die Rekordablöse mit drei Titeln und 39 Toren in vier Jahren zurück. 1980 verkaufte Köln den damals 30-Jährigen mit leichtem Gewinn für 1,2 Millionen Mark nach England zu Coventry City.

Transfer-Meilensteine des 1. FC Köln

Erstmals über 1 Million D-Mark: Roger van Gool (1976), 1 Million D-Mark (500.000 Euro*)

Erstmals über 2 Millionen D-Mark: Tony Woodcock (1979), 2,5 Millionen D-Mark (1,25 Millionen Euro*)

Erstmals über 3 Millionen D-Mark: Pierre Littbarski (1987), 3,4 Millionen D-Mark (1,7 Millionen Euro*)

Erstmals über 5 Millionen D-Mark: Marco Reich (2001), 6 Millionen D-Mark (3 Millionen Euro*)

Erstmals 10 Millionen Euro: Lukas Podolski (2009), 10 Millionen Euro

Erstmals über 15 Millionen Euro: Jhon Cordoba (2017), 17 Millionen Euro

**umgerechnet in Euro vor dessen Einführung 2002*

Das Double 1978

Der Höhepunkt der Vereinsgeschichte

38

Der Tanz auf mehreren Hochzeiten ist für jeden Fußballklub ein Drahtseilakt. Die deutsche Meisterschaft und den DFB-Pokal in derselben Saison gewinnt man nur mit einem starken Kader, einem exzellenten Trainer, außergewöhnlichem Teamgeist und einer Portion Glück. Nicht von ungefähr haben erst fünf Vereine dieses Kunststück vollbracht: Bayern München, Borussia Dortmund, Schalke 04, Werder Bremen – und der 1. FC Köln.

Dabei begann die erfolgreichste Saison der Kölner Vereinsgeschichte mit einem herben Dämpfer. Nach einem souveränen 4:0 in der ersten DFB-Pokalrunde bei Kickers Offenbach ging der FC zum Bundesligaauftakt 1977/78 bei Fortuna Düsseldorf mit 1:5 unter.

Müllers Sechserpack

Einem holprigen 2:1 gegen den VfL Bochum folgte am 3. Spieltag das erste Ausrufezeichen. Kölns Topstürmer Dieter Müller, in der Pokalsiegersaison 1977 mit 34 Treffern Bundesliga-Torschützenkönig, traf beim 7:2 gegen Werder Bremen am 17. August 1977 sechsmal ins Schwarze und stellte damit einen Ligarekord auf. Im September geriet der 1. FC Köln jedoch in ein Tief. Drei Ligaspiele in Folge gingen verloren, zudem ereilte die Geißböcke das Aus in der ersten Runde des Europapokals der Pokalsieger gegen den FC Porto (0:2, 2:2).

Im denkbar schlechtesten Moment ging es für die angeschlagenen Kölner nach Mönchengladbach. Zum Meister der vergangenen drei Jahre. Zum Erzrivalen. Und nicht zuletzt in die alte Heimat von Trainer Hennes Weisweiler. Es wurde das Spiel des Dieter Prestin. Der wendige Jungprofi ebnete an diesem 1. Oktober 1977 mit seinen Toren zum 1:0 und 3:1 den Weg zur 5:2-Demontage des amtierenden Titelträgers am Bökelberg. Es war ein Sieg mit Signalwirkung für den 1. FC Köln. Und es waren zwei gewonnene Punkte im direkten Duell, die letztlich sogar entscheidender waren für den Gewinn der Meisterschaft als das Wettschießen beider Klubs am letzten Spieltag.

„Noch immer nit"

Die bis dato spannendste Meisterschaftsentscheidung in der Bundesliga fiel am 29. April 1978. Köln hatte zwei Wochen zuvor den DFB-Pokal durch ein 2:0 im Finale gegen Fortuna Düsseldorf gewonnen. In den

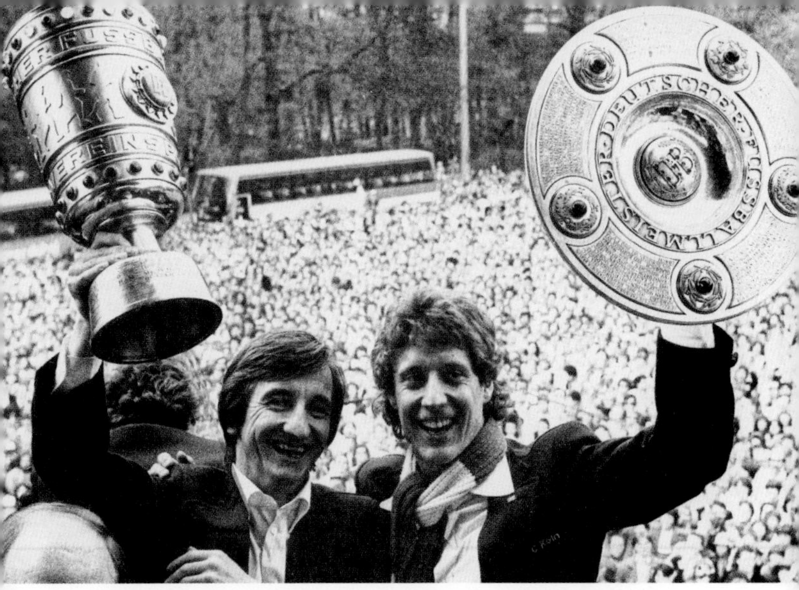

Der Höhepunkt: Hannes Löhr mit dem DFB-Pokal, Toni Schumacher mit der Schale

letzten Bundesligaspieltag ging der FC punktgleich mit dem Tabellenzweiten Mönchengladbach, hatte aber die um zehn Treffer bessere Tordifferenz.

Köln spielte beim FC St. Pauli, der bereits als Absteiger feststand. Die Annahme war daher, dass auch ein knapper Sieg ausreichen würde, um nach Schalke 04 (1936/37) und Bayern München (1968/69) als dritter deutscher Klub das Double perfekt zu machen. Niemand wagte es, sich auszumalen, dass sich im Parallelspiel in Düsseldorf zwischen den Gladbachern und Borussia Dortmund, das im Niemandsland der Tabelle stand, Unglaubliches zutragen würde.

Gladbach mit dem späteren Kölner Sportdirektor Udo Lattek auf der

Die Double-Mannschaft 1977/78:

Tor: Toni Schumacher (34 Spiele/kein Tor)
Abwehr: Roland Gerber (34/2), Gerhard Strack (32/2), Herbert Zimmermann (32/2), Harald Konopka (31/3), Herbert Hein (4/-), Rainer Nicot (1/-)
Mittelfeld: Heinz Flohe (34/14), Herbert Neumann (34/8), Bernhard Cullmann (27/6), Heinz Simmet (23/1), Jürgen Glowacz (5/-)
Angriff: Dieter Müller (33/24), Roger van Gool (32/12), Yasuhiko Okudera (20/4), Dieter Prestin (14/3), Holger Willmer (11/1), Hannes Löhr (8/1)
Trainer: Hennes Weisweiler

Trainerbank führte zur Halbzeit gegen desolate Dortmunder mit 6:0, während Köln im weiten und halbleeren Rund des Volksparkstadions nach 45 Minuten lediglich mit 1:0 durch Heinz Flohe (28.) in Front lag.

Die FC-Spieler glaubten, ihre Pflicht getan zu haben. Doch im Verlauf der zweiten Hälfte wurden sie von Weisweiler immer weiter angetrieben. Nochmals Flohe, zweimal der Japaner Yasuhiko Okudera und Bernd Cullmann erhöhten in den letzten 30 Minuten auf 5:0. „Hennes Weisweiler, noch vier Minuten. Glauben Sie jetzt an die deutsche Meisterschaft?“, fragte ein Reporter den Kölner Coach. „Noch immer nit“, gab Weisweiler barsch zurück. Man wusste ja nicht, wie viele Tore Gladbach noch schießen würde.

Weisweiler hält Wort

Doch es reichte. Obwohl Gladbach am Ende 12:0 gewann und dabei den höchsten Sieg der Bundesligageschichte erzielte, sicherte sich der 1. FC Köln mit gerade einmal drei Toren Vorsprung seine dritte Meisterschaft.

Damit löste der 58-jährige Weisweiler sein Versprechen ein, das er bei seiner Rückkehr 1976 gegeben hatte: „Gebt mir zwei Jahre, und wir werden Meister.“ Nach dem Triumph im Herzschlagfinale wurde er mit der Mannschaft von Zehntausenden auf dem heillos überfüllten Kölner Rathausbalkon frenetisch gefeiert. Mit Meisterschale und Pokal.

Der 29. April 1978 war aufgrund der Ereignisse auch ein Tag für Verschwörungstheoretiker. Unter anderem wollte jemand gehört haben, wie BVB-Trainer Otto Rehhagel – der übrigens am Tag nach der historischen Demontage entlassen wurde – gesagt haben soll, dass ihm die Borussia als deutscher Meister lieber wäre als der FC.

Nachruf durch Viktoria Köln

Allerspätestens mit dem Gewinn von Meisterschaft und Pokal 1978 hat der 1. FC Köln seine Namenswahl gerechtfertigt. Die Konkurrenten in der Stadt, allen voran Viktoria Köln, mussten nun Abbitte leisten. Im September 1957 noch schalteten Fans des rechtsrheinischen Klubs eine makabre Anzeige, nachdem ihr Klub den FC in einem Oberligaspiel mit 4:1 geschlagen hatte. Darin wurde der 1. FC Köln „im jugendlichen Alter von acht Jahren in den Himmel gehoben“. Als Todesursache wurde eine „bösartige Viktoriatitis“ angegeben. Die Beerdigung habe bereits stattgefunden, und zwar „auf dem Rasen des Kölner Stadions“.

Yasuhiko Okudera

39

Der erste Japaner der Bundesliga

Gerade einmal 33 ausländische Spieler standen 1977/78 in der Fußball-Bundesliga unter Vertrag, im Schnitt weniger als zwei pro Verein. Die meisten Legionäre kamen wie üblich aus angrenzenden Ländern. So zählte man im Kölner Double-Jahr acht Dänen oder jeweils drei Niederländer und Österreicher in der Liga. Aus der Reihe fiel ein Name: Yasuhiko Okudera.

Lange bevor Schlagworte wie „Internationalisierung" oder „Erschließung neuer Märkte" in den Wortschatz der Fußballfunktionäre aufgenommen wurden, nahm der 1. FC Köln den ersten Japaner der Bundesligageschichte unter Vertrag. 1977 holten die Geißböcke den 25 Jahre alten Linksaußen zur Verwunderung vieler in der Branche von Furukawa Electric.

Doch Okudera wurde nur kurzzeitig belächelt. In seiner ersten Saison schenkte ihm Hennes Weisweiler immerhin 20-mal das Vertrauen. Belohnt wurde der Trainerfuchs hierfür am 29. April 1978. Als der FC am 34. Spieltag jedes Tor für die Meisterschaft brauchte, traf Okudera beim FC St. Pauli zum 2:0 (60.) und zum 5:0-Endstand (86.). Sein zweites Tor im Regen von Hamburg war dabei ein besonders schönes: Nach einer Flanke von rechts wuchtete der 1,77 Meter kleine Okudera das Leder per Flugkopfball ins Pauli-Gehäuse. Der Treffer wurde mit Abstand zum „Tor des Monats" im April 1978 gewählt.

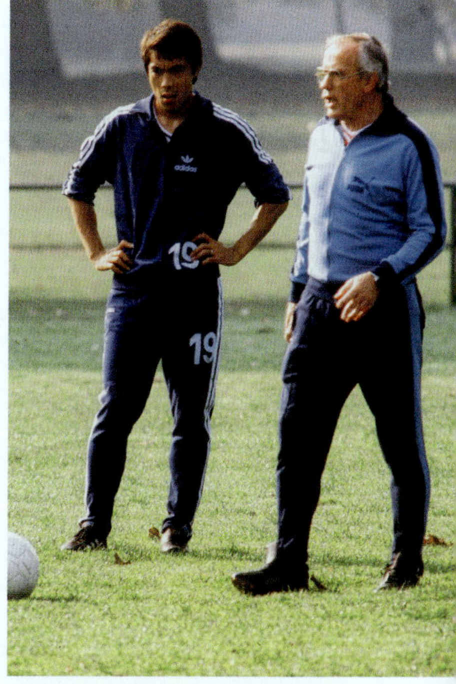

Okudera war ein Musterschüler von Trainer Hennes Weisweiler.

Okudera blieb insgesamt neun Jahre in Deutschland. Nach drei Jahren in Köln (91 Spiele, 18 Tore) spielte der Japaner noch eine Saison für Hertha BSC und fünf Spielzeiten für Werder Bremen.

Dieter Müller

40

Sechs Tore für die Geschichtsbücher

Als Stürmer mit dem Nachnamen Müller konnte man im Fußball-Deutschland der 1970er-Jahre eigentlich nicht anders, als ein großer Torjäger zu werden. Dabei wurde Dieter Müller, der Torgarant der größten Kölner Jahre, mit dem Nachnamen Kaster geboren.

Der Hesse nahm erst 1973, im Alter von 19 Jahren, den Nachnamen seines wohlhabenden Adoptivvaters an. In jenem Jahr wechselte er auch von den Offenbacher Kickers zum 1. FC Köln – und startete in der Domstadt so richtig durch. 17 Tore gelangen Müller 1973/74 in seiner ersten Bundesligasaison für den FC. Vor seinem Wechsel nach Köln hatte der junge Angreifer lediglich die Erfahrung von zwei Bundesligaeinsätzen für Offenbach besessen, doch Kölns Trainer Zlatko „Tschik" Čajkovski vertraute dem Youngster und schob damit eine der größten deutschen Stürmerkarrieren maßgeblich an.

Wettschießen der Müllers

34-mal traf Dieter Müller in der Saison 1976/77, damit sicherte sich der 23-Jährige seine erste Torjägerkanone. Sein Wert, der bei 34 Saisoneinsätzen im Schnitt genau einem Tor pro Spiel entspricht, wurde in der Geschichte der Bundesliga nur von zwei Männern getoppt: Gerd Müller, der Prototyp aller deutschen Torjäger, und Robert Lewandowski. Gerd Müller war in drei Spielzeiten sogar noch erfolgreicher als sein Namensvetter Dieter

Es „müllert" auch in Köln

Müller ist der häufigste Name im deutschen Sprachraum. Und immerhin sechs Spieler mit diesem Nachnamen trugen bis 2019 das Trikot des 1. FC Köln. Drei davon waren über viele Jahre absolute Leistungsträger. Der bereits angesprochene „falsche" Müller mit Vornamen Dieter, dazu die ebenfalls überaus treffsicheren Christian Müller (182 Tore in 252 Spielen zwischen 1958 und 1966) und Walter Müller (71 Tore in 169 Spielen zwischen 1952 und 1958). Macht stattliche 484 Müller-Tore für den 1. FC Köln. Die anderen drei Müllers – Peter, Rudolf und Sven – kamen zusammen für die Profimannschaft auf acht Pflichtspieleinsätze und blieben ohne Tor.

in jener Saison. 1971/72 stellte Gerd Müller mit 40 Toren eine Marke auf, die erst 39 Jahre später von Lewandowski um ein Tor übertroffen wurde.

In einer Kategorie ist Dieter Müller jedem anderen Bundesligaspieler aber voraus. Am 17. August 1977 konnte der Mittelstürmer des 1. FC Köln machen was er wollte, sprichwörtlich jeder Ball landete im Tor. Viermal mit dem Kopf, zweimal mit dem Fuß traf der wuchtige Müller ins Tor von Werder Bremen beim 7:2-Erfolg des FC. Bundesligarekord.

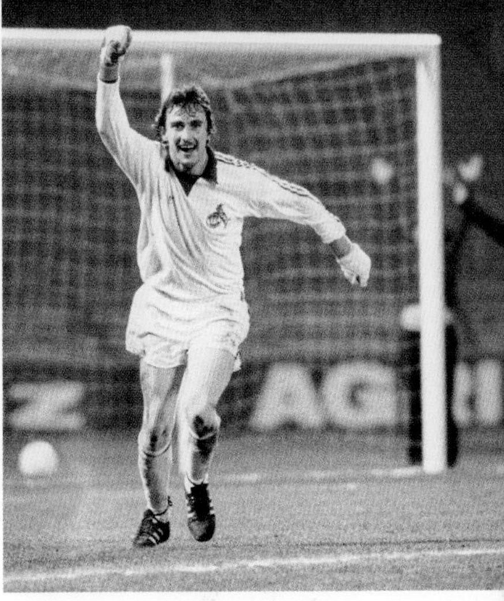

Ein häufiges Bild: Dieter Müller jubelt im FC-Trikot.

„Ich war einfach besessen, Tore zu schießen. Wenn ich die Möglichkeit gehabt hätte, acht oder zehn Tore zu schießen, dann hätte ich das auch gemacht“, sagte Müller dem Magazin „11 Freunde“.

Keine Fernsehbilder vom Rekord

Gerade einmal 19.000 Menschen wurden Augenzeugen von Müllers erfolgreicher Rekordjagd. Das Fernsehen war an diesem verregneten Mittwochabend nicht im Müngersdorfer Stadion, Müllers sechs Tore wurden lediglich auf Fotos in ihrer Entstehung festgehalten.

Dieter Müller, der sich am Ende der Double-Saison 1977/78 mit 24 Toren erneut die Torjägerkanone holte, charakterisierte sich selbst als unersättlich und untermalte diese These mit einer typischen Szene: „Tony Woodcock hat mir mal erzählt, wie ich unseren damaligen Mitspieler Pierre Littbarski in einem Spiel kurz vor der Torlinie weggeschubst habe, um selbst den Treffer zu machen.“

Obwohl Dieter Müller mit 231 Toren in 326 Pflichtspielen für den 1. FC Köln eine sagenhafte Torquote aufweist, endete seine Glückssträhne ein Stück weit an seinem Rekordabend. In der Saison 1978/79 fiel der Angreifer in ein Leistungsloch, acht Bundesliga-Saisontore markierten seinen Minuswert in acht insgesamt erfolgreichen Jahren beim 1. FC Köln. 1981 ließ der FC Müller zum französischen Topklub Girondins Bordeaux ziehen.

Heinz Flohe

41 Der kölsche Brasilianer

Nicht wenige Beobachter sagen, dass Heinz Flohe an guten Tagen einer der besten Fußballer der Welt war. Obwohl er oft ein wenig im Schatten des großen Dirigenten Wolfgang Overath stand, für den das Dribbeln und Fintieren mit dem Ball bisweilen Selbstzweck war, machte sich Heinz Flohe im Kölner Mittelfeld zwischen 1966 und 1979 einen Namen als Mann für die besonderen Momente.

„Wollte man Dich als Fußballer beschreiben, wären alle Superlative angemessen. Du konntest alles: Dribbeln, schießen, flanken, kämpfen, grätschen, rennen, Tore machen, die Mitspieler in Szene setzen oder aber, wenn es sein musste, Spiele auch alleine entscheiden", schrieb Flohes langjähriger Mitspieler Herbert Neumann am 28. Januar 2013, dem 65. Geburtstag des Gerühmten, in einem Gastbeitrag im „Kölner Stadtanzeiger".

Ein tragischer Abgang

Heinz Flohe hat diese Lobeshymne nie lesen dürfen. Als sie geschrieben wurde, lag der einstige Wirbelwind, der nach seinem Karriereende immer wieder unter gesundheitlichen Problemen litt, seit mehr als zweieinhalb Jahren im Wachkoma. Auf offener Straße war das kölsche Idol bei einem Spaziergang im Frühjahr 2010 zusammengebrochen, am 15. Juni 2013 schließlich starb „Flocke" unter großer Anteilnahme.

In den mehr als 65 Jahren bis zu seinem Tod hat Heinz Flohe beim 1. FC Köln und in der Nationalmannschaft tiefe Spuren hinterlassen. Der geniale Techniker paarte Schussgewalt mit Finesse und Zielstrebigkeit. Ohne es sein zu wollen, war er ein Führungsspieler. „Wenn es mal enge Spiele gab, hat ‚Flocke' Theater veranstaltet. Der ist vorne drauf gegangen, hat ein Zeichen gesetzt", adelte die Kölner Torwartikone Harald „Toni" Schumacher seinen langjährigen Teamkollegen im Dokumentarfilm „Heinz Flohe – Der mit dem Ball tanzte" aus dem Jahr 2015.

Sein sportliches Denkmal setzte sich Heinz Flohe, der mit dem FC bereits 1968 und 1977 den DFB-Pokal gewonnen hatte, in der Double-Saison 1977/78. Nachdem Trainer Hennes Weisweiler das wandelnde Denkmal Overath im Jahr zuvor auf Raten in die Rente geschickt hatte, bedachte der Coach den vergleichsweise ruhigen Charakter Flohe im Sommer 1977 mit der Rolle seines Kapitäns und verlängerten Armes auf dem Platz.

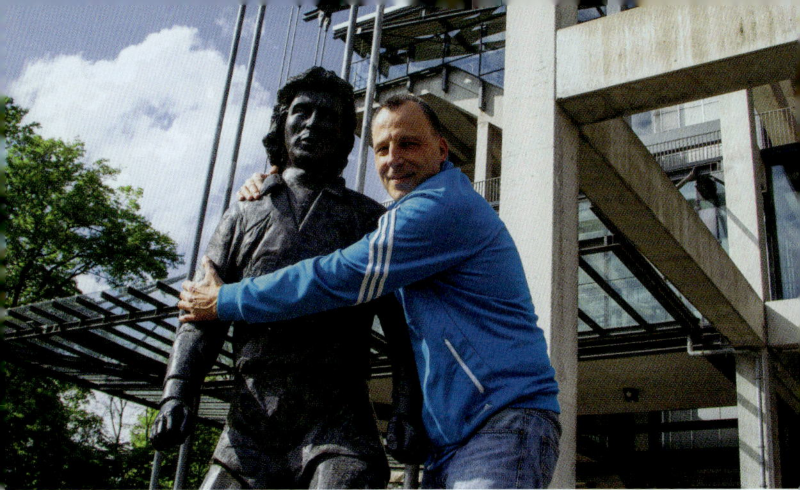

Nino Flohe an der Statue seines Vaters vor der Kölner Südtribüne

Befreit von Overaths Allmacht

Befreit von der zeitweise erdrückenden Präsenz Overaths, der immer wieder den Ball gefordert und meist auch bekommen hatte, veränderte sich das Kölner Spiel unter dem nun alleinigen Spielmacher Flohe. Der FC agierte schneller und variabler, war für die Gegner schwerer auszurechnen. Es ist wohl kein Zufall, dass Flohes persönlich erfolgreichste Bundesligasaison mit 14 Toren mit der erfolgreichsten Spielzeit der Kölner Vereinsgeschichte zusammenfiel.

Insgesamt schoss Heinz Flohe in 405 Spielen für den 1. FC Köln 102 Tore. In der Nationalelf kam der gebürtige Euskirchener in 39 Länderspielen (acht Tore) zum Einsatz und gewann an der Seite seiner Klubkollegen Overath und Bernd Cullmann bei der Heim-WM 1974 den Titel.

Flohes enorme Popularität erklärte sich nicht nur durch seine Leistungen. Der gelernte Autoschlosser war zeitlebens äußerst volksnah. So setzte er 1978 nach dem DFB-Pokalsieg seine Macht als Mannschaftskapitän ein, um die Türen des Geißbockheims öffnen zu lassen und Hunderte Fans mit Freibier zu belohnen. Das Protokoll hatte ursprünglich eine geschlossene Gesellschaft vorgesehen.

2013 würdigte der 1. FC Köln sein verstorbenes Idol mit der Gründung der Heinz-Flohe-Fußballschule. Ein Jahr später wurde vor der Südtribüne des Kölner Stadions ein Bronze-Denkmal von Heinz Flohe enthüllt. Es erinnert die treuesten Fans des Vereins vor jedem Gang in die Kurve an einen ihrer größten Helden.

Toni Schumacher

42

Torwartikone unter „falschem" Namen

Beinahe hätte es den Weltklassetorhüter Toni Schumacher nie gegeben. Nun ja, im Grunde gab es ihn sogar nie. Denn tatsächlich hörte Toni Schumacher, der große Rückhalt des 1. FC Köln und der deutschen Nationalmannschaft, die manische Erfolgsmaschine zwischen den Pfosten, das Kindheitsidol unzähliger Teenager in den 1980er Jahren, auf den Vornamen Harald. Anton ist „nur" sein zweiter Vorname.

Seinen berühmten Spitznamen Toni erhielt Schumacher aus zwei Gründen. Zum einen, weil in der Meistermannschaft von 1964 ein Torhüter namens Anton „Toni" Schumacher gestanden hatte. Und weil es in der Kölner Mannschaft der 1970er-Jahre in Abwehrspieler Konopka bereits einen weiteren Harald gab.

Mutter Schumacher sei Dank

Doch das ist nur ein Teil der Geschichte. Der junge Harald Schumacher nämlich sah seine Bestimmung eigentlich als Feldspieler. Erst als er zwölf Jahre alt war, wechselte Schumacher auf Anraten seiner Mutter ins

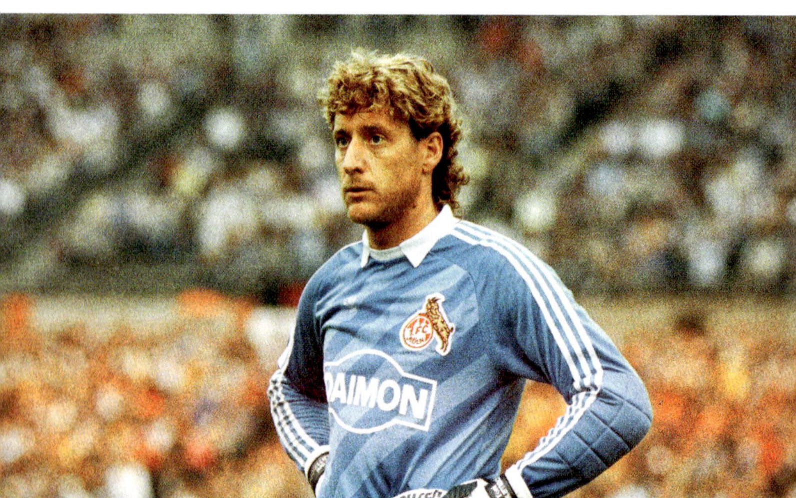

Toni Schumacher war das Gesicht des 1. FC Köln.

Tor. Die war der Ansicht, ihr Harald würde sich im Feld zu sehr verausgaben. Auch wenn die Umstände ungewöhnlich waren, so erwies sich der Mutterinstinkt in dieser Situation als goldrichtig: Schumacher avancierte schnell zu einem der besten Nachwuchstorhüter des Landes.

1972, im Alter von 18 Jahren, wechselte er zum 1. FC Köln, der lange um den gebürtigen Dürener geworben hatte. Einem früheren Transfer hatte Schumachers Mutter den Riegel vorgeschoben: Ihr Filius sollte erst seine Ausbildung zum Kupferschmied abschließen. In Köln arbeitete sich Schumacher, ein Fitness-Funkie mit beinahe manischem Ehrgeiz („Ich bin das Raubtier, der Ball ist meine Beute"), in der Saison 1973/74 zur unumschränkten Nummer eins hoch. 1977 gewann er mit dem FC den DFB-Pokal, im Jahr darauf das Double. Fortan war die „Fälschung" der bekanntere Toni Schumacher in Köln.

Und Schumacher war wahnsinnig populär. In Zeiten, als die Adressen von Fußballstars noch nicht wie Staatsgeheimnisse unter Verschluss gehalten wurden, musste Schumacher mit unkonventionellen Mitteln seine Privatsphäre verteidigen. So war auf dem Klingelschild seines Eigenheims in Hürth-Hermühlheim zeitweise nicht etwa sein (Allerwelts-)Nachname zu lesen, sondern eine vielsagende Botschaft: „Autogrammkarten nur noch montags von 13:30 bis 14 Uhr!"

Abpfiff für eine große Kölner Karriere

Schumacher liebte seinen FC und er lebte für ihn. Oft unter höllischen Schmerzen stellte sich der immer wieder verletzte Schumacher ins Tor, trotz zahlreicher internationaler Anfragen blieb er dem FC treu und wurde zum Gesicht des Vereins. Seine Aura wirkte sich auch auf die gegnerischen Angreifer aus. Der Frankfurter Ronald Borchers sagte einmal: „Wenn du in Tonis Strafraum kommst, wird das Tor immer kleiner. Du glaubst kaum an deine Chance und passt vor allem auf deine Knochen auf."

Doch der unbestritten weltbeste Torwart seiner Zeit machte seinen eigenen Abgang unausweichlich, als er 1987 mit der Veröffentlichung seines Enthüllungsbuchs „Anpfiff" für einen Aufschrei in der Branche sorgte. Seine Ära beim 1. FC Köln war damit nach 515 Pflichtspielen ebenso beendet wie im Tor der Nationalmannschaft (77 Länderspiele). Das Buch wurde ein in 24 Sprachen übersetzter Bestseller.

Bis zu seiner vollkommenen Rehabilitation musste Schumacher ein Vierteljahrhundert warten. 2012 kehrte er als erster Stellvertreter des neuen Vereinspräsidenten Werner Spinner hochoffiziell ans Geißbockheim zurück. Typisch Schumacher: Er bereute nichts. „Lieber ein Knick in der Laufbahn als im Rückgrat", sagte er nach der Wahl.

Made in Cologne

43

Die Torwartschmiede von Rolf Herings

Ein Speerwerfer als Torwarttrainer? Es klingt skurril, doch genau diese Kombination war beim 1. FC Köln über Jahrzehnte ein Garant für Erfolg. Der ehemalige Leichtathlet Rolf Herings, zweimaliger deutscher Speerwurfmeister und Olympia-Teilnehmer, stieß 1969 als Assistenztrainer zum Verein. Sein primärer Job lautete, die Feldspieler konditionell und athletisch auszubilden.

Nach vier Jahren erhielt der damals 33-Jährige den Auftrag, sich gezielt um das Torwarttraining zu kümmern. Durch Herings Hände gingen im Lauf der Jahre die Nationaltorhüter Toni Schumacher und Bodo Illgner, die beim 1. FC Köln jeweils eine Ära prägten. Doch auch Keeper wie Gerald Ehrmann oder Alexander Bade wurden von Herings geschult.

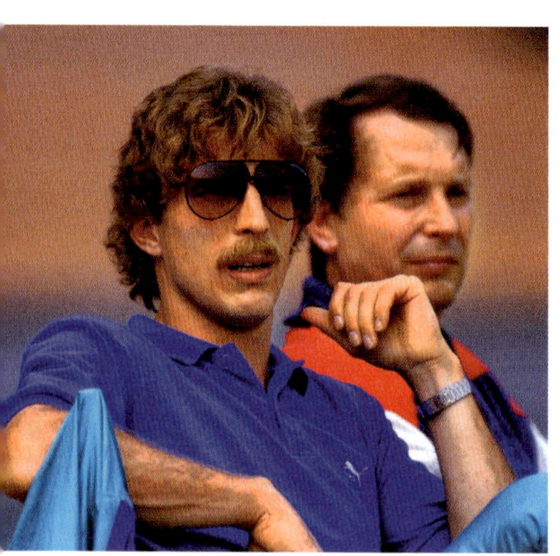

Rolf Herings (r.) war eine Konstante auf der Kölner Bank, hier neben Christoph Daum in den späten 1980ern.

Herings, der auch Dozent an der Deutschen Sporthochschule in Köln war und den Fußballlehrerschein besaß, sprang zweimal (1972 und 1980) als Interimstrainer ein. Herings sah Cheftrainer kommen und gehen, er selbst genoss stets das Vertrauen des Vereins. Mit diesem Selbstvertrauen legte er sich auch mit so manchem Chef an. So warf er Peter Neururer (April 1996–September 1997) an den Kopf: „Hür ens, Pitter, dat eine sach ich dir: Ich han he beim FC 19 Trainer üvverläv. Un dich, dich üvverläv ich och noch." („Hör mal, Peter, das sage ich dir: Ich habe hier beim FC 19 Trainer überlebt. Und dich überlebe ich auch noch.")

Bis 2009 gehörte Herings zum Trainerstab der Profimannschaft, ehe er in den Nachwuchsbereich wechselte und dort noch einmal acht Jahre lang als Individualtrainer tätig war. Am 29. September 2017 starb Rolf Herings im Alter von 77 Jahren.

Bernd Schuster

44

Engel-Sichtung in Müngersdorf

Als der 18 Jahre alte Bernd Schuster am 21. Oktober 1978 sein Bundesliga-debüt gab, wurde schnell ersichtlich, dass der deutsche Meister 1. FC Köln einen kommenden Weltstar in seinen Reihen hatte. Der wegen seiner strohblonden Mähne auch optisch auffällige Schuster erfüllte mit seinen weiten und dabei zentimetergenauen Zuspielen die Sehnsüchte aller Fußballromantiker und erhielt nicht von ungefähr den Beinamen „blonder Engel".

Schuster, der später mit dem FC Barcelona und Real Madrid Titel en masse gewann, war allerdings auch ein sensibler und nicht ganz einfacher Charakter. Das bewiesen schon die Umstände seiner Verpflichtung.

Schuster hatte nämlich 1978 nicht nur beim 1. FC Köln, sondern auch bei seinem bisherigen Klub FC Augsburg und dem Kölner Erzrivalen Borussia Mönchengladbach einen Vertrag unterzeichnet. „Bernd war wohl ein wenig naiv. Die Angebote waren immer besser geworden, und so unterschrieb er den jeweils höher dotierten Vertrag, bis es schließlich drei waren", verteidigte der damalige FC-Manager Karl-Heinz Thielen das Spielmachertalent. Der FC bekam vor Gericht schließlich Recht, weil Schuster zuerst in Köln unterschrieben hatte. 125.000 D-Mark Ablöse flossen nach Augsburg, Gladbach scheiterte mit einer Schadenersatzklage gegen den FC.

Fußballerisch war Schuster jeden Pfennig wert. Mit 19 Jahren debütierte er in der Nationalmannschaft, als 20-Jähriger führte er das DFB-Team zum Gewinn der Europameisterschaft 1980. Schuster war danach nicht mehr zu halten. Für die damalige Bundesliga-Rekordablöse von 3,8 Millionen D-Mark verkaufte Köln den Ballstreichler nach Barcelona. Nach 75 Spielen flog der „blonde Engel" davon.

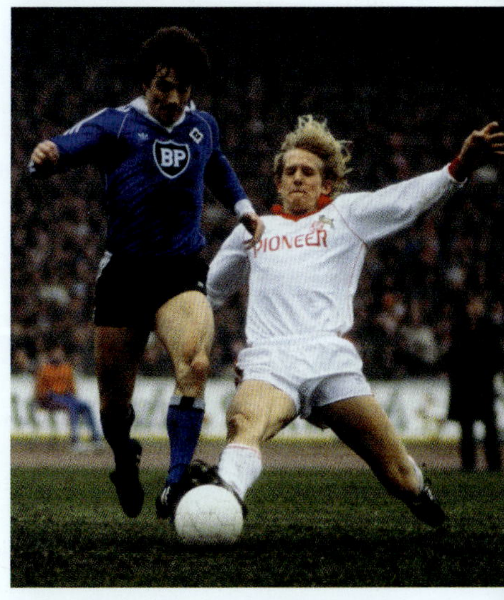

In Duellen wie gegen HSV-Star Kevin Keegan zeigte Schuster früh seine Qualitäten.

Pierre Littbarski

45

Ein Berliner mit kölschem Herzen

Das Jahr 1978 markiert unbestritten den Höhepunkt der Kölner Vereinsgeschichte. Der Gewinn von Meisterschaft und Pokal steht über allem, doch auch auf dem Transfermarkt bewies der FC ein perfektes Gespür. Neben Bernd Schuster angelte sich Manager Karl-Heinz Thielen nämlich einen gewissen Pierre Littbarski aus der Jugend des Berliner Stadtteilklubs Hertha Zehlendorf.

Wie Schuster zeigte auch Littbarski schnell sein großes Talent, doch anders als der „blonde Engel" wurde der o-beinige Dribbelkünstler zu einer Institution in Köln. 14 Jahre, unterbrochen von einem unglücklichen Frankreich-Intermezzo, spielte „Litti" in der Domstadt und war neben den Torhütern Toni Schumacher und Bodo Illgner das Gesicht des Klubs.

Liebe auf den zweiten Blick

Dabei hätte Littbarski, der als Jugendlicher Fan von Borussia Mönchengladbach war, seine Profikarriere am liebsten in seiner Heimatstadt bei Hertha BSC gestartet. Bei einem Probetraining bekam der 1,68 Meter kleine Techniker allerdings zu hören, er solle „erstmal eine Butterschnitte essen und ein bisschen wachsen", wie Littbarski später berichtete.

So ging der ewige Spaßvogel, der seinen Teamkameraden zahllose Streiche spielte, für 25.000 D-Mark nach Köln – und beförderte erst einmal Millionen-Mann Roger van Gool auf die Ersatzbank. „Heute machst du dein letztes Spiel", raunzte der beleidigte Belgier dem 18-jährigen Littbarski zu. Der aber spielte so unbeeindruckt Fußball, dass sein Aufstieg unaufhaltsam war. Bei der Weltmeisterschaft 1982 war Littbarski die große Entdeckung im deut-

Die Sammelticks des Pierre Littbarski

Pierre Littbarski besaß mehr als 400 Uhren der Schweizer Marke Swatch, und zwar nicht zuletzt aus Aberglauben. „Wenn wir verlieren, ziehe ich eine neue Uhr an", berichtete er. Weiter sammelte Littbarski an die 5000 Schallplatten und nannte 3000 Videokassetten sein Eigen. Infiziert war er auch vom Zauberwürfel. Sein genervter Zimmerkollege Toni Schumacher verfrachtete Littbarski vor einem Spiel ins Badezimmer, weil dieser einfach nicht aufhören konnte, den Rubik's Cube zu drehen. Irgendwann tief in der Nacht schrie Littbarski: „Ich hab's!"

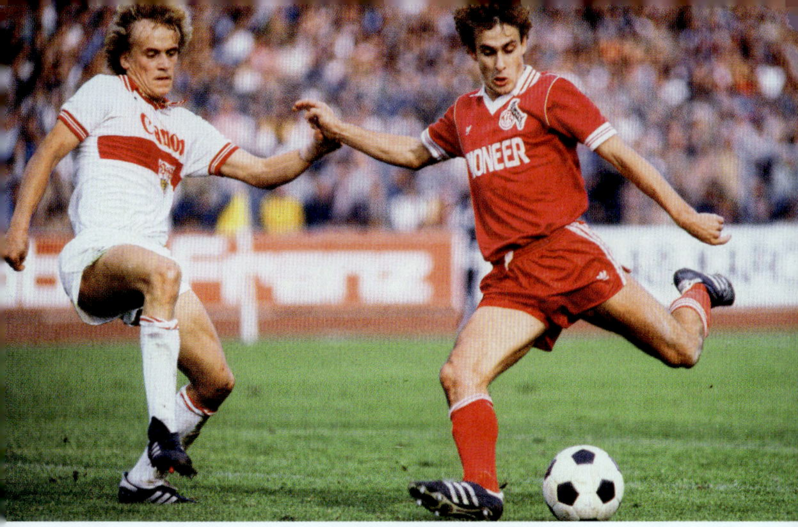

Pierre Littbarskis Dribblings und Flanken waren oft Aha-Momente.

schen Team, bis zu seinem perfekten DFB-Abgang nach dem WM-Triumph 1990 lief „Litti" 73-mal für Deutschland auf und schoss 18 Tore.

Heimweh öffnet den Geldbeutel

Insgesamt lief Littbarski in 504 Pflichtspielen für den 1. FC Köln auf, nur Wolfgang Overath, Toni Schumacher, Hans Schäfer und Hannes Löhr kommen auf mehr Einsätze. Auch mit seinen 139 Toren rangiert er in der Spitzengruppe. Dabei hätten es noch mehr Spiele und Treffer sein können, hätte sich Littbarski nicht nach der WM 1986 für eine Saison und sehr viel Geld zu Racing Paris „verirrt".

In der französischen Hauptstadt wurde Littbarski allerdings nicht glücklich, die Drähte zwischen dem Spieler und der alten Heimat liefen heiß. Die Franzosen wollten allerdings mehr als die 2,8 Millionen D-Mark, die sie im Jahr zuvor nach Köln überwiesen hatten. So streckte Littbarski aus eigener Tasche 500.000 der 3,4 Millionen Mark in einem zinslosen Darlehen vor, um 1987 zu seinem FC zurückkehren zu können.

Littbarski schoss den 1. FC Köln zwar 1983 mit seinem 1:0-Siegtor zum DFB-Pokalsieg im Finale gegen den kleinen Stadtrivalen SC Fortuna, seine Karriere beim FC war allerdings von knapp verpassten Triumphen geprägt. So wurde Littbarski mit Köln dreimal Vizemeister, verlor zwei DFB-Pokalfinals und scheiterte im Europapokal einmal im Finale und dreimal in der Vorschlussrunde. Als er 1993 den Klub verließ, um in Japan seine Karriere ausklingen zu lassen, setzte der Sinkflug des 1. FC Köln ein.

Beinahe-Transfer III

46

Franz Beckenbauer

Dass Franz Beckenbauer um ein Haar als Teenager zu 1860 München und nicht zum Stadtrivalen FC Bayern gegangen wäre, hätte ihm bei einem Juniorenspiel nicht ein Spieler der Löwen-Jugend eine Ohrfeige verpasst, ist eine der berühmtesten Hätte-wäre-wenn-Geschichten des deutschen Fußballs. Weniger bekannt ist, dass der „Kaiser" auch einmal kurz vor einem Wechsel zum 1. FC Köln stand.

Es war in der Ära von Rinus Michels. Der erfahrene Coach aus den Niederlanden war kein Talenteschmied, sondern vielmehr ein Trainer, der am liebsten mit „fertigen" Spielern arbeitete. Und so trat Michels 1982 mit dem Wunsch an FC-Manager Hannes Löhr heran, den nicht minder erfahrenen Libero Beckenbauer, damals fast 37 Jahre alt, zum Geißbockheim zu lotsen.

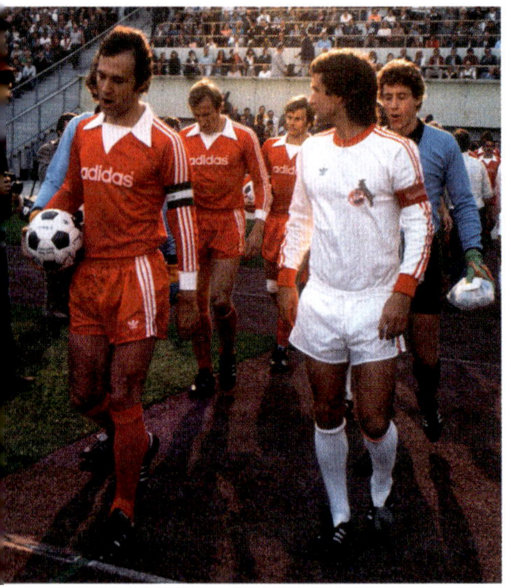

Franz Beckenbauer spielte letztlich immer nur gegen Köln.

Löhr reiste während der Weltmeisterschaft 1982 eigens nach Spanien, um Beckenbauer davon zu überzeugen, beim FC noch ein Jahr an seine große Karriere dranzuhängen. Der Weltmeister-Kapitän von 1974 war unschlüssig, nachdem sein Vertrag beim Hamburger SV nach knapp zwei Jahren soeben ausgelaufen war. Als deutscher Meister abzutreten, das hatte was.

Nach zahllosen Erfolgen mit dem HSV und Cosmos New York, vor allem aber mit Bayern München zwischen 1964 und 1977, verlängerte Beckenbauer seine Karriere letztlich doch noch um ein Jahr. Dieses verlebte er aber nicht am Geißbockheim, Michels bekam nämlich plötzlich Bedenken und legte sein Veto gegen den Transfer ein. So kehrte Beckenbauer noch einmal für eine Saison zu Cosmos New York zurück.

Beinahe-Transfer IV

47

Reiner Calmund

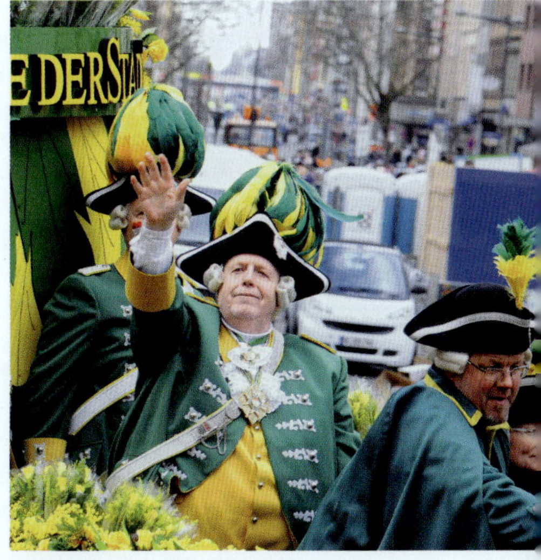

Freund des Kölner Karnevals, aber nie beim FC: Reiner Calmund

Nein, nicht als Spieler stand Reiner Calmund einst auf der Einkaufsliste des 1. FC Köln. Der XXL-Manager, der mehr als zwei Jahrzehnte lang der Macher und das Gesicht des Kölner Rivalen Bayer Leverkusen war, wurde 1986 vom damaligen Kölner Geschäftsführer Michael Meier angefragt, ob er nicht als Manager die Führungscrew beim FC verstärken wolle.

Calmund war zu dieser Zeit noch nicht das große Feindbild der Kölner Fans. Nachdem er zunächst als Stadionsprecher und Jugendleiter bei der Werkself fungiert hatte, rückte der gebürtige Brühler zunächst in den Leverkusener Vorstand auf. Erst 1988 übernahm Calmund, der stets mit seiner Vorliebe für viel und gutes Essen kokettierte, den Managerposten bei der Werkself.

Der Wechsel zum FC hätte ihm also einige Möglichkeiten eröffnet, zumal der 1. FC Köln im Jahr 1986 UEFA-Cup-Finalist war. Doch Calmund lehnte schweren Herzens ab: „Es tut mir wirklich leid, einen so anständigen und fähigen Menschen wie Michael Meier enttäuschen zu müssen. Meier allein war für mich der Ansprechpartner beim FC, allein der Grund, warum die Ereignisse überhaupt so weit gedeihen konnten. Ich konnte letztlich nicht mehr über meinen Schatten springen. Aber noch einmal: Es tut mir weh."

Interessante Wendung: Michael Meier selbst wechselte 1987, also ein Jahr nach der Offerte an Calmund, die Seiten und heuerte als Leiter der Fußball-Abteilung bei Bayer Leverkusen an. Gleich in Meiers erster Saison gewann Bayer 04 den UEFA-Cup.

Das Pokalfinale 1983

48

Groß Köln gegen Klein Köln

Der DFB-Pokal 1982/83 hielt nicht nur für den 1. FC Köln den bis dato letzten großen Titelgewinn, sondern für den gesamten deutschen Fußball gleich zwei Premieren bereit. Zum einen bestritt mit dem FC erstmals eine Mannschaft sämtliche Spiele bis zum Pokaltriumph im eigenen Stadion, zum anderen kam es im Endspiel zum ersten Mal in der DFB-Pokalgeschichte zu einem Duell zweier Vereine aus derselben Stadt.

Der damalige Modus des Wettbewerbs machte es möglich, dass der 1. FC Köln als Bundesligist bei entsprechendem Losglück in jeder Runde Heimrecht haben konnte. Erst kurz darauf führte der DFB die Regel ein, dass Vereine unterhalb der 2. Bundesliga gegen einen Profiverein bis inklusive des Halbfinals immer vor heimischem Publikum spielen.

Der FC profitierte zudem davon, dass der kleine Zweitligist Fortuna Köln es ebenfalls ins Endspiel schaffte. So vergab der Deutsche Fußball-Bund das Finale kurzerhand ins Müngersdorfer Stadion. Erst seit 1985 findet das DFB-Pokalendspiel fix im Berliner Olympiastadion statt.

Köln marschiert ins Endspiel „zo Hus"

Der 1. FC Köln machte auf dem Weg zu seinem vierten DFB-Pokalsieg allerdings auch das Beste aus seinem Heimvorteil-Abo. In der ersten Runde wurde Zweitligist Bayer 05 Uerdingen mühelos 3:1 bezwungen, in der zweiten Runde die andere Bayer-Werkself aus Leverkusen mit dem identischen Ergebnis nach Hause geschickt.

Im Achtelfinale (5:1 gegen die Stuttgarter Kickers) und im Viertelfinale (5:0 gegen Schalke 04) folgten regelrechte Kantersiege. Zittern musste der FC im Halbfinale gegen den Ligarivalen VfB Stuttgart. Die Mannschaft von Trainer Rinus Michels geriet gegen die Schwaben zweimal in Rückstand, das Siegtor zum 3:2 nach Verlängerung erzielte Abwehr-Haudegen Paul Steiner in der 94. Minute.

Alles rechnete nun mit einem Finale gegen Borussia Dortmund, doch Fortuna Köln schoss im zweiten Halbfinale den Erstligisten aus dem Ruhrgebiet mit 5:0 ab und erreichte erstmals das Endspiel.

Der Weg zum Pokal schien für den großen FC im ersten Stadtderby bei einem Pokalfinale damit frei. Die Fortuna war schließlich dieser ewig belächelte Klub aus dem Arbeiter-Stadtteil Zollstock, der nur durch die Mil-

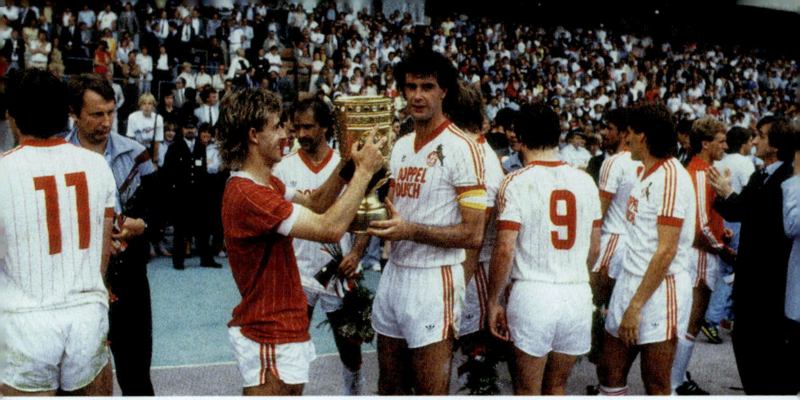

Kapitän Gerd Strack (r.) und Siegtorschütze Littbarski mit dem Pokal

ionen des kauzigen Mäzens Jean Löring am Leben gehalten wurde. Lediglich 1973/74 spielte die Fortuna in der 1. Liga und damit zumindest formal auf einem Level mit dem 1. FC Köln, doch nach nur einem Jahr war das Märchen schon wieder beendet. In der Folge wurde Fortuna Köln zum Inbegriff von Zweitklassigkeit, selten verloren sich mehr als ein paar Tausend Menschen ins Südstadion.

Der FC gewinnt den Pokal, die Fortuna die Herzen

Die Kulisse von 61.000 Zuschauern beim Pokalfinale am 11. Juni 1983 im Müngersdorfer Stadion schüchterte den Außenseiter um Torjäger Dieter Schatzschneider aber keineswegs ein. Im Gegenteil: Die Fortuna suchte ihre Chance gegen einen äußerst behäbigen und ideenlosen FC. Die Stimmung im weiten Rund kippte im Verlauf der Partie, viele Fans des Favoriten waren mit der Leistung ihrer Mannschaft nicht einverstanden und pfiffen das Starensemble um die Nationalspieler Toni Schumacher, Pierre Littbarski und Klaus Allofs lauthals aus.

„Dat Vereinche", wie Löring seine Fortuna gern nannte, spielte vor allem in der ersten Halbzeit auf ein Tor. Schumacher mit seinen Paraden und Littbarski, der in der 68. Minute per Abstauber zum äußerst schmeichelhaften 1:0-Sieg des 1. FC Köln traf, sorgten dafür, dass zumindest das Ergebnis aus Sicht des Favoriten stimmte.

Die geschlagenen Fortunen konnten sich aber wie Gewinner fühlen. Sowohl bei der Siegerehrung im Stadion als auch beim Rathausempfang tags darauf wurde der Underdog aus der Südstadt bejubelt. Die FC-Spieler hatten bei ihren Fans in diesen 90 Minuten viele Sympathien eingebüßt, statt der erwarteten „Hausparty" erlebte die Mannschaft eine äußerst kühle Zeremonie.

Eine Hand am Pokal

Das UEFA-Cup-Finale 1986

49

Selbst der Pokalsieg 1983 konnte die Spannungen zwischen dem autoritären Trainer Rinus Michels und weiten Teilen der Mannschaft nicht beseitigen. Viele Spieler fühlten sich von der dogmatischen Spielphilosophie des „General“ überfordert und eingeengt. Auch Michels Menschenführung galt als umstritten. Instinktfußballer wie Pierre Littbarski oder Tony Woodcock verloren die Lust. Torwart Toni Schumacher ging an die Öffentlichkeit und forderte in einem schlagzeilenträchtigen Interview das Präsidium zum Handeln auf. Klubboss Peter Weiand reagierte: Am 23. August 1983, nur zehn Wochen nach dem Gewinn des DFB-Pokals, wurde Michels entlassen und Manager Hannes Löhr zum Cheftrainer ernannt.

Größter internationaler Erfolg in verkorkster Saison

Unter dem früheren Torjäger durchlebte der FC zweieinhalb wechselvolle Jahre. Am 6. Februar 1986 musste Löhr weichen, er wurde durch Georg Keßler ersetzt. In einer verkorksten Bundesligasaison 1985/86 wurde der Klassenerhalt erst am letzten Spieltag gesichert. Dafür erreichte Köln erstmals das Finale eines Europapokalwettbewerbs.

Noch unter Löhr wurden im UEFA-Pokal in den ersten drei Runden Sporting Gijón, Bohemians Prag und der schwedische Vertreter Hammarby IF ausgeschaltet. Mit Keßler auf der Bank setzte sich der FC auch gegen Sporting Lissabon durch und erreichte im Duell mit dem KSV Waregem aus Belgien (4:0, 3:3) erstmals ein Europapokal-Endspiel. Der Gegner: Real Madrid, die erfolgreichste Vereinsmannschaft des Kontinents.

Auswärts zuhause: Heimspiele auf fremdem Platz

Neben dem Finalrückspiel im UEFA-Cup 1985/86 war der 1. FC Köln zwei weitere Male nominell die Heimmannschaft, obwohl der Klub mit einer Platzsperre belegt war. In der Meistersaison 1963/64 musste der FC nach Zuschauerausschreitungen zwei Heimspiele auf neutralen Plätzen bestreiten. Am 21. März 1964 wurde in der Liga Eintracht Braunschweig in Wuppertal mit 2:1 geschlagen, am 8. April 1964 warf Köln im ungeliebten Düsseldorf den 1. FC Nürnberg mit 3:2 nach Verlängerung aus dem DFB-Pokal.

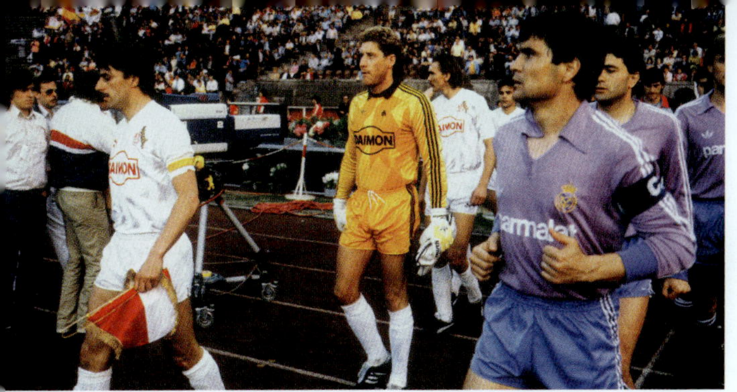

Beim Rückspiel in Berlin stand Köln vor einer kaum zu lösenden Aufgabe.

Die Vorfreude aber währte nur kurz. Beim Halbfinal-Rückspiel in Kortrijk war es zu Ausschreitungen von FC-Anhängern gekommen. Die UEFA zeigte keine Gnade mit den Kölnern und verhängte eine Platzsperre für das Final-Rückspiel. Dem FC entgingen so Zuschauereinnahmen von rund zwei Millionen D-Mark. Eine hochumstrittene Entscheidung, zumal mehrere Augenzeugen den Ordnungsdienst in Belgien belasteten. Dieser sei überfordert gewesen und habe durch Provokationen seinen Teil zur Entstehung der Tumulte beigetragen.

„Heimspiel" im gespenstischen Olympiastadion

Der 1. FC Köln musste für sein „Heimspiel" ein Stadion auswählen, das mindestens 350 Kilometer von der Domstadt entfernt lag. Weil mit Pierre Littbarski und Thomas Häßler zwei Spieler aus Berlin stammten, entschied sich der FC für das Olympiastadion. Es wurde ein Schuss in den Ofen. Die FC-Spieler warben im Vorfeld zwar um Unterstützung, verteilten rote und weiße Rosen auf dem Kurfürstendamm, doch am 6. Mai 1986 verloren sich nur 16.185 Zuschauer in der riesigen Arena.

Viele Menschen im damals noch geteilten Berlin dürften allerdings auch vom Ergebnis des Hinspiels abgeschreckt gewesen sein. Der FC war im Madrider Estadio Santiago Bernabéu zwar durch Klaus Allofs, mit neun Treffern Torschützenkönig des Wettbewerbs, in Führung gegangen (28.). Doch Real schoss durch Hugo Sanchez (37.), Rafael Gordillo (41.), Jorge Valdano (50., 85.) und Carlos Santillana (90.) ein komfortables 5:1-Polster heraus.

Ralf Geilenkirchen und Uwe Bein sorgten in Berlin immerhin für einen Kölner 2:0-Sieg, zwei Tore fehlten aber letztlich zum Triumph. Viele Spieler und auch der damalige Co-Trainer, ein gewisser Christoph Daum, äußerten nach dem Spiel, dass man im Müngersdorfer Stadion gewiss das benötigte 4:0 erreicht hätte.

Die Unvollendete

50 Der 1. FC Köln und der Europacup

27 Europapokalteilnahmen zwischen 1961 und 2022, ein verlorenes Finale, siebenmal Aus im Halbfinale – der 1. FC Köln hat auf internationaler Ebene häufig eine gute Figur abgegeben, der große Wurf blieb den Geißböcken aber verwehrt. Der Münzwurf von Rotterdam 1964 (siehe Kapitel 23) steht sinnbildlich für das oft dramatische Scheitern der Geißböcke auf internationalem Parkett. Wann immer der große Triumph greifbar schien, kam etwas dazwischen.

Nottingham und die große Chance

Eine besondere Note hat etwa der Europapokal der Landesmeister 1978/79. Der 1. FC Köln erreichte nach Erfolgen über den isländischen Meister ÍA Akranes, Lokomotive Sofia und die Glasgow Rangers erstmals das Halbfinale in der europäischen Königsklasse, dem Vorläufer der modernen Champions League.

Der Weg zum Henkelpokal schien geebnet, immerhin standen sich nach einem regelrechten Favoritensterben im zweiten Halbfinale die Underdogs Austria Wien und Malmö FF gegenüber. Der Sieger des Vergleichs zwi-

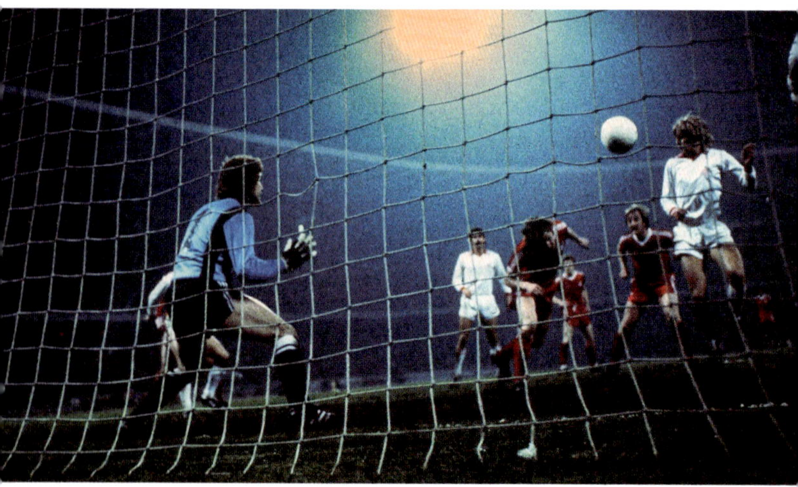

Ian Bowyer beendet Kölns Traum von Europacup-Triumph.

schen Köln und dem englischen Überraschungsmeister Nottingham Forest schien als Europapokalsieger gesetzt zu sein.

Im Hinspiel auf der Insel lag der FC nach 19 Minuten durch die Tore von Roger van Gool und Yasuhiko Okudera mit 2:0 in Front, ehe sich die von Trainerlegende Brian Clough betreuten Gastgeber berappelten. Am Ende stand es 3:3 – ein Ergebnis, mit dem der FC angesichts des Heimrechts im Rückspiel sehr gut leben konnte.

„Wir haben nach dem Hinspiel gedacht, dass wir nach München zum Endspiel fahren", bekannte Torjäger Dieter Müller. Der FC hatte das Rückspiel in Müngersdorf unter Kontrolle, Forest aber traf nach einer Ecke durch Ian Bowyer zum 1:0 (65.) und rettete den Vorsprung über die Zeit. Während Nottingham das Finale 1:0 gegen Malmö FF gewann und den Titel 1980 erfolgreich verteidigte – und damit als einzige Mannschaft häufiger den Landesmeisterpokal als die nationale Meisterschaft gewann –, war für den FC eine große Chance dahin.

Sternstunde in Barcelona

Nur eineinhalb Jahre später erlebte der 1. FC Köln seine vielleicht größte Sternstunde auf internationalem Parkett. In der zweiten Runde des UEFA-Pokals unterlag die Mannschaft dem großen FC Barcelona im Hinspiel daheim zunächst mit 0:1, die Aussichten für das Rückspiel in Spanien waren mäßig.

Doch der FC gewann am 5. November 1980 nicht bloß als erste deutsche Mannschaft in einem Pflichtspiel im Camp Nou – in ihrer 100. Europapokalpartie fegten die Geißböcke förmlich über Barcelona hinweg. Bei Dauerregen und vor nur 35.000 Zuschauern schossen Gerd Strack, Stephan Engels, Pierre Littbarski und Dieter Müller ein 4:0 heraus. Wütende Barca-Fans warfen Feuerzeuge, Flaschen und Sitzschalen auf den Platz, Trainer Ladislav Kubala wurde nach dieser Schmach entlassen.

Zum Titel reichte es für Toni Schumacher und Co. aber wieder nicht. Zwar warf der 1. FC Köln im weiteren Verlauf den Bundesligarivalen VfB Stuttgart sowie Standard Lüttich aus dem Wettbewerb, doch in der Vorschlussrunde war gegen Ipswich Town aus der seinerzeit alles dominierenden englischen Liga Endstation (0:1, 0:1).

Mit dem Erstrunden-Aus im UEFA-Cup 1992/93 gegen Celtic Glasgow (2:0, 0:3) verabschiedete sich der 1. FC Köln für sehr lange Zeit aus dem Europapokal – sieht man einmal von zwei Auftritten im UI-Cup Mitte der Neunziger ab. Erst 2017, nach einem Vierteljahrhundert des Wartens, schaffte Köln unter Peter Stöger wieder den Sprung nach Europa (siehe Kapitel 96).

Titelhamster

Torneig Joan Gamper, Hallen-Masters & Co.

51

Obwohl es zum ganz großen Wurf im Europapokal bislang nicht gereicht hat, ist der 1. FC Köln auf internationaler Bühne keineswegs titellos. Manch vergessener Pokal versteckt sich im Trophäenschrank des Geißbockheims. Auch national darf sich der FC mit einem ungewöhnlichen offiziellen Titel schmücken.

Torneig Joan Gamper 1978 und 1981

Gleich zweimal gewann der 1. FC Köln das renommierte Einladungsturnier des FC Barcelona. Seit 1966 wird jeweils im August im Camp Nou um die Trofeu Joan Gamper gespielt. Bis 1996 waren vier Mannschaften am Start, seit 1997 wird die vergoldete Schale mit dem mächtigen Sockel nur noch zwischen dem FC Barcelona und einem wechselnden Gegner ausgespielt.

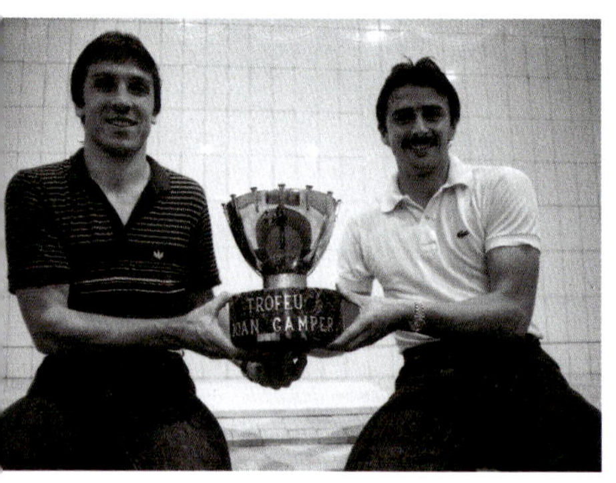

Klaus Fischer (l.) und Klaus Allofs freuen sich über den Gamper-Pokal 1981.

Der 1. FC Köln gewann das Turnier 1978 und 1981 – zu Zeiten, als man zwei Spiele gewinnen musste. Mit dieser Bilanz ist der FC die zweiterfolgreichste Mannschaft der Turniergeschichte. Mehr Erfolge hat allein der gastgebende FC Barcelona vorzuweisen, 41 standen bis August 2018 zu Buche.

Und wenn der 1. FC Köln das Torneig Joan Gamper gewann, dann stets in mitreißender Manier. Im Finale 1978 ließ der amtierende deutsche Meister Rapid Wien mit 5:0 keine Chance, drei Jahre später wurde der Gastgeber mit 4:0 düpiert.

Uhrencup 1991

Ein nicht ganz so bekannter, aber überaus traditionsreicher Wettbewerb ist der Uhrencup. Seit 1962 findet dieses internationale Saisonvorbereitungsturnier in Grenchen im Kanton Solothurn statt. Der 1. FC Köln gewann das Turnier 1991 als erste deutsche Mannschaft.

Trofeo Costa Verde 1973

Als einzige deutsche Mannschaft triumphierte der 1. FC Köln auch beim seit 1962 stattfindenden Saison-Vorbereitungsturnier Trofeo Costa Verde (seit 1994 Trofeo Villa de Gijón). In der Auflage 1973 setzte sich der FC in einem Dreierturnier gegen Gastgeber Sporting Gijón und Velež Mostar durch. Zur Belohnung gab es einen gewaltigen, hüfthohen Silberpokal.

Alpen-Cup 2003

Im Sommer 2003 gewann der 1. FC Köln den Alpen-Cup durch Siege gegen Veranstalter SW Bregenz (3:1) und Sparta Prag (2:0). Einen Pokal nahm der FC aber nicht mit nach Hause: Die Trophäe wurde nicht rechtzeitig fertiggestellt.

Florida Cup 2015

Seinen bislang letzten internationalen Titel feierte der 1. FC Köln im Januar 2015. Der Bundesligaaufsteiger avancierte zum Premierengewinner des seitdem alljährlich ausgetragenen Florida Cup. Kurios war der Modus: Obwohl neben dem FC in Bayer Leverkusen sowie den brasilianischen Traditionsklubs Corinthians São Paulo und Fluminense Rio de Janeiro drei weitere Vereine vertreten waren, bestritt jeder Teilnehmer nur zwei Spiele. Die von Peter Stöger trainierten Kölner gewannen 1:0 gegen Corinthians sowie 3:2 gegen Fluminense und holten sich damit den Pokal.

DFB-Hallen-Masters 1993

Von den 1980er-Jahren bis in die frühen 2000er hinein war Hallenfußball im Januar in Deutschland Kult. Der Begriff „Budenzauber“ wurde geboren, und am Ende einer ganzen Reihe von Qualifikationsturnieren über mehrere Wochen stand das große Saisonfinale: Das DFB-Hallen-Masters (später DFB-Hallenpokal), das zwischen 1988 und 2001 in Dortmund, München oder Frankfurt stattfand.

Der 1. FC Köln, in der Bundesliga in höchster Abstiegsgefahr, gewann die sechste offizielle Auflage im Januar 1993 in München durch ein 2:1 im Finale gegen den VfB Stuttgart. Neben einem vergleichsweise kleinen Preisgeld und der Trophäe hatte der Sieger nicht allzu viel von diesem Titel. So wurde kein Europapokalstartplatz oder dergleichen ausgespielt.

Die zunehmende Aufblähung des Terminkalenders und die damit einhergehende Verkürzung der Winterpause führten zum Ende des offiziellen DFB-Hallenpokals. Mittlerweile ziehen alle Klubs eine Rückrundenvorbereitung auf Rasenplätzen in Normalgröße vor.

Christoph Daum

52

Vom Nobody zur Trainerikone

Erste Wahl war Christoph Daum nicht, zumindest nicht beim ersten Mal. Nach der Trennung von Georg Keßler aufgrund des Fehlstarts in die Saison 1986/87 mit fünf Niederlagen aus sieben Bundesligaspielen berief der 1. FC Köln am 23. September den bisherigen Co-Trainer zum Interimscoach. Eine mutige Entscheidung, zumal der erst 32-jährige Daum nie auf professioneller Ebene Fußball gespielt hatte.

Daum, dessen Diplomarbeit an der Deutschen Sporthochschule den Titel „Die Wichtigkeit und Bedeutung von pädagogischen und psychologischen Maßnahmen eines Fußballtrainers" trug, war aber ein Gegenentwurf zum autoritären Keßler. Der junge Coach drang mit seiner mitreißenden Art zu den Spielern durch, stellte das Selbstvertrauen schnell wieder her und wurde schließlich zum Cheftrainer befördert. „Es gibt eine ganz einfache Formel: Wenn du Spieler erfolgreich machen willst, dann behandele sie, wie du sie haben willst", beschrieb Daum seine Philosophie.

Der Lautsprecher macht von sich reden

Der in einem Duisburger Arbeiterviertel als Halbwaise aufgewachsene Daum biss sich auch in seiner neuen Aufgabe durch. Die Saison 1986/87 beendete der 1. FC Köln im gesicherten Mittelfeld. Es folgten Platz drei 1988 sowie die Vizemeisterschaften 1989 und 1990. Obwohl Köln damals zahlreiche Nationalspieler wie Bodo Illgner, Pierre Littbarski, Thomas Häßler oder Jürgen Kohler in seinen Reihen hatte, war in erster Linie Daum in aller Munde.

Das hatte neben dem sportlichen Erfolg vor allem einen Grund: Daum fiel auf. Der junge Trainer produzierte mit markigen Sprüchen – nicht selten an der Grenze zur Polemik – gezielt Schlagzeilen. „Ich sorge eben für frischen Wind", erklärte Daum knapp.

Dabei schreckte der Jungtrainer auch nicht vor den Größen des deutschen Fußballs zurück. Legendär ist sein Wortgefecht im ZDF-Sportstudio mit Bayern-Manager Uli Hoeneß (siehe Kapitel 57), während der Europameisterschaft 1988 hielt Daum niemand Geringerem als DFB-Teamchef Franz Beckenbauer vor, auf die falschen Spieler gesetzt zu haben. Der „Kaiser" grantelte zurück: „Was kümmert es den Mond, wenn der Hund ihn anbellt."

Rasanter Aufstieg, tiefer Fall

Dieser „Hund“, den viele zunächst für einen Lautsprecher mit baldigem Verfallsdatum gehalten hatten, kletterte aber unaufhaltsam empor in der deutschen Fußballhierarchie. Dem tat auch seine unvermittelte Entlassung beim 1. FC Köln während der Weltmeisterschaft 1990 keinen Abbruch.

Im Gegenteil: Weil FC-Präsident Dietmar Artzinger-Bolten nebulös von einem zerstörten Vertrauensverhältnis sprach und keinerlei Details nannte, wurde Erfolgstrainer Daum in der Domstadt gewissermaßen in den Rang eines Märtyrers gehoben. Fortan fiel stets sein Name an erster Stelle, wenn der FC mal wieder einen Trainer suchte.

Daum aber feilte anderswo an seiner Karriere. Den Traum von der deutschen Meisterschaft erfüllte er sich 1992 mit dem VfB Stuttgart. Über die Station Besiktas Istanbul heuerte Daum 1996 ausgerechnet beim Kölner Rivalen Bayer Leverkusen an, den er binnen eines Jahres vom Beinahe-Absteiger zum Beinahe-Meister formte.

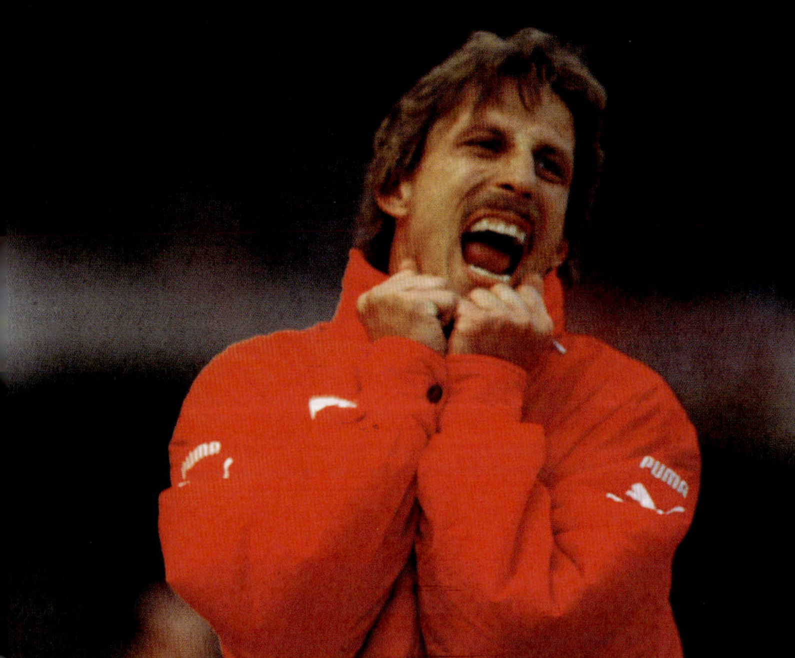

Daum hauchte dem 1. FC Köln neues Leben ein.

Ungeachtet des dramatisch verspielten Titels mit Bayer 2000 (Stichwort: Unterhaching) war Daum die logische Wahl des DFB für den Bundestrainer-Posten nach dem EM-Desaster im selben Jahr. Doch zu Daums geplantem Dienstantritt im Juni 2001 kam es nicht.

Im Oktober 2000 entbrannten Gerüchte um regelmäßigen Drogenkonsum, der öffentliche Druck auf den designierten Bundestrainer wuchs. Daum gab eine Haarprobe ab und versprühte Zuversicht, die Diskussion auf einen Schlag beendet zu haben: „Ich tue das, weil ich ein absolut reines Gewissen habe." Doch die Probe fiel positiv auf Kokain aus. Daum floh in die USA. Über Trainerstationen in der Türkei und Österreich stellte er seine Reputation mühsam wieder her.

Dennoch wagte lange kein Verein in Deutschland, den vorbelasteten Daum als Trainer zu verpflichten. In Köln aber war die Sehnsucht nach dem letzten Erfolgscoach des Klubs nach dem Abstieg 2006 und dem schlechten Start in die darauffolgende Zweitliga-Saison ins Unermessliche gewachsen.

Köln empfängt seinen „Messias" mit offenen Armen

Der Star-Coach, der sich gerade einem Eingriff unterzogen hatte, sagte dem FC unter skurrilen Umständen zunächst ab: im Rahmen einer improvisierten Pressekonferenz in einem Kölner Krankenhaus, gehalten am 11.11., dem Sessionsstart in der Karnevalshochburg.

Gut zwei Wochen später gab Daum dem hartnäckigen Werben von FC-Präsident Wolfgang Overath und Manager Michael Meier letztlich nach. Und Daum wurde wie ein „Messias" beim ersten Training von den Fans gefeiert. Allerdings: Der Magier hatte seine Zauberkraft verloren.

Köln schaffte zwar 2008 unter erheblichem finanziellem Aufwand die Bundesliga-Rückkehr, doch der Fußball unter Daum war keineswegs mehr avantgardistisch und mitreißend. Nach dem Klassenerhalt 2009 verabschiedete sich Daum per Ausstiegsklausel in einer Nacht- und Nebelaktion zu Fenerbahçe Istanbul. Seither wird sein Name nicht mehr an erster Stelle genannt, wenn der 1. FC Köln mal wieder einen Trainer sucht.

Motivation zum Anfassen: 40.000 Mark an der Kabinentür

Christoph Daums Motivationsmethoden waren berühmt-berüchtigt. So ließ er in Leverkusen die Bayer-Spieler mal barfuß über glühende Kohlen und ein andermal über Scherben laufen. Doch auch Daum griff mitunter zu äußerst profanen Motivationsvehikeln. So klebte er in der Saison 1989/90 40.000 D-Mark an die Tür der FC-Kabine, um sichtbar zu machen, welche Prämie jeder Spieler im Falle der Meisterschaft erhalten würde.

Zuschauermagneten

53

Weisweiler, Daum und Podolski bewegen die Massen

Der Kölner neigt zur Euphorie, so lautet zumindest ein gängiges Klischee. Was die Fans des 1. FC Köln angeht, ist dies zutreffend. Die besten Beispiele hierfür sind die Comeback-Trainings der Star-Trainer Hennes Weisweiler und Christoph Daum sowie die Rückkehr von Sturm-Liebling Lukas Podolski. An diesen drei Tagen begrüßte der 1. FC Köln bei Übungseinheiten mehr Fans als so mancher Bundesligist bei einem Heimspiel.

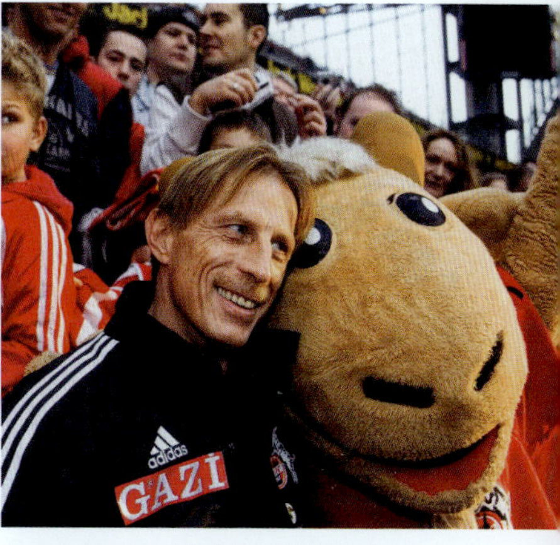

Daums Comeback-Training 2006 wurde zu einer Show-Veranstaltung.

Bei der Rückkehr Weisweilers im Juli 1976 säumten rund 10.000 Fans das heillos überfüllte Areal des Geißbockheims. Eine ähnliche öffentliche Resonanz rief das erste Training nach der Rückkehr von Christoph Daum hervor. Am 27. November 2006, einem Montag, kamen am frühen Nachmittag ebenfalls an die 10.000 Menschen ins RheinEnergieSTADION, um den „Messias" zu begrüßen.

Dies ist durchaus wörtlich zu nehmen, denn Daum kam gar nicht dazu, bei seiner ersten offiziellen Einheit als FC-Trainer nach über 16 Jahren auch nur eine Übung zu leiten. Stattdessen spielten sich Szenen ab, die durchaus an öffentliche Papst-Audienzen erinnerten. So schritt Daum gemächlich die ersten Reihen der Nordtribüne ab. Zahlreiche Fans bedachten den neuen Trainer mit lauten Ovationen, reichten ihm ihre Hände – und manch einer sogar sein Baby.

Einen weniger sakralen Anstrich hatte das Comeback-Training von Lukas Podolski, dafür toppte „Prinz Poldi" quantitativ alles bislang Dagewesene: Sage und schreibe 21.000 Fans bejubelten am 26. Juni 2009 im RheinEnergieSTADION die Rückkehr des Nationalstürmers, der nach drei Jahren bei Bayern München auf sein Herz gehört hatte.

Thomas Häßler

Zauberer mit Anlauf

54

Die Kreativzentrale des 1. FC Köln war in der ersten Amtszeit von Trainer Christoph Daum fest in Berliner Hand. Pierre Littbarski und der sechs Jahre jüngere Thomas Häßler verzauberten die Fans mit ihren Dribblings, Finten und Toren.

1984 holte der FC den gerade einmal 18 Jahre alten Häßler aus der A-Jugend der Reinickendorfer Füchse. Doch erst als Daum im September 1986 die Profimannschaft übernahm, entfaltete der sensible Häßler sein Potenzial.

Dabei hatte es der Edeltechniker eigentlich nirgendwo auf Anhieb leicht. Als er etwa mit sechs Jahren bei Meteor Berlin mit dem Fußballspielen begann, passten die Füße des kleinen Thomas nicht einmal in Schuhe der kleinsten Größe 28. Nur mit Wollsocken als Zwischenschicht konnte „Icke", wie er beim FC wegen seines Berliner Dialekts genannt wurde, in seine Fußballtreter schlüpfen.

Körperlich wurde Häßler entsprechend kein Riese mehr, mit 1,66 Metern war er in jeder Mannschaft der kleinste Spieler. Allerdings war er oft auch der beste. So auch beim FC, wo Häßler zwischen 1987 und 1990 lediglich drei Pflichtspiele verpasste, im August 1988 zum Nationalspieler aufstieg, 1989 zu Deutschlands Fußballer des Jahres gewählt wurde und 1990 einen wichtigen Beitrag zum Gewinn der Weltmeisterschaft leistete.

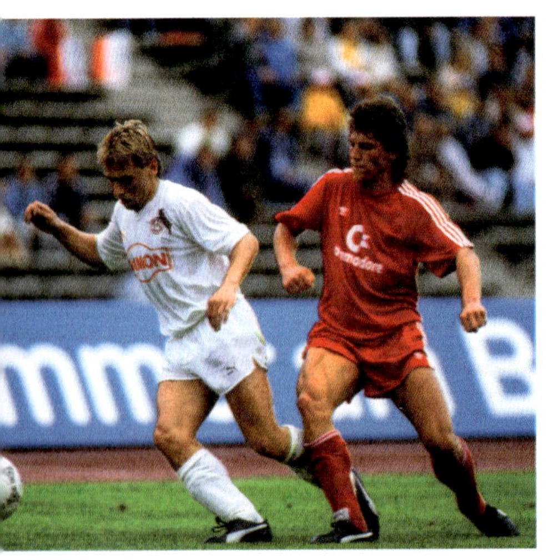
Auch ein Lothar Matthäus (r.) hatte seine Schwierigkeiten mit dem wendigen Häßler.

Köln wurde für Häßler im Jahr des WM-Gewinns zu klein. Unter Tränen verabschiedete er sich zu Juventus Turin. Ein Gewinner war der FC: 14,5 Millionen D-Mark Ablöse bedeuteten damals die Bundesliga-Rekordeinnahme (siehe Kapitel 61).

Erst Flop, dann top

55

FC-Spieler, die anderswo Karriere machten

Um ein Haar wäre die Karriere des Thomas Häßler ganz anders verlaufen. Als der 1. FC Köln 1987 um die Dienste von Waldhof Mannheims Verteidiger Jürgen Kohler buhlte, sollte der talentierte Häßler Teil des Deals werden. Der FC wollte den Techniker mit Kohler verrechnen und so die Ablöse drücken. Letztlich war es die goldrichtige Entscheidung, auf das schnelle Geld zu verzichten. Häßlers Rendite war 1990 um ein Vielfaches höher. Bei anderen Spielern hatte der 1. FC Köln eine solche Geduld nicht.

Preben Elkjær Larsen

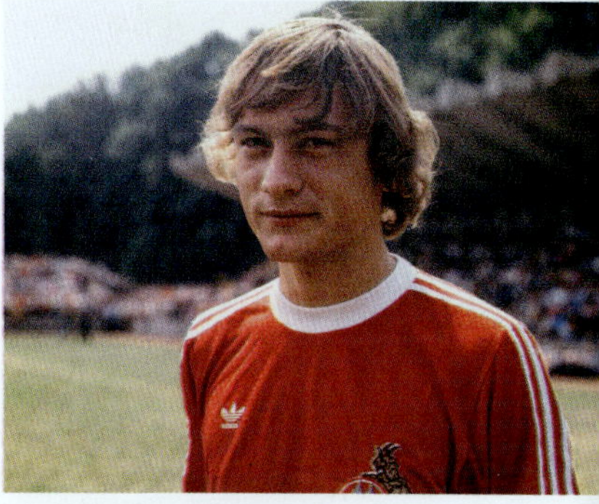

Beim FC stand Elkjær Larsen noch ganz am Anfang seiner Entwicklung.

Der Däne kam 1976 als 19-Jähriger zum 1. FC Köln. Der hochtalentierte Stürmer und der knorrige Trainer Hennes Weisweiler gerieten aber immer wieder wegen Elkjær Larsens Hang zur Dolce Vita aneinander.

So konfrontierte der Coach den Stürmer einmal damit, dass dieser nachts um drei Uhr mit zwei Frauen und einer Flasche Whiskey in einer Bar gesehen worden sei. Elkjær Larsen verneinte energisch: „Das war kein Whiskey, das war Wodka.“ Nach nur zwölf Pflichtspielen wurde der Däne 1978 verkauft. Hellas Verona schoss er 1985 zur italienischen Meisterschaft, bei der WM 1986 wurde Elkjær Larsen als drittbester Spieler des Turniers ausgezeichnet.

Carsten Jancker

Gar nur sieben Pflichtspiele für den 1. FC Köln bestritt der spätere Vize-Weltmeister Carsten Jancker. Der hünenhafte Angreifer kam in zwei Jahren nicht an Toni Polster und Bruno Labbadia vorbei. Weil die Kölner sich mit den beiden Torjägern bestens aufgestellt sahen, wurde Jancker 1995 für 500.000 D-Mark an Rapid Wien abgegeben. Bei Österreichs Rekordmeister startete der Glatzkopf durch und wechselte nur ein Jahr später für 1,5 Millionen D-Mark zu Bayern München. Dort wurde Jancker 1998 Nationalspieler, 2001 gewann er die Champions League.

Der blaue Pullover

Udo Lattek wird für Köln zum Umsteiger

56

Der Wechsel von Udo Lattek zum 1. FC Köln im Sommer 1987 barg in vielerlei Hinsicht Zündstoff. Die Fans empfingen den Mann, der den Erzrivalen Borussia Mönchengladbach sowie den nicht sonderlich beliebten FC Bayern zu insgesamt acht deutschen Meisterschaften geführt hatte, nicht gerade mit offenen Armen. Zudem sollte Lattek erstmals in seiner Laufbahn als Sportdirektor arbeiten. Der gebürtige Ostpreuße war damit Vorgesetzter des jungen, ehrgeizigen und beliebten Trainers Christoph Daum. Doch obwohl diese Konstellation durchaus brisant erschien, fanden beide Alphatiere zum Wohl des Vereins einen gemeinsamen Nenner.

„Du musst den Menschen kennen und dann richtig anpacken. Udo kann das. Er sagt nur ein paar Worte, aber die sitzen. Zum Beispiel sein Blick: Der bringt oft mehr als großes Gerede", sagte Daum über Lattek. Schwierigkeiten hatte der alte Trainer-Haudegen vor allem mit dem Abschied von der täglichen Arbeit auf dem Rasen.

Aus seinem Büro am Geißbockheim heraus sorgte Lattek aber gleich zu Beginn seiner Amtszeit mit der Rückholaktion von Pierre Littbarski aus Paris für einen Paukenschlag: „Beim FC schien einiges ein bisschen einzuschlafen. Ich war der Meinung, dass es einen Kick geben musste." Mit Rückkehrer Littbarski legte der 1. FC Köln einen fulminanten Start in der Saison 1987/88 hin. Beinahe mythisch verklärt wurde in dieser Zeit ein blauer Pullover, den Lattek beim Saisonstart trug. „Jemand fragte mich: ‚Ist das der Glückspullover?' Und ich antwortete: ‚Warum eigentlich nicht?'"

Der blaue Glückspullover

Und so trug Lattek das 80 D-Mark teure Kleidungsstück bis zur ersten Saisonniederlage in der Bundesliga am 15. Spieltag bei Werder Bremen (1:2). Lattek ließ den blauen Pullover nach der ersten Pleite – natürlich ungewaschen – zugunsten der Kinderkrebshilfe versteigern. Sage und schreibe 35.000 D-Mark kamen bei der Aktion für den guten Zweck heraus.

Mit der Meisterschaft wurde es trotz des starken Saisonstarts allerdings nichts. Der 1. FC Köln geriet im Frühjahr 1988 in eine Krise und beendete die Saison als Dritter hinter Meister Werder Bremen und Bayern München. Weiterhin zermürbte es Lattek, dass für die guten Ergebnisse in der Öffentlichkeit zumeist Daum gefeiert wurde, während ihm in erster Linie die Miss-

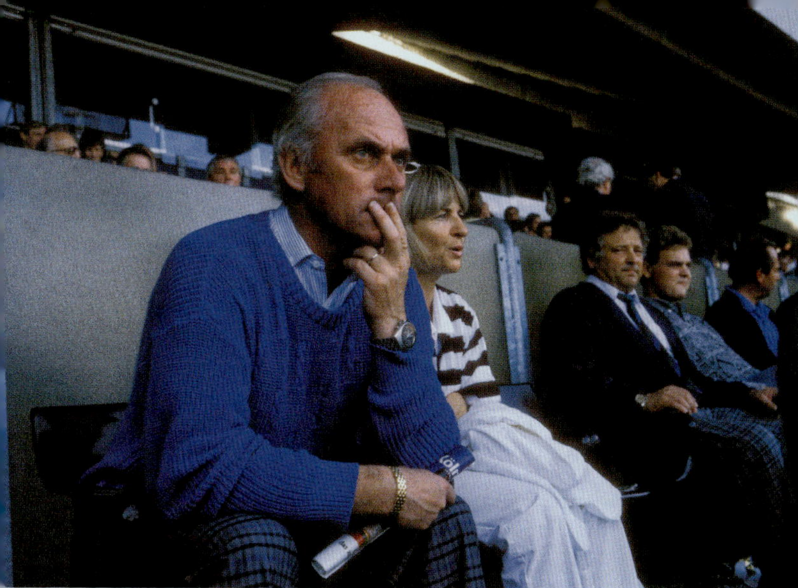

Latteks blauer Pullover wurde zum Kultobjekt.

erfolge angelastet wurden. Lattek fragte sich: „Es läuft, was soll ich eigentlich hier?“ Mit dem Ende der Saison 1987/88 nahm er seinen Hut und wurde Chefkolumnist der gerade ins Leben gerufenen Fachzeitschrift „Sport Bild“.

Es juckt den Altmeister nochmal

Nach der Entlassung Daums kehrte Lattek im September 1990 allerdings ans Geißbockheim auf den Posten des Sportdirektors zurück. Nach der Trennung von Daum-Nachfolger Erich Rutemöller im August 1991 setzte er sich interimsmäßig auf die Trainerbank, ehe er Jörg Berger installierte, der die Geißböcke am Ende der Saison 1991/92 noch auf Platz vier und damit in den UEFA-Cup führte. Es sollte die letzte internationale Teilnahme der Kölner für die nächsten 25 Jahre bleiben.

Lattek verließ den 1. FC Köln nach diesem Erfolg endgültig. Es juckte den Altmeister noch einmal, er nahm den Cheftrainerposten bei Schalke 04 an. Dies war allerdings ebenso ein Intermezzo wie sein letzter Trainereinsatz als „Feuerwehrmann“ bei Borussia Dortmund im Frühjahr 2000. Lattek wurde dafür eigens vom TV-Sender Sport1 freigestellt, wo er in der Kultsendung „Doppelpass“ als Experte bis ins hohe Alter ein immer kritischer und ehrlicher Geist war. Nach schwerer Krankheit verstarb Udo Lattek am 31. Januar 2015 in Köln, das ihm nach seinem Engagement beim FC zur neuen Heimat geworden war.

Samstagabend-Unterhaltung

57 Daum gegen Hoeneß

18 Minuten lang flogen die verbalen Giftpfeile hin und her. Fünf Tage vor dem vorentscheidenden Bundesligaspiel um die deutsche Meisterschaft zwischen dem 1. FC Köln und Bayern München gaben sich die Spitzen beider Vereine am 20. Mai 1989 Saures, und das vor einem TV-Millionenpublikum.

Das ZDF-Sportstudio wurde zur Bühne der aufkeimenden Fehde zwischen Christoph Daum, damals Trainer des Tabellenzweiten 1. FC Köln, und Uli Hoeneß, Manager des Spitzenreiters Bayern München. Flankiert wurden sie von den etwas gemäßigteren Gemütern Udo Lattek (Sportdirektor des 1. FC Köln) und Bayern-Trainer Jupp Heynckes.

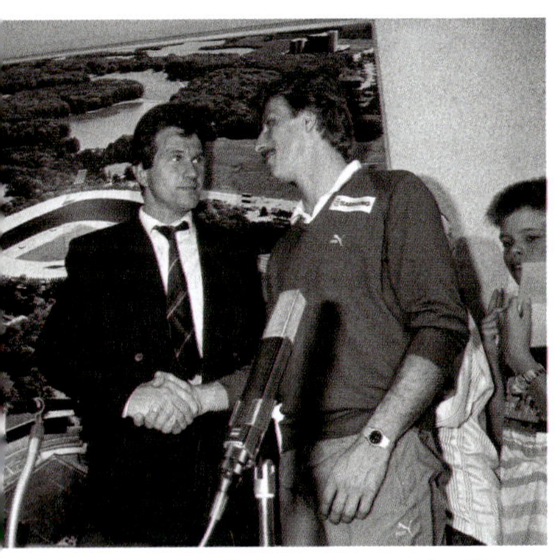

Daums Sticheleien gegen Heynckes (l.) waren der Hintergrund des Schlagabtauschs.

Letzterer war im Vorfeld von Heißsporn Daum verbal heftig angegangen worden. Daum zündelte und wollte gezielt für Unruhe sorgen bei den großen Bayern. Doch Hoeneß, die selbsternannte „Abteilung Attacke", stellte sich vor seinen Trainer und ging unter der Moderation von Bernd Heller in die Gegenoffensive.

Es entwickelte sich ein Wortgefecht, das seither fester Bestandteil in zahllosen Highlight-Zusammenschnitten des Fußball-Talks ist. Hoeneß zu Daum: „Du hast über Jupp Heynckes gesagt, er könne Werbung für Schlaftabletten machen." Daum: „Richtig." Hoeneß: „Du hast gesagt, die Wetterkarte sei interessanter als ein Gespräch mit Jupp Heynckes." Daum: „Richtig. Dazu stehe ich auch." Hoeneß: „Am nächsten Donnerstag ist dein Weg zu Ende."

Hoeneß behielt recht: Der FC Bayern gewann am 31. Spieltag im Müngersdorfer Stadion durch drei Tore von Roland Wohlfarth mit 3:1. Anstatt mit den Münchnern nach Punkten gleichzuziehen, fiel der FC vorentscheidend zurück.

Düsseldorfer willkommen

58

Der 1. FC Köln lebt Toleranz

Die Stadt Köln ist für ihre Weltoffenheit bekannt. „Jede Jeck is anders“ („Jeder Narr ist anders“) sowie „Levve un levve losse“ („Leben und leben lassen“) sind gewissermaßen Erweiterungen des „kölschen“ Grundgesetzes. Nirgendwo in Deutschland ist der Karneval so ausgelassen wie in der Domstadt, nirgendwo im Land dürfen Weltanschauungen so offen gelebt werden wie in Köln. In einem derart toleranten Umfeld werden auch Düsseldorfer schnell integriert.

So fühlten sich die in der nordrhein-westfälischen Landeshauptstadt geborenen Brüder Klaus und Thomas Allofs beim FC überaus wohl. Der 1956 geborene Klaus wechselte 1981 für die damalige bundesligainterne Rekordablösesumme von 2,25 Millionen D-Mark von Fortuna Düsseldorf in die Domstadt. Vor allem auf Düsseldorfer Seite wurde dem Nationalstürmer der Wechsel verübelt, doch in Köln fand er schnell durch Tore Anschluss. 113 waren es in sechs Jahren, in der Saison 1984/85 wurde er mit 26 Treffern Torschützenkönig.

Sein gut drei Jahre jüngerer Bruder Thomas wiederholte dieses Kunststück im Geißbock-Trikot in der Saison 1988/89 mit 17 Treffern. Insgesamt war er zwischen 1986 und 1989 in 82 Spielen 37-mal für den 1. FC Köln erfolgreich.

Der 1937 geborene Fritz Ewert wechselte 1957 von TuRu Düsseldorf in die Domstadt und stand beim Gewinn der Meisterschaften 1962 und 1964 im FC-Tor. Viermal hütete er zudem das Tor der deutschen Nationalmannschaft.

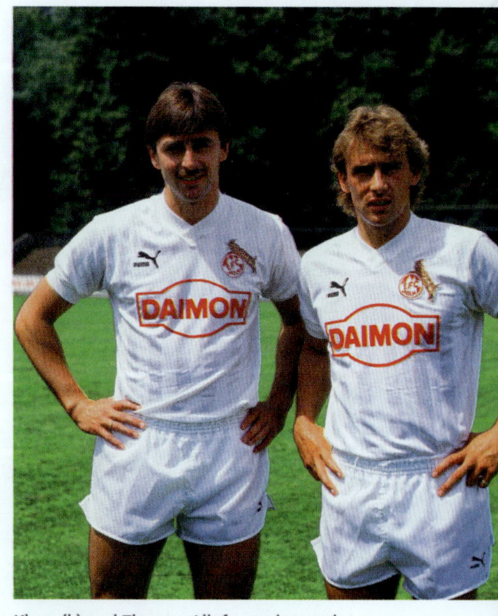

Klaus (l.) und Thomas Allofs wurden auch in Köln glücklich.

Bodo Illgner

59

Weltmeister der Sachlichkeit

Ein Milchgesicht soll den besten Torhüter der Welt ersetzen?! Toni Schumachers Biografie „Anpfiff" wurde tatsächlich zum Verhängnis für die „kölsche" Torwartikone. Der 28. Februar 1987 markiert deswegen einen Einschnitt in der Geschichte des 1. FC Köln. Schumacher, ein Weltstar mit über 500 Pflichtspielen für die Geißböcke, war nach seiner Vertragsauflösung mit einem Mal Vergangenheit. Seinen Platz nahm Bodo Illgner ein, 19 Jahre jung und gerade einmal zwei Bundesligaspiele erfahren. Der gebürtige Koblenzer, der eher ein sachlicher Torhüter war und damit wie der Gegenentwurf zum impulsiven Schumacher daherkam, machte seine Skeptiker aber schnell zu Fans. Illgner erspielte sich rasend schnell den Status der unumstrittenen Nummer eins, in insgesamt 376 Pflichtspielen für den FC hielt er 128-mal seinen Kasten sauber.

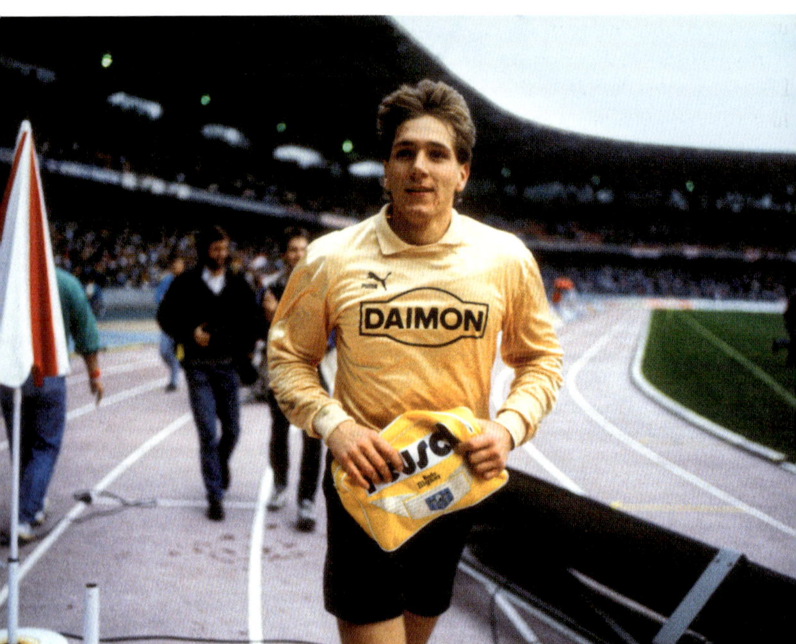

Bodo Illgner war über neun Jahre die unangefochtene Nummer eins beim FC.

Weil Schumacher auch in der Nationalmannschaft fast ein Jahrzehnt lang die unumstrittene Nummer eins gewesen war, entbrannte parallel ein Kampf um dessen Nachfolge im DFB-Tor. Auch hier übernahm Illgner schnell den Part Schumachers: Nationalmannschaftsdebüt im September 1987, als Ersatzmann hinter Eike Immel zur Heim-EM 1988, danach die Eroberung der Nummer eins. 1990 wurde Illgner mit gerade einmal 23 Jahren und nur fünf Gegentoren im Turnierverlauf Weltmeister.

Der letzte Star der goldenen Jahre

Gegenläufig zu Illgners Nationalmannschaftsvita entwickelte sich die Leistungskurve seines Vereins. 1991 verlor der FC das DFB-Pokalfinale gegen Werder Bremen nach Elfmeterschießen, 1992 gelang als Bundesliga-Vierter noch einmal die Qualifikation für den UEFA-Cup. Doch danach ging es steil bergab. Frühere Weggefährten wie Thomas Häßler oder Jürgen Kohler hatten den Verein längst verlassen, in der Saison 1992/93 war Pierre Littbarski neben Illgner der letzte verbliebene Star der späten 1980er-Jahre, als der FC noch ein echter Widersacher von Bayern München war. Doch auch „Litti" verließ den FC am Ende jener Krisensaison, um seine Karriere in Japan ausklingen zu lassen.

Köln schaffte als Zwölfter nur ganz knapp den Klassenerhalt. Doch es war kein Ausrutscher. Es folgten die Plätze zehn, elf und wieder zwölf. Vor allem in der Saison 1995/96 wurde bis zum Schluss gezittert, obwohl Illgner mit nur 35 Treffern die mit Abstand wenigsten Gegentore der Liga kassierte.

Der unerwartete Wechsel zu Real Madrid

Obwohl Illgner immer wieder Top-Angebote vorlagen und der Bundesliga-Abstiegskampf für einen 29 Jahre jungen Fußball-Weltmeister keinesfalls die Erfüllung sein konnte, trafen die Ereignisse des 30. August 1996 nicht nur viele Fans, sondern auch die Führung des 1. FC Köln ziemlich unvorbereitet. Illgner, der wie selbstverständlich Top-Verdiener der Mannschaft war, hatte durch seine Ehefrau und Managerin Bianca (siehe Kapitel 60) eine Ausstiegsklausel in seinem Vertrag verankern lassen. Dieser Passus erlaubte es ihm, für vergleichsweise lächerliche vier Millionen D-Mark zu wechseln. Illgners Destination: Real Madrid. Mit den Königlichen gewann er zweimal die spanische Meisterschaft und zweimal die Champions League. 2001, im Alter von 34 Jahren, beendete Illgner seine Laufbahn. Der Lebensmittelpunkt der Familie blieb Spanien.

2012 brachte sich Illgner selbst als Sportdirektor beim 1. FC Köln ins Gespräch, zu einer Rückkehr kam es aber nicht. Womöglich auch, weil sich der Verein vor dem Verhandlungsgeschick seiner Gattin Bianca fürchtete.

Schuster, Illgner, Häßler

Mächtige Spielerfrauen beim 1. FC Köln

60

Spielerfrauen sehen ihren Ehemännern und Lebensgefährten aus der Loge bei der Arbeit zu, sie posieren für Selfies mit anderen Spielerfrauen oder sorgen für bildstarke Klickstrecken auf Sport- und Society-Webseiten. Diese gängigen Klischees haben allerdings wenig mit dem Bild zu tun, das beim 1. FC Köln in den 1980er- und 1990-er Jahren mehrere Spielerfrauen hinterlassen haben.

Die gelernte Kosmetikerin Gaby Schuster war der Prototyp der knallharten Spielerfrau. Die erste Ehefrau des damaligen FC-Supertalents Bernd Schuster galt als ungemein zäh in Verhandlungen und vertrat stellvertretend für ihre bessere Hälfte durchaus radikale Positionen. Das gefiel nicht jedem beim FC, allen voran Trainer Hennes Weisweiler war nicht gut auf die Blondine zu sprechen. „Wat will dat Luder schon widder“, entfuhr es dem Kölner Meistertrainer einmal. Doch nicht nur beim FC, auch bei Schusters späteren Stationen FC Barcelona, Real und Atletico Madrid sowie Bayer Leverkusen war Gaby Schuster bei den Vorständen gefürchtet.

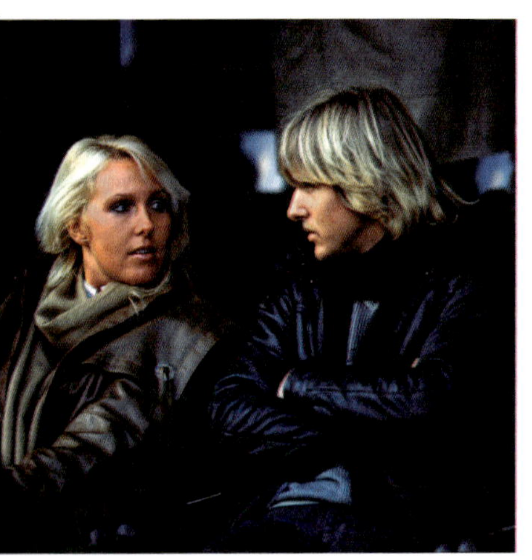

Der Prototyp der knallharten Spielerfrau: Gaby Schuster

Ebenfalls blond und eine knallharte Verhandlungspartnerin war Bianca Illgner. Selten wich sie ihrem Gatten von der Seite, keck quittierte sie einmal die Bitte einiger Fans nach einem Autogramm mit den Worten: „Für Euch heißt er immer noch Herr Illgner.“ Nach Bodo Illgners Karriereende tat sich das Ehepaar für ein weiteres Projekt zusammen. Herausgekommen ist im Jahr 2005 das Buch „Alles. Ein fiktiver Tatsachenroman“.

In die Garde der forschen Kölner Spielerfrauen gehört auch Angela Häßler, die ihren Mann bei zahlreichen millionenschweren Vertragsverhandlungen vertrat. So auch beim Rekordtransfer 1990 zu Juventus Turin.

Die Häßler-Millionen

61

Das kölsche Bernsteinzimmer

Der Schatz der Nibelungen, der heilige Gral, das Bernsteinzimmer – sagenhafte Schätze, deren Aufenthaltsort niemand kennt. Auch der 1. FC Köln hat seinen eigenen kleinen Mythos.

14,5 Millionen D-Mark erhielt der damalige Vizemeister 1990 von Juventus Turin als Ablöse für Thomas Häßler. Nach heutigen Maßstäben scheint das für den Transfer eines Weltmeisters nicht allzu viel Geld zu sein. Doch man bedenke einerseits die Inflation seit 1990 und andererseits die Explosion der Ablösesummen. Anders ausgedrückt: 14,5 Millionen D-Mark (7,25 Millionen Euro) waren 1990 eine astronomisch hohe Summe, die den unter wirtschaftlichen Zwängen stehenden 1. FC Köln mit einem Mal wieder zu einem liquiden Verein machte. Als der FC in den folgenden Jahren allerdings sportlich immer weiter abrutschte, entstand rund um das Geißbockheim ein geflügeltes Wort: „Wo sind die Häßler-Millionen?"

Tatsächlich lässt sich dieser Mythos relativ leicht entzaubern: Der FC hat das viele Geld in mehrere Spieler gesteckt. Weil nur die wenigsten davon einschlugen, entstand allerdings der Mythos, die Häßler-Millionen könnten irgendwo zwischen Decksteiner Weiher und Klettenbergpark vergraben liegen oder in einem schwarzen Loch verschwunden sein. Allein zur Saison 1990/91 kaufte der 1. FC Köln neue Spieler für insgesamt rund fünf Millionen D-Mark, darunter den späteren Europameister Henrik Andersen sowie den Ende 1991 unter tragischen Umständen verstorbenen Maurice Banach (siehe Kapitel 63).

Im Jahr darauf wurden weitere neun Millionen investiert, allen voran in die DDR-Nachwuchsstars Rico Steinmann und Henri Fuchs, die beim FC allerdings enttäuschten – und schon waren die Häßler-Millionen ohne großen Ertrag aufgebraucht.

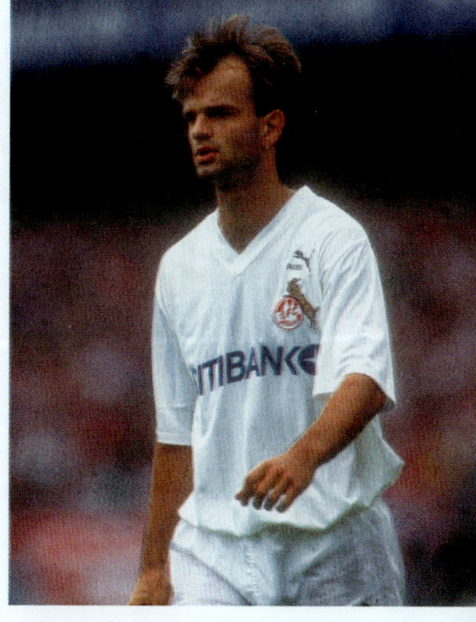

In den Kauf von Rico Steinmann floss ein Teil der Häßler-Millionen.

„Mach et, Otze“

Ehrlichkeit zahlt sich nicht immer aus

62

Wäre dieses Blitz-Interview so kurz nach dem Abpfiff nicht gewesen, womöglich wäre die Sache nie aufgeflogen. Der Kölner Trainer Erich Rutemöller allerdings entlarvte sich am 7. Mai 1991 in der Freude über den Einzug ins DFB-Pokalfinale selbst. Es war nicht nur die Geburtsstunde eines kleinen Skandals, sondern auch eines berühmten Bonmots.

„Otze hat mit mir kurz gesprochen. Ich bin der Meinung, man sollte ihm die Chance nicht nehmen, ins Pokalendspiel zu kommen. Da habe ich ihm gesagt: ‚Mach et!‘“, sagte Rutemöller im Plauderton ins TV-Mikrofon, und die Nation wusste Bescheid. Bescheid darüber, warum der Kölner Stürmer Frank Ordenewitz nach seiner Gelben Karte in der 9. Minute des DFB-Pokalhalbfinals gegen den MSV Duisburg (3:0) augenscheinlich alles dafür tat, vom Platz gestellt zu werden. Nachdem der FC durch Alfons Higl in der 30. Minute und Ordenewitz selbst (49.) komfortabel 2:0 im Müngersdorfer Stadion führte, trat und wütete der Stürmer nach Kräften. Allein: Weder unsportliches Nachtreten noch rüdes Umtreten veranlasste den damals erst 29 Jahre alten Schiedsrichter Markus Merk zum Zücken der Roten Karte. Erst als Ordenewitz in der 85. Minute in einer Spielunterbrechung den Ball wegschlug, hatte der spätere Weltschiedsrichter genug gesehen: Rot für Ordenewitz.

Bundesliga-Sperre als Ziel

Doch warum das Ganze? Platzverweise und Gelbsperren, die ein Spieler im DFB-Pokal erhält, gelten heutzutage ausschließlich für diesen Wettbewerb. 1991 sah das Regelwerk aber noch anders aus. Ordenewitz sah gegen Duisburg seine zweite Gelbe Karte im laufenden Pokalwettbewerb, er wäre damit für das Endspiel gesperrt gewesen. Platzverweise allerdings, so besagten die Statuten damals, wurden unabhängig vom nationalen Wettbewerb für die nächsten Pflichtspiele ausgesprochen. Und so zeigte sich, dass Ordenewitz und Rutemöller das Regelwerk gelesen und ein Schlupfloch entdeckt hatten. Als die Weichen auf Finaleinzug standen, kam es am Spielfeldrand zum kurzen Austausch zwischen Spieler und Trainer – und zur Entscheidung, „et“ zu machen.

Der Plan schien perfekt: Die Rote Karte würde Ordenewitz in der Bundesliga absitzen, im Endspiel in Berlin am 22. Juni gegen Werder Bremen

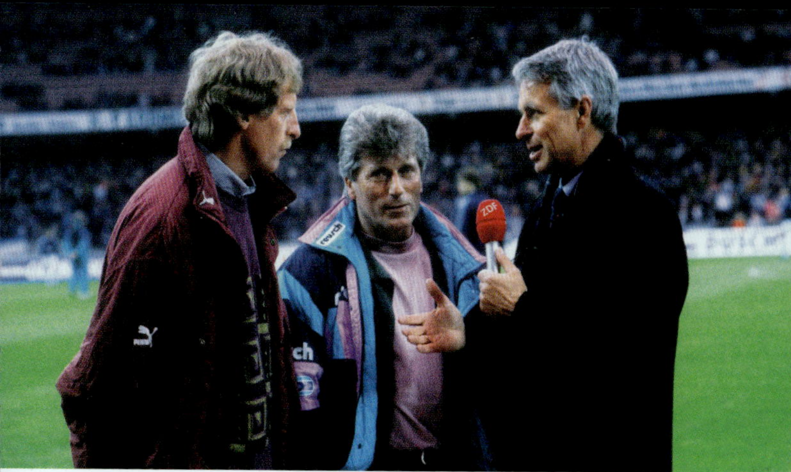

Vor dem Anpfiff hatte Rutemöller seine Emotionen noch unter Kontrolle. Aufmerksamer Zuhörer: Duisburg-Trainer Willibert Kremer

wäre der Torjäger wieder spielberechtigt. Das war clever gedacht, doch nach Rutemöllers Eingeständnis kannte der Deutsche Fußball-Bund keine Gnade. Der Verband sperrte Frank Ordenewitz für das Pokalfinale und belegte Rutemöller mit einer Geldstrafe. Außerdem wurde das Reglement zur Folgesaison geändert.

Ordenewitz fehlt schmerzlich im Elfmeterschießen

Ohne den formstarken Ordenewitz arbeiteten sich der FC und Werder im Berliner Olympiastadion 120 Minuten lang aneinander ab. Ordenewitz' etatmäßiger Sturmpartner Maurice Banach glich nach 62 Minuten die Bremer Führung durch Dieter Eilts (48.) aus. Danach fielen keine Tore mehr, sodass es erst zum zweiten Mal in der Geschichte eines DFB-Pokalfinals ein Elfmeterschießen gab.

Der vom Punkt treffsichere Ordenewitz fehlte den Geißböcken schmerzlich. Auf Bremer Seite verschoss zwar der frühere Kölner Klaus Allofs, doch mit Andrzej Rudy und dem gebürtigen Berliner Pierre Littbarski patzten gleich zwei FC-Spieler. Werder holte sich den Pokal und im Jahr darauf gar den Europacup der Pokalsieger.

Ordenewitz nahm Rutemöller dessen Offenherzigkeit nicht sonderlich krumm. „So bleibt man in Erinnerung“, sagte „Otze“ zum 20-jährigen Jubiläum des Vorfalls. Auch Rutemöller hat seinen Frieden gemacht mit der Angelegenheit: „Ich habe mich damals wahnsinnig über mich selbst geärgert. Und mir tat der Otze leid. Er war aber nicht lange sauer. Wir haben heute noch guten Kontakt.“

Maurice Banach

63 Ein Versprechen und eine gewaltige Tragödie

Am Anfang war die Annahme, Maurice Banach hätte einfach verschlafen. Dann die Hoffnung, er hätte auf dem Weg von Münster nach Köln eine Panne gehabt und kein Telefon in Reichweite. Am Ende aber war das schlimmste aller Szenarien bittere Gewissheit: Der beliebte Torjäger, der am 17. November 1991 nicht zum Training des 1. FC Köln erschienen war, war tot.

Der Opel Omega von Maurice Banach war morgens gegen 8.30 Uhr auf der Autobahn A1 bei Remscheid aus ungeklärten Gründen gegen die Leitplanke geschleudert, dann gegen einen Brückenpfeiler geprallt und anschließend in Flammen aufgegangen. Maurice Banach, Sohn eines US-Soldaten und einer Deutschen, war nach Angaben der Polizei sofort tot.

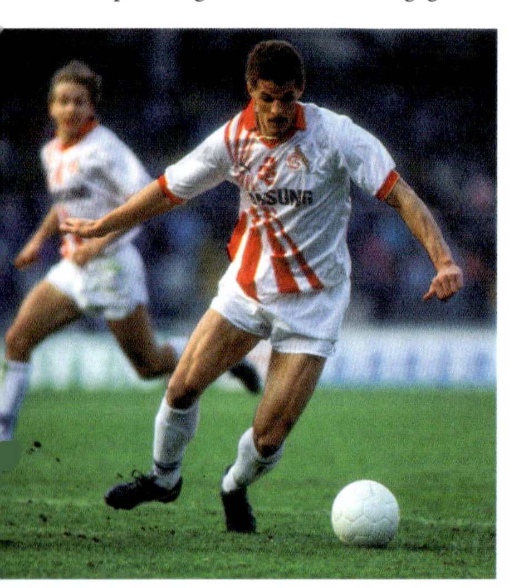

Körperlich stark und torgefährlich: Maurice Banach stand vor einer großen Karriere.

Der 24-Jährige Fußballer hinterließ seine Ehefrau Claudia und zwei Söhne.

„Wenn man eine solche Nachricht erhält, erkennt man die Dimensionen außerhalb des Sports", sagte Mittelfeldstar und Weltmeister Pierre Littbarski. Der deutsche Fußball stand unter Schock. Die anstehende Bundesligapartie des 1. FC Köln gegen Dynamo Dresden wurde abgesagt und erst knapp vier Wochen später nachgeholt.

Beim EM-Qualifikationsspiel der deutschen Nationalmannschaft in Belgien am 20. November gedachte man Banachs in einer Schweigeminute.

„Mucki" Banach war seinerzeit einer der hoffnungsvollsten Stürmer Deutschlands und hatte sich seit seinem Wechsel zum 1. FC Köln im Sommer 1990 ins Notizbuch von Bundestrainer Berti Vogts gespielt. Der 1,85 Meter große Angreifer erzielte 24 Tore in 49 Spielen für den 1. FC Köln.

Jörg Berger

64

Duell mit Daum und der große Bluff

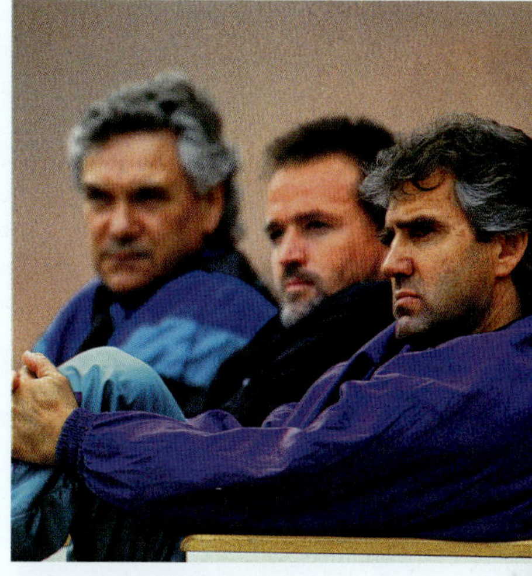
Jörg Berger führte den FC 1992 in den UEFA-Cup.

Jörg Berger war ein Trainer, den auf dem Fußballplatz kaum etwas beeindrucken konnte. Wer seine Geschichte kennt, der weiß warum. 1979 floh Berger, damals U21-Trainer der DDR, bei einem Länderspiel in Jugoslawien in den Westen. Der 35-Jährige hatte großes Glück, dass ein Grenzposten ihn zwar erkannte, aber ausreisen ließ. Später berichtete Berger, die Stasi habe in der Folge versucht, ihn zu vergiften. Gewissheit über die Mordanschläge erhielt er nach der Wiedervereinigung bei der Durchsicht seiner Stasi-Akten.

Über die Stationen Darmstadt 98, SSV Ulm, Fortuna Düsseldorf, Hessen Kassel, Hannover 96, SC Freiburg und Eintracht Frankfurt landete Berger im Herbst 1991 als Nachfolger von Erich Rutemöller beim 1. FC Köln. Er übernahm eine verunsicherte Mannschaft, die nach dem 8. Spieltag noch auf den ersten Sieg wartete.

Vom 16. Tabellenplatz aus führte der gebürtige Gotenhafener den FC noch auf Rang vier. Ein Schlüsselspiel auf dem Weg in den UEFA-Pokal war Bergers Einstand – ausgerechnet gegen den VfB Stuttgart mit dem in Köln verehrten Ex-Trainer Christoph Daum.

Vor der brisanten Begegnung hieß es, Weltmeister Pierre Littbarski würde verletzt ausfallen. Doch Berger bluffte, um Daum und die Zuschauer zu überraschen. Littbarski wurde rechtzeitig fit, machte sich aber nicht auf dem Rasen, sondern in den Katakomben warm. Auch verlas Stadionsprecher Hans-Gerhard König bei der FC-Mannschaftsaufstellung nur zehn Namen. Umso größer war der Effekt, als „Litti" um 15:30 Uhr doch den Rasen betrat. Der 1. FC Köln trotzte dem späteren deutschen Meister ein 1:1 ab.

Toni, lass es polstern

65

Lebensversicherung Toni Polster

Toni Polster war ein Großmeister der Effizienz. Der Mittelstürmer wies in den Statistiken eines Spiels in aller Regel den schlechtesten Laufwert aller Feldspieler auf. Nicht von ungefähr erhielt er den Spitznamen „Bierdeckel-Toni". Aber: Allzu oft war Polster auch der Akteur mit den meisten Toren auf dem Platz.

Der charmante Wiener war von 1993 an die personifizierte Lebensversicherung des 1. FC Köln. In jeder seiner fünf Spielzeiten war Polster, der 1989/90 für den FC Sevilla in der spanischen Liga gar 33-mal getroffen hatte, der erfolgreichste Kölner Bundesliga-Torschütze.

Toni Doppelpack lässt es polstern

Nicht immer ästhetisch wertvoll, aber mit kaum erklärbarer Kaltschnäuzigkeit erzielte Polster zwischen 1993 und 1998 in 165 Pflichtspielen für den FC insgesamt 87 Tore. In 22 dieser Spiele traf Polster mindestens zweifach, weswegen der Kölner Boulevard schnell einen weiteren treffenden Spitznamen für ihn bei der Hand hatte: „Toni Doppelpack".

Nach dem Abgang von Pierre Littbarski 1993 nach Japan schlüpfte der nie um einen Spruch verlegene Polster („Ich bin Optimist, sogar meine Blutgruppe ist positiv") in die Rolle des Fan-Lieblings. Und er füllte sie vollkommen aus.

Wie der 1. FC Köln eine Sperre reduzieren wollte

Toni Polster konnte nicht nur Tore schießen, der Charmeur aus Wien hatte auch eine dunkle Seite. So flog Polster am 6. Spieltag der Saison 1993/94 nach einem rüden Foul am Leverkusener Paulo Sergio mit der Roten Karte vom Platz. Das Sportgericht des DFB brummte dem Österreicher acht Wochen Sperre auf, eindeutig zu viel aus Sicht des FC.

In der Folge reiste eine Kölner Delegation um Geschäftsführer Wolfgang Schänzler in die DFB-Zentrale nach Frankfurt, um die Sperre durch angeblich entlastendes TV-Material zu reduzieren. Tatsächlich aber befanden sich auf der Videokassette nicht die erwarteten Videosequenzen von Sat.1, sondern Bilder einer Karnevalssitzung mit Darbietungen „kölscher" Größen wie den „Bläck Fööss". Interessanterweise wurde Polsters Sperre dennoch auf fünf Wochen reduziert.

Polster war ebenso populär wie treffsicher. Der Österreicher feierte Karneval, machte nie einen Hehl aus seinem Herzen für die Stadt. 1997 griff er gar zum Mikrofon: Das mit der Ulk-Band „Die Fabulösen Thekenschlampen“ aufgenommene Lied „Toni, lass es polstern“ schaffte es in den österreichischen Charts immerhin unter die Top 30.

Abgang ausgerechnet zum Erzrivalen

1997 übernahm Polster auch das Präsidentenamt beim Kölner Stadtteilverein SV Weiden. In jenem Jahr wäre der in Österreich nie unumstrittene Torjäger um ein Haar auch Bundesliga-Torschützenkönig geworden. 21 Tore standen für ihn am Saisonende zu Buche, drei davon erzielte er am 33. Spieltag beim 4:0 gegen den rheinischen Rivalen Bayer Leverkusen – und raubte damit der Werkself die letzte Chance auf den Gewinn der deutschen Meisterschaft.

In der Spielzeit 1997/98 geriet Polster allerdings in eine Krise, und mit ihm der gesamte Verein. Im 50. Jahr nach der Gründung konnte sich der 1. FC Köln trotz des Trainerwechsels von Lautsprecher Peter Neururer zum analytischen Lorenz-Günther Köstner nie aus der Abstiegszone befreien.

Die Fans gingen nach den enttäuschenden Vorstellungen ihrer Mannschaft auf die Barrikaden und nahmen auch Polster von ihrer Kritik nicht mehr aus. Trotz letztlich immerhin 13 Saisontoren der langjährigen Lebensversicherung stieg der 1. FC Köln erstmals ab. Polsters Status litt in der Folge empfindlich: Er ging ausgerechnet zum Erzrivalen Borussia Mönchengladbach.

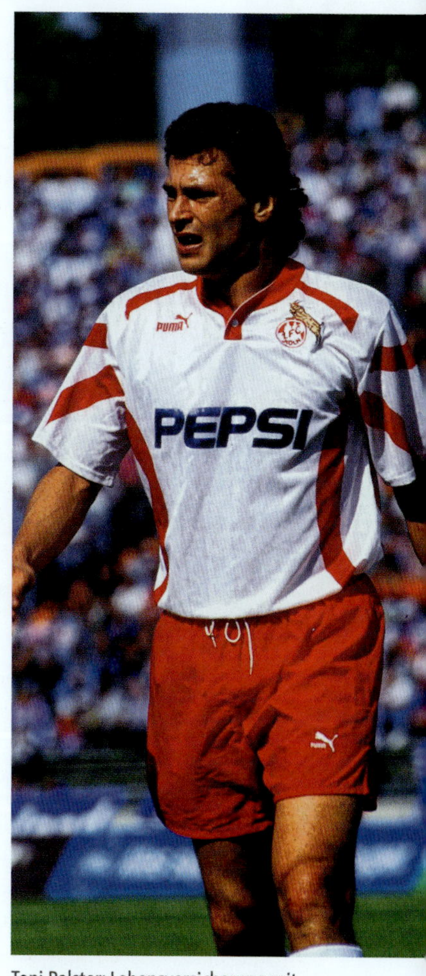

Toni Polster: Lebensversicherung mit Wiener Schmäh

Hochmut kommt vor dem Fall

Wie der 1. FC Köln Demut lernte

66

Der DFB-Pokal war lange Jahre so etwas wie der Lieblingswettbewerb des 1. FC Köln. 1968, 1977, 1978 und 1983 gewannen die Geißböcke den Pokal. Zwischen 1953 und 1991 stand der Klub insgesamt zehnmal im Endspiel. Ein Rekord, der erst 1999 durch den FC Bayern München gebrochen wurde.

Angesichts dieser Erfolgsbilanz wähnte man sich beim 1. FC Köln in der Saison 1994/95 bereits so gut wie im Endspiel in Berlin, als das Los den Geißböcken für das Halbfinale ein Heimspiel gegen den Zweitligisten VfL Wolfsburg bescherte. Der FC nämlich buchte Flüge nach Berlin und verkaufte Tickets an Edelfans bereits vor der Partie gegen die Wölfe am 11. April 1995.

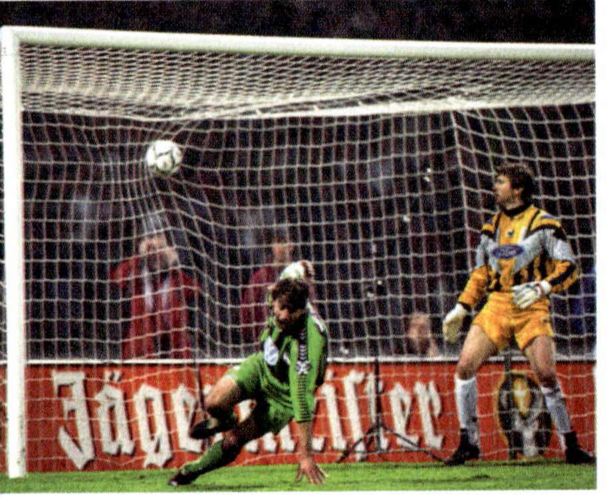

Siggi Reich begräbt Kölns Finalträume.

Der VfL mit dem späteren Kölner Spielmacher Claus-Dieter „Pele" Wollitz machte den favorisierten Geißböcken allerdings einen gewaltigen Strich durch die Rechnung. Oldie Siegfried Reich brachte die Gäste aus Niedersachsen in der 20. Minute überraschend in Führung. Der FC mit dem Paradesturm Toni Polster und Bruno Labbadia (zusammen 31 Saisontore) rannte in den folgenden 70 Minuten an, kam nicht mehr zurück ins Spiel.

„Wir haben das morgens in Köln in den Zeitungen gelesen. Da klang es, als wisse man eigentlich gar nicht, gegen wen man da noch spielen muss. Wir hatten den Eindruck, dass man uns nicht für voll genommen hat. Das hat uns natürlich nochmal motiviert", bekannte Reich Jahre später im Interview mit dem „Kölner Stadt-Anzeiger".

So blieb den Fans das Traumfinale gegen die Mönchengladbacher Borussia verwehrt, die sich den Pokal durch ein klares 3:0 gegen die Wölfe sicherte. Und der 1. FC Köln lernte eine wertvolle Lektion. Seither wurden jedenfalls keine Tickets mehr angeboten für K.-o.-Spiele, die noch nicht erreicht waren.

67

Beinahe-Transfer V

Andrej Schewtschenko

Mitte der 1990er-Jahre hatte der 1. FC Köln eine spätere Größe des Weltfußballs an der Angel. 1997 bot ein Spielerberater dem FC einen gewissen Andrej Schewtschenko von Dynamo Kiew an. Der 20 Jahre alte Ukrainer sollte 150.000 D-Mark kosten.

„Ich hatte in Kiew mit Trainerlegende Walerij Lobanowskyj schon alles verhandelt und in Köln angerufen: Er kommt für ein Gehalt, das null und nichtig ist. Manager Carl-Heinz Rühl sagte nur: ‚Nein, du mit deinen Exoten'", erinnerte sich der damalige Trainer Peter Neururer im Interview mit dem „Kölner Stadt-Anzeiger".

Schewtschenko blieb noch zwei weitere Jahre in Kiew und reifte zu einem Weltklassespieler heran. Nach dem Erreichen des Champions-League-Halbfinals 1999 verkauften die Ukrainer ihren Top-Star schließlich für rund 47 Millionen D-Mark an den AC Mailand. Bei den Italienern avancierte „Schewa" zu einem der besten Stürmer des Planeten, er wurde fünfmal Torschützenkönig in der Serie A und erhielt 2004 die Auszeichnung als „Europas Fußballer des Jahres".

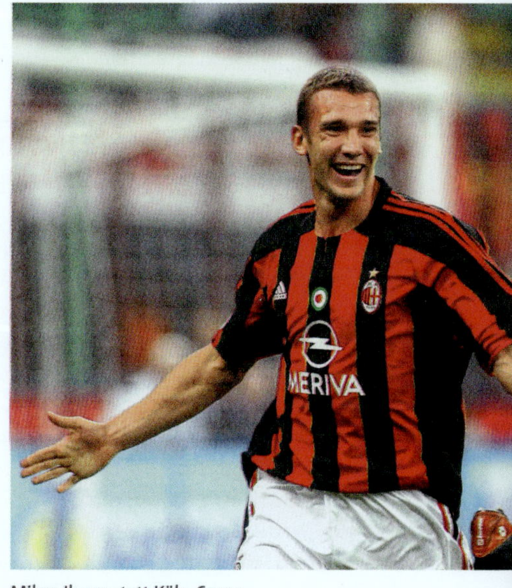

Milan-Ikone statt Köln-Coup: Andrej Schewtschenko

Der 1. FC Köln verpflichtete anstelle von Schewtschenko laut Neururers Erinnerung den Kroaten Goran Vučević. Der spielte immerhin beim FC Barcelona, allerdings in der Zweiten Mannschaft des katalanischen Renommierklubs.

Der Mittelfeldspieler kam in der Saison 1997/98 nur zu neun Einsätzen. 1999 verließ er den 1. FC Köln wieder, ohne weder unter Neururer noch unter dessen Nachfolgern Lorenz-Günther Köstner und Bernd Schuster großen Eindruck hinterlassen zu haben.

Der Geißbock als Dino-Macher

Der 1. FC Köln steigt erstmals ab

68

Franz Kremer war ein überaus ambitionierter Mann, doch auch der Gründungspräsident des 1. FC Köln verschloss sich nie der Realität. Dass sein Verein jedes Jahr deutscher Meister werden würde, glaubte und erwartete auch der „Boss“ nicht. Eines war für Kremer aber Gesetz: „Der 1. FC Köln darf niemals absteigen.“ Ausgerechnet im 50. Jahr des Vereinsbestehens wurde dieses Dogma gebrochen.

Am 9. Mai 1998 versank das Müngersdorfer Stadion in Tränen, ein 2:2 gegen Bayer Leverkusen am 34. Spieltag war zu wenig für den Sprung auf das rettende Ufer. „Wir waren Zweiter, wir waren im Halbfinale des UEFA-Cups, wir hatten 20 Millionen Mark auf dem Konto. Wir waren dabei, so etwas wie Borussia Dortmund zu werden. Und heute sieht man, was daraus geworden ist“, diktierte anschließend der Trainer in die Notizblöcke der Journalisten.

Das Bemerkenswerte daran: Diese Worte stammten nicht vom Kölner Coach Lorenz Günther-Köstner. In der Wir-Form sprach Gäste-Trainer Christoph Daum. Jener Daum, dessen mythenumrankte und vollkommen unerwartete Entlassung während der Weltmeisterschaft 1990 den Beginn der Kölner Talfahrt markierte.

Logische Folge einer jahrelangen Fehlentwicklung

Von der Saison 1992 an befand sich der 1. FC Köln fast ausschließlich im Abstiegskampf, allein 1994/95 mit dem Paradesturm Polster, Labbadia und 1996/97 unter Trainer Peter Neururer konnten die Fans zwischenzeitlich auf eine Europapokalteilnahme hoffen, doch die Grundtendenz blieb negativ.

Letztlich musste 35 Jahre nach dem Start der Bundesliga das 15. Gründungsmitglied erstmals den Gang in die Zweitklassigkeit antreten. Übrig blieb nur noch der Hamburger SV, der sich anschließend das Image des „Dinos“ überstülpte. Doch ebenso wie die Dinosaurier von der Erde verschwanden, stieg auch der HSV letztlich aus der Bundesliga ab. 2018 war das, nach jahrelanger Fehlentwicklung im sportlichen und wirtschaftlichen Bereich. Wer Parallelen zum ersten Abstieg des 1. FC Köln suchen wollte, wurde schnell fündig.

Dabei wäre der Kölner Abstieg 1998 durchaus zu verhindern gewesen. Nach dem Fehlstart unter Neururer mit sieben Punkten aus acht Spielen ging es unter dem neuen Trainer Köstner zunächst bergauf, Höhepunkt war das 2:0 bei Meister Bayern München im Februar.

Fünf Spieltage vor dem Saisonende hatte der FC ein Polster von fünf Punkten auf die Abstiegsplätze und noch ein Nachholspiel in der Hinterhand. Doch der bis dato so heimstarke 1. FC Köln verlor die Kellerduelle in Müngersdorf gegen den Karlsruher SC (0:1) und 1860 München (2:3) und befand sich plötzlich mitten im Existenzkampf.

Held-Handspiel bricht die Moral

Zum Schlüsselspiel wurde aber die Nachholpartie bei Schalke 04 am 29. April. Die Königsblauen benötigten jeden Punkt für die Europapokalteilnahme. Auch der FC war auf Zählbares angewiesen, um den Sturz auf Abstiegsplatz 16 zu verhindern. Das Spiel im Parkstadion wogte hin und her.

In der Schlussphase übernahm der FC das Kommando. Toni Polster scheiterte zunächst mit einer hochkarätigen Kopfballchance am Schalker Schlussmann Jens Lehmann. Wenige Minuten später war der Nationaltorhüter bei einem Schuss von René Tretschok von der Strafraumgrenze bereits geschlagen, doch Schalkes nur 1,78 Meter großer Abwehrspieler Oliver Held beförderte den Ball noch über die Latte.

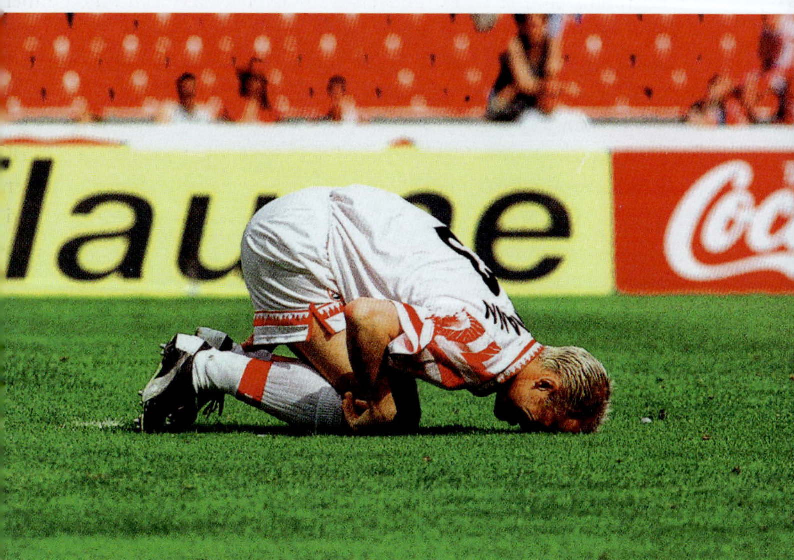

Karsten Baumann weint bittere Tränen nach dem Abstieg 1998.

Die Kölner Spieler reklamierten mit Nachdruck Handspiel. Das hätte Elfmeter und die Rote Karte für Held bedeutet. Schiedsrichter Uwe Kemmling war sich unsicher, befragte den Spieler. Der „schwört“, wie Kemmling später berichtete, den Ball mit dem Kopf geklärt zu haben. Die Fernsehbilder widerlegten Held eindeutig, doch bis zur Einführung des Videobeweises vergingen noch knapp 20 Jahre (siehe Kapitel 98).

In der 90. Minute traf Radoslav Látal für Schalke zum überaus schmeichelhaften 1:0-Sieg. Die Kölner waren hochgradig wütend, vor allem auf „Lügner“ Held. Toni Polster raunte in die TV-Mikrofone: „Oliver Held soll sein ganzes Leben lang kein Glück mehr haben.“

Held wurde tatsächlich noch sanktioniert, allerdings hatte der 1. FC Köln davon nichts mehr: Das DFB-Sportgericht sperrte den Schalker wegen Falschaussage für zwei Spiele. Held bereute sein Verhalten später. In zahlreichen Interviews sprach der gebürtige Kieler vom „größten Fehler meines Lebens“.

Der FC ergibt sich in sein Schicksal

Die Moral des 1. FC Köln war nach den aufwühlenden Ereignissen von Gelsenkirchen gebrochen. Bei der bereits als Absteiger feststehenden Bielefelder Arminia verlor der FC drei Tage später mit 1:2. Die Tore für die Arminia erzielte ausgerechnet Uwe Fuchs, der von 1990 bis 1993 in Köln gespielt hatte. „Es tut mir leid für Köln. Ich drücke gegen Leverkusen ganz fest die Daumen“, erklärte Fuchs. Der Abstieg des FC war allerdings bereits so gut wie besiegelt, nur ein Sieg mit zehn Toren Unterschied gegen Leverkusen hätte die Rettung bedeutet.

Die Auf- und Abstiege des 1. FC Köln

1997/98 Abstieg in die 2. Bundesliga (Tabellenplatz 17, 36 Punkte)
1999/00 Aufstieg in die 1. Bundesliga (Tabellenplatz 1, 65 Punkte)
2001/02 Abstieg in die 2. Bundesliga (Tabellenplatz 17, 29 Punkte)
2002/03 Aufstieg in die 1. Bundeliga (Tabellenplatz 2, 65 Punkte)
2003/04 Abstieg in die 2. Bundesliga (Tabellenplatz 18, 23 Punkte)
2004/05 Aufstieg in die 1. Bundesliga (Tabellenplatz 1, 67 Punkte)
2005/06 Abstieg in die 2. Bundesliga (Tabellenplatz 17, 30 Punkte)
2007/08 Aufstieg in die 1. Bundesliga (Tabellenplatz 3, 60 Punkte)
2011/12 Abstieg in die 2. Bundesliga (Tabellenplatz 17, 30 Punkte)
2013/14 Aufstieg in die 1. Bundesliga (Tabellenplatz 1, 68 Punkte)
2017/18 Abstieg in die 2. Bundesliga (Tabellenplatz 18, 22 Punkte)
2018/19 Aufstieg in die 1. Bundesliga (Tabellenplatz 1, 63 Punkte)

69

Liebe kennt keine Liga

Wachsender Zuspruch in schwierigen Zeiten

Die Stabilität einer Beziehung zeigt sich in Krisenzeiten, das ist in der Ehe nicht anders als im Fußball. Während bei zahlreichen Bundesligisten die Zuschauer einen Bogen um das Stadion machen, wenn es bei ihrer Mannschaft mal nicht so läuft, darf sich der 1. FC Köln seit dem ersten Abstieg 1998 über das gegensätzliche Phänomen freuen: Stadt und Region halten umso mehr zum Geißbockklub.

Beinahe scheint es, als wäre die regelmäßige Pendelei im Fahrstuhl zwischen der 1. und der 2. Fußball-Bundesliga eine Art Frischzellenkur für die Liebe der FC-Fans zu ihrem Verein. Zwölf Ligenwechsel zwischen 1998 und 2019 machten den Verein gewissermaßen zu einem Anderthalbligisten. Oder, wie es im Vereinslied der Höhner heißt:

„Mer schwöre dir he op Treu un op Iehr:
Mer stonn zo dir FC Kölle. Un mer jon met dir wenn et sin muß durch et Füer
Halde immer nur zo dir FC Kölle!“
(„Wir schwören dir hier auf Treue und auf Ehre,
wir stehen zu dir, FC Köln. Und wir gehen mit dir wenn es sein muss durchs Feuer,
halten immer nur zu dir, FC Köln!“)

In der zweiten Liga mehr Fans als beim Double

So war der Zuschauerschnitt des 1. FC Köln in sechs von insgesamt neun Zweitliga-Spielzeiten höher als in der Double-Saison 1977/78, als immerhin durchschnittlich 35.059 Zuschauer ins Müngersdorfer Stadion strömten. Ein Vereinsrekord, der bis ins neue Jahrtausend Bestand hatte und der beinahe dreimal so hoch lag wie der Wert aus der Saison 1972/73 (12.941). Damals spielte der FC allerdings einerseits auf der kleinen Radrennbahn. Andererseits litt der gesamte deutsche Fußball unter einem Zuschauerrückgang infolge des Bundesligaskandals. Zahlreiche Spiele wurden in der Saison 1970/71 manipuliert, auch der damalige Kölner Torwart Manfred Manglitz ließ sich kaufen.

In der Saison 2018/19 pilgerten hingegen durchschnittlich 49.547 Menschen zu den Kölner Heimspielen, wohlgemerkt in der 2. Bundesliga. Elf der 17 Partien im 50.000 Zuschauer fassenden RheinEnergieSTADION waren ausverkauft, obwohl die Gegner damals nicht Bayern München oder

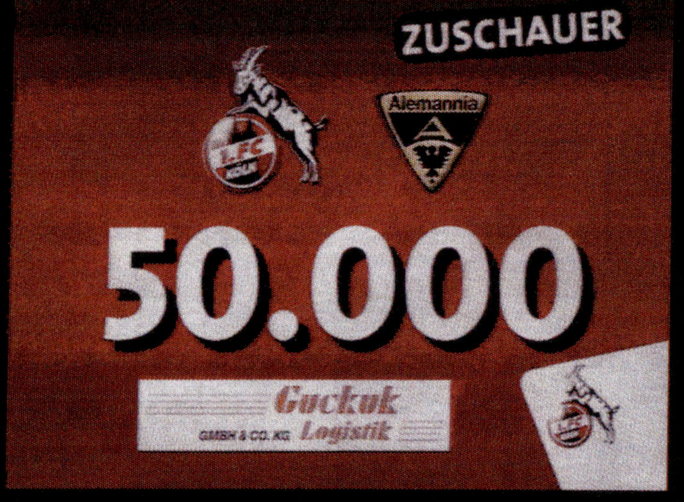

Auch in der 2. Liga meldete der 1. FC Köln oft „ausverkauft".

Borussia Mönchengladbach hießen, sondern SV Sandhausen oder Erzgebirge Aue. Getoppt wurde dieser Wert geringfügig in der Erstliga-Spielzeit 2016/17 – um gerade einmal 24 Personen pro Spiel. Damals kamen die Fans allerdings aus gutem Grund in Scharen: In dieser Saison erreichte der 1. FC Köln erstmals nach 25 Jahren wieder den Europapokal. Noch mehr waren es 2022/23 (49.765).

Mehr Zuschauer als Juventus Turin

Auch als Zweitligist lockte der 1. FC Köln beständig mehr Zuschauer ins heimische Stadion als beispielsweise der italienische Rekord- und Serienmeister Juventus Turin. Lediglich im allerersten Zweitligajahr fremdelten die Fans mit dem neuen Umfeld, als der FC seinen Selbstanspruch nie rechtfertigen konnte.

Die Saison 1998/99 zeigte vielmehr zweierlei. Erstens: Der Abstieg war kein Betriebsunfall. Und zweitens: Manchmal muss man ein Tal durchschreiten, um sich für den nächsten Höhenflug zu rüsten (siehe Kapitel 74). So lässt sich auch erklären, warum nach anfänglich gutem Besuch die Fans in der Saison 1998/99 zwischenzeitlich fernblieben. Ein ums andere Mal wurde der FC in seinem ersten Zweitligajahr gedemütigt, letztlich war der Zuschauerschnitt mit 14.488 der drittschlechteste Saisonwert für den FC seit dem Aufstieg in die Oberliga West. Doch schon in der Saison

1999/2000, als der FC sich unter Trainer Ewald Lienen fußballerisch neu aufstellte und souverän in die 1. Liga stürmte, wurden auch die Herzen der Fans zurückerobert. 28.853 Zuschauer durchschnittlich bedeuteten in der damaligen Zeit einen höchst beachtlichen Wert für einen Zweitligisten, zumal noch im zugigen und bedingt atmosphärischen Müngersdorfer Stadion gespielt wurde.

Zum dauerhaft guten Besuch des 1. FC Köln tragen mehrere Faktoren bei. Die Vermarktung des Fußballs als Hochglanzprodukt ist ein Umstand, der gerade den hartgesottenen Kurvenfans nicht gefällt, aber für volle Ränge in allen Blöcken sorgt. Ein weiterer Schlüsselfaktor ist der Neubau des RheinEnergieSTADIONS zwischen Ende 2001 und Anfang 2004, als an der Stelle der weitläufigen Leichtathletikarena ein enges, modernes und enorm atmosphärisches Fußballstadion entstand. Seit Fertigstellung des RheinEnergieSTADIONS lag der Zuschauerschnitt lediglich in der Saison 2004/05 nicht über der 40.000er-Marke.

Rasantes Mitgliederwachstum

Parallel zum wachsenden Zuschauerinteresse stieg auch die Zahl der Mitglieder rasant an. 2002 noch waren es rund 13.000, 2009 wurde Mitglied Nummer 50.000 registriert, 2017 wurde die Marke von 100.000 geknackt. „Es ist einzigartig, wie die Leute mit dem FC durch dick und dünn gehen“, kommentierte Fanbetreuer Rainer Mendel. Dieses nicht enden wollende Wachstum führt allerdings tatsächlich auch zu Problemen. Wer erst spät in den Verein eingetreten ist, hat trotz seiner Mitgliedschaft kaum eine Chance auf eine Dauerkarte. Nur wenn einer der 25.500 Dauerkarteninhaber sein Abonnement kündigt, rückt gemäß einer Warteliste ein anderes Mitglied nach.

Der Verein selbst hat dieses Limit selbst gesetzt, um „möglichst vielen Fans die Möglichkeit zu geben, ein Heimspiel zu besuchen“, wie Finanz-Geschäftsführer Alexander Wehrle begründet. Diese Popularität ist einer der Hauptgründe, weswegen ein Stadionaus- oder sogar -neubau immer wieder ein Thema ist für den Verein (siehe Kapitel 101).

Die Entwicklung des Zuschauerschnitts

Erste Bundesligasaison: durchschnittlich 34.973 Zuschauer (1963/64; Meister)
Der Tiefpunkt: durchschnittlich 12.941 Zuschauer (1972/73; Vizemeister)
Das Double: durchschnittlich 35.059 Zuschauer (1977/78)
Der Höhepunkt: durchschnittlich 49.765 Zuschauer (2022/23; Platz 11)
Der Zweitliga-Bestwert: durchschnittlich 49.547 Zuschauer (2018/19; Zweitliga-Meister)

Fanbetreuung

70

Der 1. FC Köln als Vorreiter in Deutschland

Für den 1. FC Köln treten auch Künstler voller Freude von der Bühne ab. So geschehen bei Michael Trippel, der 1984 als Fanbeauftragter eingestellt wurde und damit in Deutschland der erste seiner Art war.

Trippel, der nach eigener Aussage 1964 als Zehnjähriger beim Besuch eines FC-Heimspiels dem Verein bedingungslos verfallen ist, hatte zunächst einen anderen Lebensweg im Sinn: Nach seiner Fachhochschulreife besuchte der gebürtige Recklinghäuser die Schauspielschulen in Bochum, Berlin und Hamburg. Einen Abschluss kann er allerdings nicht vorweisen, und das hat einen guten Grund: „Ich hätte am Wochenende mehr tun müssen, aber da hat der FC gespielt."

Erster Fanbetreuer und seit 1999 Stadionsprecher: Michael Trippel

Mit diesen Prioritäten war Trippel die Idealbesetzung für das (Ehren-)Amt des Fanbetreuers. Unter seiner Ägide und der von Rainer Mendel, der 1997 den Posten des hauptamtlichen Fanbeauftragten übernahm, wurde die aktive Fanarbeit beim FC überhaupt erst auf die Landkarte gebracht.

Zwar hatte schon Gründungspräsident Franz Kremer immer wieder seine Aufwartung bei den frühen Fanklubs des 1. FC Köln gemacht, doch mit der zunehmenden Kommerzialisierung und Professionalisierung sowie der Zuspitzung des Gewaltproblems im Fußball benötigte der Verein in den 1980er-Jahren einen Vermittler.

Ein Meilenstein in der Fanarbeit war im Oktober 1991 die Gründung des Fanprojekts 1. FC Köln 1991 e. V. Rund 12.000 Mitglieder hatte das Fanprojekt im Oktober 2017. Die Zahl der FC-Fanklubs belief sich auf mehr als 1500. Trippel selbst wurde 1999 Stadionsprecher des 1. FC Köln. Sein Markenzeichen ist ein besonderer Gruß an den Gast bei jedem Heimspiel: „Willkommen in der schönsten Stadt Deutschlands".

Klum, Raab, Schumi & Co.

71

Prominente Fans des 1. FC Köln

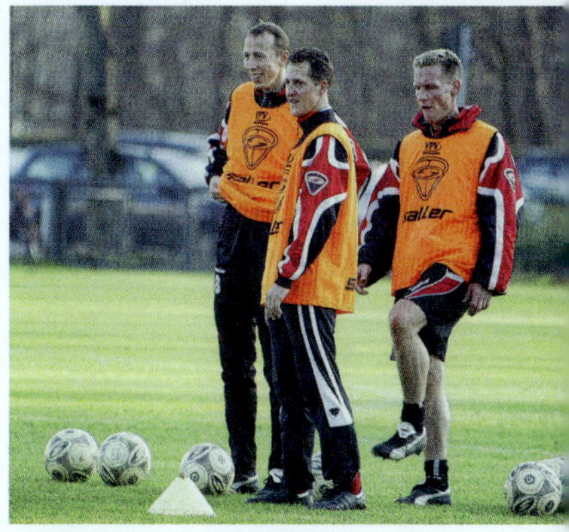

Michael Schumacher bei seinem „Probetraining" 2002

Sich zu einem Fußballverein zu bekennen, hat etwas Endgültiges. Umso mehr trifft das zu, wenn man prominent ist. Der Glaubwürdigkeitsverlust ist groß, wenn man einmal beispielsweise mit dem Schal von Borussia Dortmund um den Hals in einem Stadion gesichtet wird und drei Jahre später in einem Interview erzählt, von Kindesbeinen an schon Fan von Bayern München zu sein.

Die folgenden Prominenten machen und machten sich unverdächtig, einem spontanen Sinneswandel zu erliegen. Ihr Fußballherz schlug von jeher für Rot, Weiß und den Geißbock.

Der prominenteste Anhänger des 1. FC Köln ist vermutlich Michael Schumacher. In Kerpen vor den Toren der Stadt aufgewachsen, besuchte der spätere Formel-1-Rekordweltmeister zahlreiche Heimspiele im Müngersdorfer Stadion. Sein Idol: Namensvetter „Toni", der als Torhüter ähnlich ehrgeizig und erfolgreich war wie Michael Schumacher im Cockpit.

Im Jahr 2002 wurde Schumacher eine besondere Ehre zuteil: Der damals 33-Jährige, der in seiner Schweizer Wahlheimat so oft es ging bei einem Amateurverein gegen den Ball trat, durfte an einem Training der FC-Profis teilnehmen.

In Bergisch-Gladbach und damit in Rufweite der Domstadt geboren ist Heidi Klum. Kein Wunder also, dass das Topmodel ein Herz für den FC hat. Kölsche Urgesteine und damit fast logische Anhänger des 1. FC Köln sind TV-Entertainer Stefan Raab, dessen Eltern eine Metzgerei in Sülz führten, sowie BAP-Sänger Wolfgang Niedecken und Schauspieler Heiner Lauterbach.

Doch auch außerhalb der Region konnte der 1. FC Köln punkten. Der südafrikanische, in München lebende Schmachtsänger Howard Carpendale gibt den FC ebenso als seinen Lieblingsklub an wie der isländische Handball-Startrainer Alfred Gislason.

„Mer stonn zo dir"

Lieder über den 1. FC Köln

72

New York, Paris, London. Diese Millionenmetropolen sind sehr viel häufiger besungen worden als Köln, das kann man in jeder seriösen Statistik nachlesen. Nur wenige Fußballvereine weltweit finden im Liedgut allerdings derart Niederschlag wie der 1. FC Köln. Kaum ein Song über die Domstadt kommt ohne einen Querverweis zum größten und populärsten Fußballverein der Stadt aus.

„Mer jon zom F. C. Kölle …" („Wir gehen zum FC Köln …") heißt es etwa im Höhner-Klassiker „Viva Colonia". Und Tommy Engel singt in „Du bes Kölle" zu Anfang: „Du bes Oberbürjermeister, du bes die KVB. Du bes Prinz, Buur und Jungfrau, bes och de FC." („Du bist Oberbürgermeister, du bist die KVB. Du bist Prinz, Bauer und Jungfrau, bist auch der FC.")

Die Botschaft dieser Lieder ist unmissverständlich: Der 1. FC Köln gehört zum Leben der Bürger genauso wie Dom, Kölsch oder Karneval. Wie oft findet man ein solches Bekenntnis zum hiesigen Fußballverein in Liedern über München, Berlin oder Leipzig?

FC-Hymne mit schottischer Herkunft

Seit 1948 widmen sich einige Dutzend Lieder sogar explizit dem 1. FC Köln. Am bekanntesten ist gewiss „Mer stonn zo Dir, FC Kölle", das die Höhner zum 50. Geburtstag des Vereins im Februar 1998 veröffentlicht haben. Seither wird das Lied als offizielle Hymne vor jedem Kölner Heimspiel beim Einlaufen der Mannschaften unter Schal-Schwenken gespielt.

Die überaus eingängige Melodie des Liedes ist vom populären schottischen Traditional „Loch Lomond" aus dem 19. Jahrhundert übernommen worden. Der Song beginnt sehr getragen, entwickelt in seinem Pathos aber eine Dynamik, die beim letzten Refrain ihren mitreißenden Höhepunkt findet und hat sich als stimmungsvolles Highlight des Vor-Spiels in Müngersdorf etabliert. Er ist mitverantwortlich für die vielzitierte Gänsehautatmosphäre, die auch zahlreiche Gästespieler im Stadion des 1. FC Köln verspüren.

Doch das mit der Musik und dem FC bedurfte eines gewissen Anlaufes. 1956 verteilte der 1. FC Köln an Mitglieder, Freunde und Förderer ein dünnes „Club-Liederbuch", 1978 feierten die Höhner den Klub mit dem Song „Unsre Bock eß Meister", ansonsten gab es nicht viel. Erst in den späten 1990er-Jahren ist die Zahl der Lieder über den Klub regelrecht explodiert.

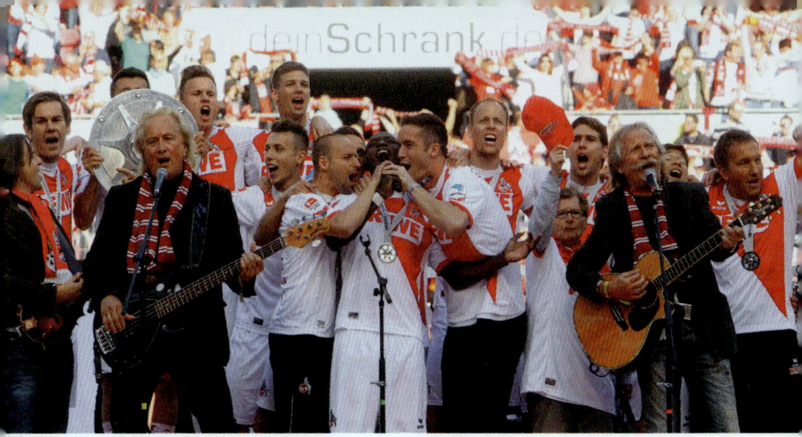

Die Höhner spielen live bei der Zweitliga-Meisterfeier 2014.

Die Fahrstuhlpendelei des 1. FC Köln hat hierzu offensichtlich beigetragen. So verarbeitete die A-Capella-Band Wise Guys 1998 den ersten Abstieg in dem Lied „Es tut so weh", nur um zwei Jahre später den ersten Aufstieg in der „Heldensage vom heiligen Ewald" zu feiern, einer 5:37 Minuten langen Hommage an Chefcoach Ewald Lienen.

Trend zum Mitgrölen

In den vergangenen Jahren ging der Trend bei den Songs über den 1. FC Köln hin zu eingängigeren Melodien und eher einfach konstruierten Refrains, die man in jedem Zustand mitsingen kann. So entstand rechtzeitig zum Aufstieg 2014 die Hymne „Döp Dö Dö Döp – 1. Bundesliga, wir sind wieder da" von Sülo Der Boss.

Drei Jahre später wurde Torjäger Anthony Modeste („Modeste, Modeste, Anthony Modeste") sowohl von den Klüngelköpp als auch von Ikke Hüftgold hymnisch gefeiert. Immerhin schoss der Franzose Modeste mit seinen 25 Saisontoren den 1. FC Köln nach ebenso vielen Jahren wieder in den Europapokal.

Erstes Vereinslied durch ersten Eigentorschützen

Eduard Szilinsky hat sich gleich zweimal in die Geschichtsbücher des 1. FC Köln eingetragen. Der Verteidiger erzielte das erste Eigentor der Vereinsgeschichte. Im zweiten Spiel nach der Fusion von Sülz 07 mit dem KBC im Februar 1948 unterlief Szilinsky dieser Fauxpas zum 2:3-Endstand beim FV Bad Godesberg. Zugleich ist Szilinsky der Komponist des ersten offiziellen Vereinsliedes von 1948, das den Titel „Dir, 1. FC Köln" trägt.

Köln und der FC

73 Eine magische Verbindung

Zu Beginn einer Saison ist es gute Tradition geworden. Vor dem ersten Heimspiel kommen Tausende Fans und Freunde des 1. FC Köln im Dom zu einem ökumenischen Mittagsgebet zusammen. Höhepunkt der Andacht: Das Spielen der FC-Hymne auf der Dom-Orgel.

Manch einer zündet noch eine Kerze an und betet für eine gute, gewaltfreie und natürlich erfolgreiche Saison. Anschließend geht es für die Fans mit Trikot, Schal und Fahne ins Stadion. Eine Episode, die ebenso wie die Verankerung des Vereins im Liedgut zeigt, wie tief verwurzelt der 1. FC Köln in der Domstadt ist.

Henne oder Ei, Verein oder Stadt?

Volker Finke, der zwischen Februar 2011 und März 2012 eine ebenso kurze wie unglückliche Amtszeit als Sportdirektor hatte, stellte angesichts des immensen Stellenwerts des FC in Köln einmal rheto-

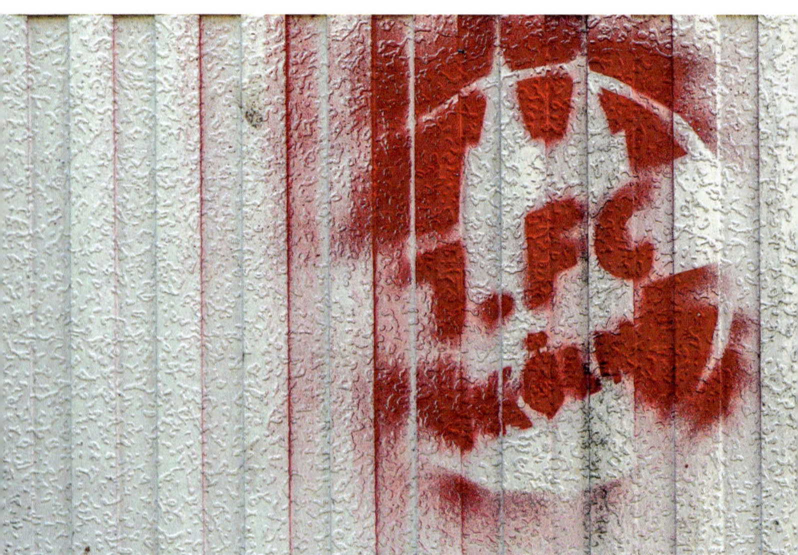

Köln und der FC – eine ewige Symbiose

risch die Frage: „Ich weiß gar nicht, wer zuerst in Köln war: der Verein oder die Stadt." Tatsächlich ist das Interesse in der Stadt am „Effzeh" gigantisch: Zwei Boulevardzeitungen und mehrere Blätter mit hochseriösem Anstrich berichten über das Treiben am Geißbockheim. Hinzu kommen zahlreiche Onlineportale, Radiosender und Agenturen sowie TV-Sender, darunter die in der Domstadt ansässigen Stationen RTL und Westdeutscher Rundfunk. Diese mediale Anteilnahme macht für Spieler, Trainer und Vorstände das Arbeiten in guten Zeiten angenehm und in schlechten nicht immer zum Zuckerschlecken.

Der gebürtige Wiener Peter Stöger, der von Juli 2013 bis Dezember 2017 als Trainer im Amt war und damit sogar Hennes Weisweiler und Christoph Daum übertraf, erklärte die besondere Verbindung zwischen Stadt und Verein einmal so: „Es ist eine außergewöhnliche Stadt. Wir haben uns von Anfang an extrem wohl gefühlt und die Kultur dieser Stadt auch mitgelebt. Köln ist sicher eine ganz spezielle Stadt, die es einem einfach macht, sich wohlzufühlen." Gemeinsam mit seiner Lebensgefährtin Ulrike Kriegler stürzte sich der österreichische Coach in das pulsierende Leben der Rheinmetropole und wurde zu einem Dauergast bei kulturellen Veranstaltungen. Der Erfolg, der die ersten vier Jahre der Stöger-Ära begleitete, half ihm gewiss dabei, sich wohlzufühlen. Doch schnell wurde auch Stöger klar, dass er als Trainer des 1. FC Köln einer der gefragtesten Prominenten in der Stadt ist.

Podolski ist in und mit Köln verwurzelt

Der größte aller FC-Promis ist allerdings Lukas Podolski (mehr in Kapitel 79). Obwohl er „nur" sechs Jahre für die Profimannschaft des 1. FC Köln spielte, hat der Weltmeister von 2014 den Status als DER lokale Superstar schlechthin inne. „Wenn es ihn nicht gäbe, müsste man ihn glatt für Köln erfinden. Ich kenne kaum jemanden, der mehr für seine Stadt brennt", sagte Kölns Oberbürgermeisterin Henriette Reker im Vorfeld zu Podolskis letztem Länderspiel im März 2017. Podolskis Konterfei grüßt in Köln von Garagentoren, ihm gehören in der Domstadt mehrere Döner-Restaurants und Eisdielen sowie ein Bekleidungsgeschäft. Er besitzt eine eigene Loge im Stadion, kommt bei jeder Gelegenheit zu Spielen des FC.

Das Musikvideo zu „Liebe deine Stadt", an dem Podolski mit der kölschen Band Cat Ballou und Rapper Mo-Torres mitgewirkt hat, ist eine Art Hochglanzwerbung für die Domstadt und zeigt die perfekte Verbindung zwischen Fußball und Kultur.

Insofern ist Volker Finkes Frage leicht zu beantworten. Natürlich war die Stadt zuerst da. Aber ohne den 1. FC Köln ist sie nicht mehr vorstellbar.

Die Nummer zwei in der Stadt

74 Pleiten gegen die kleine Fortuna

Der „blonde Engel" auf der Trainerbank, ein namhafter Kader, erwartungsfrohe Fans – in der Saison 1998/99 war der 1. FC Köln auf einer Mission: Der Klub wollte beweisen, dass der Abstieg nur ein Betriebsunfall war. Ohne Umschweife sollte es zurückgehen in die 1. Bundesliga, wo man schließlich hingehörte.

„Diese Truppe steigt auf", kündigte Chefcoach Bernd Schuster im Brustton der Überzeugung an. 38 Jahre jung war Schuster, als er nach 18 Jahren ans Geißbockheim zurückkehrte. Von seinen Profistationen FC Barcelona und Real Madrid war der einstige Weltklassespielgestalter an hohe Ansprüche gewöhnt, doch als Trainer steckte er noch in den Lehrjahren. In der Saison 1997/98 hatte er in seinem ersten Trainerjahr allerdings den kleinen Stadtrivalen Fortuna auf den beachtlichen sechsten Tabellenplatz geführt, er kannte also die Liga. Für viele seiner Spieler war das Unterhaus jedoch Neuland.

Harte zweite Liga

Im ersten Zweitligaspiel der Klubgeschichte feierte der FC zumindest einen Sieg, der äußerst mühsame 1:0-Erfolg beim FC Gütersloh durch das Tor von Neuzugang Karsten Hutwelker (75.) vermittelte aber bereits einen Eindruck, wie schwierig die Saison werden sollte.

Ernüchterung machte sich bereits beim ersten Heimspiel breit. Zu Gast war die kleine Spielvereinigung Unterhaching, ein Klub aus der Münchner Vorstadt ohne große Tradition und sonderliche Popularität. Brisanz bezog die Partie im Vorfeld allein durch den Gäste-Trainer: Lorenz-Günther Köstner, der mit dem FC zuvor abgestiegen war, hatte nach seiner Demission in Köln an alter Wirkungsstätte angeheuert.

Das Freitagabendspiel am 7. August 1998 geriet zum Desaster für den Favoriten. Unterhaching ging in der 4. Minute durch Markus Oberleitner in Führung. Ein ideenloser FC erholte sich nicht mehr von dem frühen Schock und kassierte seine erste Zweitliga-Niederlage. Die meisten der 21.000 Zuschauer im Müngersdorfer Stadion waren dennoch überzeugt, einen Aufsteiger gesehen zu haben. Sie sollten Recht behalten: Unterhaching holte 63 Punkte und schloss die Saison als Zweiter ab.

Der große FC schlitterte derweil in eine handfeste Krise. Einem 1:1 gegen Aufsteiger SSV Ulm, der ebenfalls am Saisonende sensationell in die

1. Liga aufstieg, folgten ein 1:2 bei Mainz 05, ein 1:6 bei Hannover 96 und eine 1:4-Heimniederlage gegen den FC St. Pauli.

Die Hamburger führten den FC in den ersten 45 Minuten regelrecht vor. Trainer Bernd Schuster blieb in der Halbzeitpause auf dem Platz und ließ seine Spieler allein. Ein Riss trat bereits offen zu Tage, der große Aufstiegsfavorit war Tabellenvorletzter. Zwar fingen sich die Kölner in der Folge, doch der Wiederaufstieg war bereits zur Winterpause utopisch.

Beide Derbys gehen verloren

In Erinnerung geblieben sind vielen FC-Fans von der Saison 1998/99 vor allem die Stadtderbys. Dabei tat die Fortuna dem großen Rivalen gar den Gefallen, ihr nominelles Heimspiel ins Müngersdorfer Stadion zu verlegen. Präsident Jean Löring wollte richtig Kasse machen – es wurde der Jackpot für den Mäzen des Südstadtklubs.

Die Fortuna gewann das Hinspiel mit 4:2, im Rückspiel wurde der FC mit 3:0 demontiert. Doppelt bitter: Auf der Trainerbank des Underdogs saß die Geißbock-Ikone Harald „Toni“ Schumacher. Einziger Lichtblick im Kölner Kader war Dirk Lottner, der im Winter aus Leverkusen verpflichtet wurde. Der Zollstocker avancierte in den Folgejahren zur prägenden Figur beim FC. Am Ende stand Tabellenplatz zehn, Verein und Trainer trennten sich „einvernehmlich“. Später erklärte Schuster in der „FAZ“, der Wechsel zum FC sei sein größter Fehler gewesen. Er habe sich „von guten Freunden dazu überreden lassen, eine so charakterlose Mannschaft zu trainieren“.

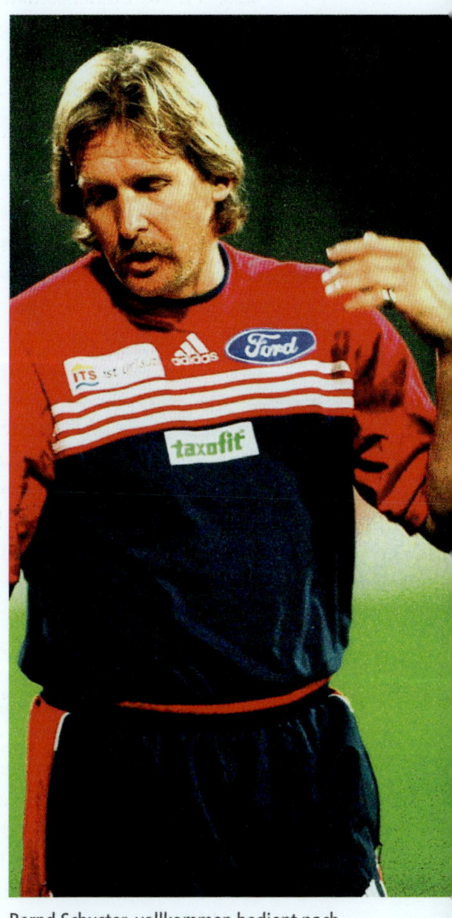

Bernd Schuster, vollkommen bedient nach dem 1:6 in Hannover

Ewald Lienen

75

Mit Zettel und Trennkost zurück nach oben

Nach dem prätentiösen Weltstar Bernd Schuster setzte die Führung des 1. FC Köln unter Präsident Albert Caspers im Sommer 1999 auf mehr Bodenständigkeit auf der Trainerbank. Ewald Lienen hatte mit dem MSV Duisburg und Hansa Rostock bereits bemerkenswerte Erfolge erzielt, dennoch betrachteten ihn einige FC-Fans mit Argwohn: Insgesamt acht Jahre lang hatte Lienen für Borussia Mönchengladbach gespielt.

Schnell aber schlossen die Kölner Anhänger den neuen Trainer in ihr Herz. Der sportliche Erfolg kehrte zurück, und Lienens Markenzeichen erlangten bald Kultstatus: der Notizblock, der ihm den Spitznamen „Zettel-Ewald" einbrachte, sowie ein hellblaues, teilweise bis zur Unkenntlichkeit mit Sponsorenaufklebern verziertes Oberhemd, das er mit einer dunklen Krawatte kombinierte. Der zuweilen pedantische Lienen führte auch strikte Verhaltensregeln für die Spieler ein, unter anderem die Trennkost sowie ein Rauch- und Alkoholverbot.

In den ersten beiden Spielzeiten fruchteten diese Maßnahmen. Der Coach ließ radikal auf Konter spielen, pfeilschnelle Flügelspieler und Angreifer waren hierfür essenziell. Diese waren bei seiner Ankunft beim 1. FC Köln allerdings rar gesät, weswegen Lienen und Sportdirektor Hannes Linßen den Kader ordentlich umbauten.

Umbruch sorgt für frischen Wind

Teure und in die Jahre gekommene Stars wie Dorinel Munteanu, Holger Gaißmayer (den Bernd Schuster öffentlich als „Stolperkönig" verunglimpft hatte), Spielmacher-Flop Goran Vučević oder Dirk Schuster gingen, schnelle Offensivkräfte wie Christian Timm und Matthias Scherz sowie die afrikanischen Defensivtalente Moses Sichone und Pascal Ojigwe kamen.

Die neuformierte Mannschaft kam exzellent aus den Startlöchern, übernahm nach dem 10. Spieltag die Tabellenführung und gab sie nicht mehr ab. Bereits am fünftletzten Spieltag machte der 1. FC Köln die Bundesligarückkehr perfekt durch ein spektakuläres 5:3 bei Hannover 96 nach 1:3-Rückstand. Der gebürtige Kölner Alexander Voigt, der noch als Profi zeitweise einen Kiosk in Ehrenfeld besaß, erzielte aus 30 Metern das entscheidende 4:3.

Von den Neuzugängen schlug vor allem Timm, 20 Jahre jung und bei Borussia Dortmund ausgebildet, sofort ein. In der Aufstiegssaison 1999/2000 war der Angreifer mit elf Pflichtspieltoren der zweitbeste Kölner Schütze nach Dirk Lottner (15). Im Jahr darauf in der 1. Liga war der Blondschopf an 18 FC-Treffern direkt beteiligt. Champions-League-Sieger Bayern München buhlte um Timm, der Spieler aber widerstand der Versuchung. Die Kölner Fans dankten es ihm, in der Südkurve wurde ein meterhohes Banner mit Timms Trikot entrollt.

Der Fahrstuhl fährt wieder nach unten

Der Zauber bei Timm und dem 1. FC Köln hielt allerdings nur zwei Jahre. Fast zeitgleich mit einer kaum erklärbaren Verletzungsmisere beim Hoffnungsträger geriet auch der FC zu Beginn der Saison 2001/02 in eine tiefe Krise. Der Konterfußball der Marke Lienen funktionierte nicht mehr – auch, weil die kostspieligen Neuzugänge um Sechs-Millionen-Mann Marco Reich nicht einschlugen.

Statt von Platz eins in der 2. Liga über Platz zehn als Erstliga-Aufsteiger noch weiter nach oben zu klettern, stürzte der 1. FC Köln im schwierigen zweiten Jahr ab. Bereits zur Mitte der Hinrunde steckte der Klub im Existenzkampf, nach einem 0:3 zum Rückrundenstart bei 1860 München wurde Aufstiegstrainer Lienen entlassen.

Der FC stand zu diesem Zeitpunkt bereits auf einem Abstiegsplatz und sollte ihn auch wegen einer historischen Negativserie (siehe Kapitel 78) bis zum Saisonende nicht mehr verlassen.

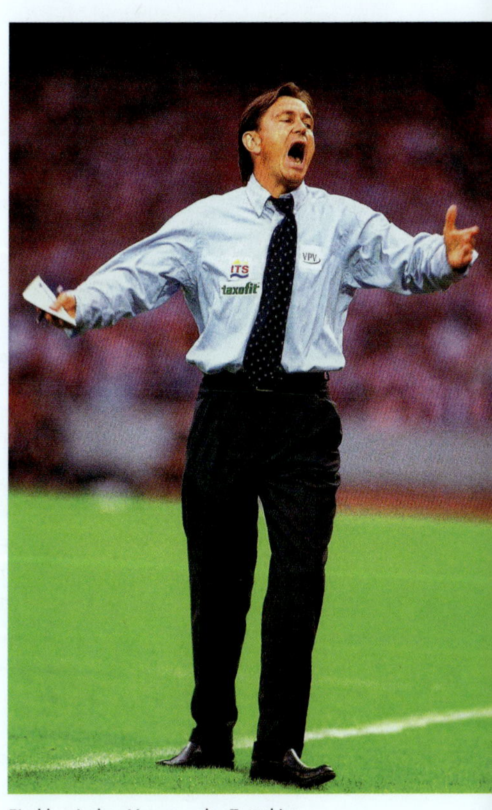

Ein klassischer Lienen – der Zettel ist immer in der Hand

Dirk Lottner

76

Der Ballstreichler von nebenan

Es gibt Zehner im Fußball, die sich ganz auf ihr Genie berufen und die Mitspieler für sich rackern lassen, anstatt mit ihnen für den Sieg zu arbeiten. Und es gibt Zehner im Fußball, die ihre Aufgabe verstehen, elegant die Bälle zu verteilen. Das Toreschießen, das können andere erledigen. Dirk Lottner war keiner dieser Typen.

Dies hatte zum einen damit zu tun, das „Lotte" in seiner Ära beim 1. FC Köln zwischen Januar 1999 und Juni 2004 das Trikot mit der Nummer 30 trug. Vor allem aber war Lottner ein ganz eigener Spielertyp. Der Ur-Kölner war weder besonders schnell noch ein filigraner Techniker, dafür aber enorm effektiv im Kreieren von Torchancen.

In 174 Pflichtspielen erzielte der beim kleinen Stadtrivalen Fortuna gereifte Lottner für den 1. FC Köln 57 Tore, weitere 37 Treffer bereitete er vor. Freistöße, Elfmeter und Eckbälle waren seine Welt, im laufenden Spiel bevorzugte er die zentrale Zone 25 Meter vor dem gegnerischen Tor.

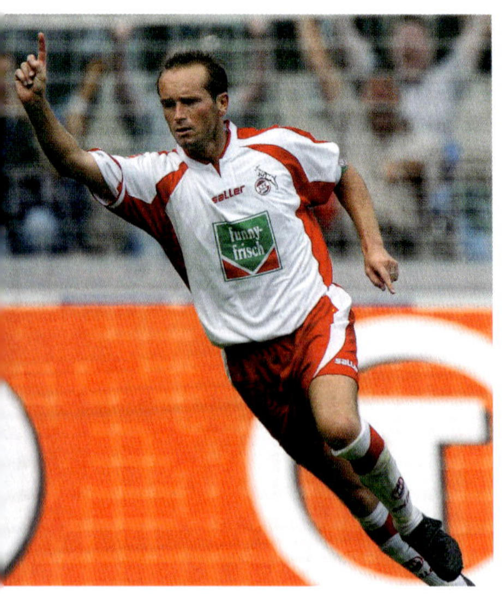

Ein bekanntes Bild: Dirk Lottner jubelt nach einem Torerfolg.

Ein Länderspiel hat Dirk Lottner nie bestritten, was angesichts seiner Effizienz sowie der Tatsache, dass der deutsche Fußball in seiner Hochphase am Boden lag, ein wenig verwundern mag. Allerdings pflegte Lottner auch einen anderen, weniger professionellen Lebenswandel als etwa Modellathlet Cristiano Ronaldo.

Lottner rauchte und trank auch gerne mal ein Kölsch – zwei Gründe, weswegen sein Verhältnis zum akribischen Ewald Lienen nicht immer einfach war. Lottner aber spielte eigentlich immer, weil er stets für einen Geniestreich oder eine Traumvorlage gut war. Darauf konnte und wollte kein FC-Trainer verzichten.

Marco Quotschalla

77

Wie der 1. FC Köln die Talentejagd ad absurdum führte

Talente waren um die Jahrtausendwende im deutschen Fußball ein seltenes Gut. Die Nationalmannschaft erreichte mit dem Vorrunden-Aus bei der Europameisterschaft 2000 in Belgien und den Niederlanden einen ihrer Tiefpunkte, jeder vielversprechende Kicker mit deutschem Pass war fortan heiß begehrt. Der 1. FC Köln allerdings trieb die Talentejagd im Frühjahr 2001 auf die Spitze und sorgte damit sogar in der nicht sonderlich moralischen Fußballgemeinde für einen Aufschrei.

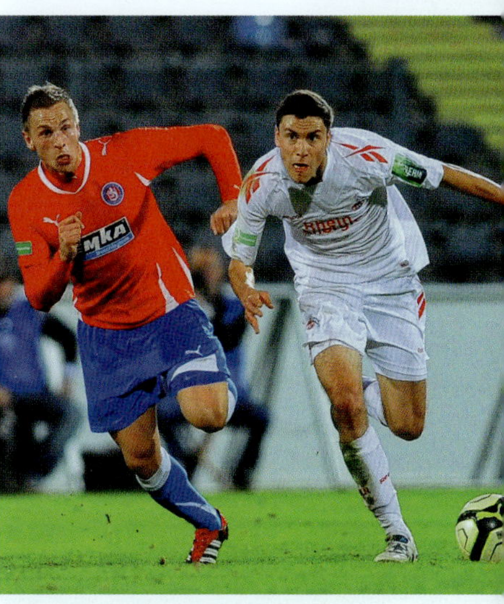

2012 spielte Quotschalla mit Wuppertal gegen den 1. FC Köln II (mit Jonas Hector).

Sportdirektor Hannes Linßen nämlich warb nicht bloß einen Spieler aus der Jugend des Rivalen Bayer Leverkusen ab. Offensivtalent Marco Quotschalla war zum Zeitpunkt seiner Verpflichtung lediglich 12 Jahre alt, der FC stattete ihn gleich mit einem Vertrag über sage und schreibe acht Jahre aus. Die Dotierung lag angeblich bei insgesamt 200.000 D-Mark. Eine Zeitung titelte: „Vater verkauft Sohn“, Linßen verteidigte den Transfer mit der „Sicherung der sportlichen Zukunft“ des Vereins.

Das Opfer war der Spieler. Gerade im Teenageralter, stand Quotschalla auf einmal im Fokus. „Im Nachhinein betrachtet, hat der damalige Medienhype meiner Karriere nicht gutgetan“, sagte er 2015 im Interview mit dem Magazin „11 Freunde“.

Letztlich verbrachte Quotschalla nur die Hälfte seiner Vertragszeit beim FC. 2005, im Alter von 17 Jahren, wechselte er in die A-Jugend von Alemannia Aachen. Für die Kaiserstädter bestritt er in der Saison 2006/07 seine einzigen beiden Bundesligaspiele über insgesamt elf Minuten.

1033 Minuten ohne Tor

78

(Minus-)Rekorde für die Ewigkeit

Irgendwie musste es ja so kommen. Die gelernten Stürmer des 1. FC Köln überboten sich in der Bundesligasaison 2001/02 gegenseitig an Pech und Unvermögen, das Septett um Christian Timm, Marco Reich und Lilian Laslandes kam in der gesamten Spielzeit auf gerade einmal fünf Tore, allesamt erzielt vom stets unterschätzen Markus Kurth.

Und so war es Innenverteidiger Thomas Cichon, der am 2. März 2002 die unselige, historische und womöglich nie wieder erreichbare Serie des 1. FC Köln von 1033 Bundesliga-Minuten ohne Bundesligator beendete.

Natürlich entsprang der einzige Treffer Cichons in 132 Erstligaspielen nicht einer Traumkombination über zehn Stationen, die der damals 25-Jährige mit einem Fallrückzieher in den Winkel abschloss. Nein, sein schmuckloser, nicht allzu strammer Schuss aus der zweiten Reihe landete in der 75. Minute im Tor von Hertha BSC zum 1:1-Endstand.

Zehn komplette Spiele ohne Torerfolg

Torschütze Cichon konnte sich darüber aber nicht freuen, vielmehr stürmte der Verteidiger wutentbrannt Richtung Tribüne, hielt sich die Hände demonstrativ an die Ohren und forderte die Anhängerschaft gestenreich auf, doch mal zu jubeln. „Wenn du gegen das ganze Stadion spielst, gegen die eigenen Fans, ist das bitter", sagte Cichon anschließend.

In den zehn Spielen zuvor hatte sich im Anhang und bei der Mannschaft jede Menge Frust aufgestaut. Seit dem 24. November 2001, dem 2:1 im Kellerduell beim FC St. Pauli, war der 1. FC Köln zehn Ligaspiele nacheinander ohne Torerfolg geblieben – während er in diesem Zeitraum

Die wichtigsten Rekorde

Höchster Pflichtspielsieg: 13:0 gegen Union Luxemburg am 5.10.1965 (Messepokal)
Höchste Pflichtspielniederlage: 0:8 bei Bayern München am 4.2.2003 (DFB-Pokal)
Höchste Bundesligasiege: 8:0 gegen Schalke 04 am 8.11.1969 und gegen Eintracht Braunschweig am 8.9.1979
Höchste Bundesliganiederlage: 0:7 bei Bayern München am 15.5.1971

im DFB-Pokal drei Spiele gewann und dabei insgesamt neun Treffer erzielte.

Doch der Anhang differenzierte nicht. Voller Sarkasmus zählten die Fans in der Partie gegen Hertha BSC die Sekunden herunter, bis „endlich" die sechste Spielminute erreicht war und die bisherige Bundesliga-Rekordmarke des 1. FC Saarbrücken aus der Saison 1992/93 von 964 Minuten ohne Torerfolg übertroffen war.

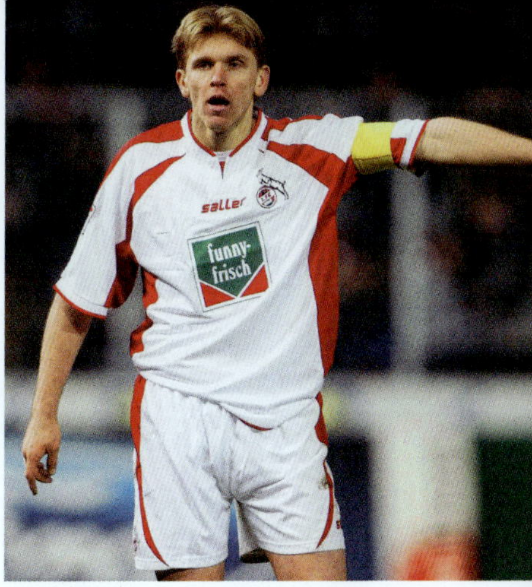

Cichon beendete die Endlos-Serie.

Trainer der Saarländer war damals Peter Neururer, und der Ex-Coach des FC sendete seinem früheren Verein nach dem Hertha-Spiel schadenfrohe Grüße via TV: „Ich freue mich, dass ihr diesen eigenartigen Rekord gebrochen habt. Er hat doch schwer auf mir gelastet."

Dazwischen vergingen zehn Spiele (vier Unentschieden, sechs Niederlagen) mit einem Torverhältnis von 0:17. Wenig verwunderlich, dass der 1. FC Köln am Saisonende mit lediglich 29 Punkten und den mit Abstand wenigsten erzielten Toren in der Liga (26) abstieg.

Müller, Simmet, Mohamad: Rekordhalter des 1. FC Köln

Glücklicherweise kann der 1. FC Köln auch auf zahlreiche positive Bestmarken zurückblicken: So sind die sechs Tore von Dieter Müller gegen Werder Bremen am 17.8.1977 (7:2) einmalig in der Bundesligageschichte.

Mittelfeldspieler Heinz Simmet wurde zwischen 1970 und 1977 in 258 Bundesligaspielen in Folge eingesetzt – Rekord für einen Feldspieler.

Weniger rühmlich ist die Marke von Youssef Mohamad. Der libanesische Abwehrspieler sah am 21. August 2010 in der Partie gegen den 1. FC Kaiserslautern (1:3) nach 88 Sekunden die Rote Karte, schneller war kein Spieler in der Bundesliga nach dem Anpfiff unter der Dusche.

In der jüngeren Vergangenheit egalisierte der Verein einen Rekord, den vielleicht nicht jeder auf dem Zettel hat: Beim sechsten Bundesligaaufstieg 2018/19 holte sich Köln zum vierten Mal die Zweitligameisterschaft. Damit teilt sich der FC diesen Rekord mit dem SC Freiburg und dem 1. FC Nürnberg.

Der ewige Prinz

Kult um Lukas Podolski

79

Das mit Lukas Podolski, dem FC und Köln ist einfach Liebe. „Das ist wie eine Ehe. In Köln will ich sterben", sagte Podolski einmal. In der Domstadt wird er bedingungslos geliebt, ja regelrecht verehrt. Dabei ist Podolski nicht in Köln geboren, sondern im polnischen Gleiwitz. Er frönt nicht einmal dem Kölsch. „Ich trinke nie", versichert Podolski mit Nachdruck.

Dennoch ist dieser Mann der Liebling der Kölner seit seinem Bundesligadebüt im Herbst 2003. Der FC steckte mal wieder im Abstiegskampf, Aufstiegstrainer Friedhelm Funkel war gerade entlassen. Nachfolger Marcel Koller wurde auf A-Jugend-Torjäger Podolski aufmerksam und warf den 18-Jährigen am 22. November 2003 gegen den Hamburger SV gleich in die Startelf.

Podolski rackerte, wurde bei jeder guten Aktion von den Fans bejubelt. Der FC verlor zwar mit 0:1, doch fortan war „Prinz Poldi", wie er vom Boulevard schnell genannt wurde, ein fester Teil der Mannschaft. Unbedarft erklärte der Stürmer nach seinem ersten Tor zum 1:1-Endstand bei Hansa Rostock im TV-Interview: „Der Sieg hat gefehlt, nä. Man will ja auch gewinnen, nä. Scheiße so, nä."

Der 1. FC Köln stieg zwar als Tabellenletzter ab, doch der Klub hatte eine neue Identifikationsfigur. Der Jungspund mit der Rückennummer 36 erzielte 10 Tore in 19 Bundesligaspielen, debütierte am 6. Juni 2004 in der Nationalmannschaft und fuhr gleich mit zur Europameisterschaft nach Portugal. „Ich habe jedes Essen, jeden Termin, jedes Training genossen", sagte Podolski, der beim Vorrundenaus zu einem Kurzeinsatz kam.

Symbolfigur einer neuen Spielergeneration

Gemeinsam mit dem ein Jahr älteren Bastian Schweinsteiger von Bayern München war Podolski in der Folge der Frontmann einer neuen, hoffnungsvollen Spielergeneration. Er blieb auch nach dem Abstieg 2004 den Geißböcken treu, während er unter dem neuen Bundestrainer Jürgen Klinsmann im DFB-Team zum Stammspieler avancierte.

Ein regelrechter Poldi-Hype kam bundesweit auf, die Sympathiewerte des erfrischenden Jungstars waren gigantisch, erste musikalische Denkmäler wurden ihm gesetzt. Seine Popularität über Köln hinaus ließ sich nicht zuletzt daran ablesen, dass Podolski in seiner Karriere insgesamt 13-mal und damit häufiger als jeder andere zum „Torschützen des Monats“ in der ARD-Sportschau gewählt wurde.

In der Saison 2004/05 schoss Podolski den FC mit 24 Toren zurück in die 1. Liga. Im Nationalteam sorgte er mit seinem starken linken Fuß für Traumtore en masse. Podolskis Stern stieg immer höher, nach dem neuerlichen FC-Abstieg 2006 wechselte er im Alter von 20 Jahren für 10 Millionen Euro Ablöse zum FC Bayern. Mit drei Toren und der Auszeichnung zum besten Nachwuchsspieler der WM 2006 wurde Podolski zudem zu einem Protagonisten des „Sommermärchens“.

Doch fernab der Heimat wurde er nicht glücklich. Köln träumte unaufhörlich von der Rückkehr des verlorenen Sohnes – und der kam tatsächlich. In einem finanziellen Kraftakt stemmte der 1. FC Köln 2009 die Rückholaktion.

Poldi kommt nach Hause

Bei seinem ersten Training war das RheinEnergieSTADION halb gefüllt, RTL übertrug das „Welcome back“-Spiel zwischen Köln und dem FC Bayern live, Podolski spielte in einem eigens angefertigten Sondertrikot, um Teile seiner Ablöse reinzuspielen.

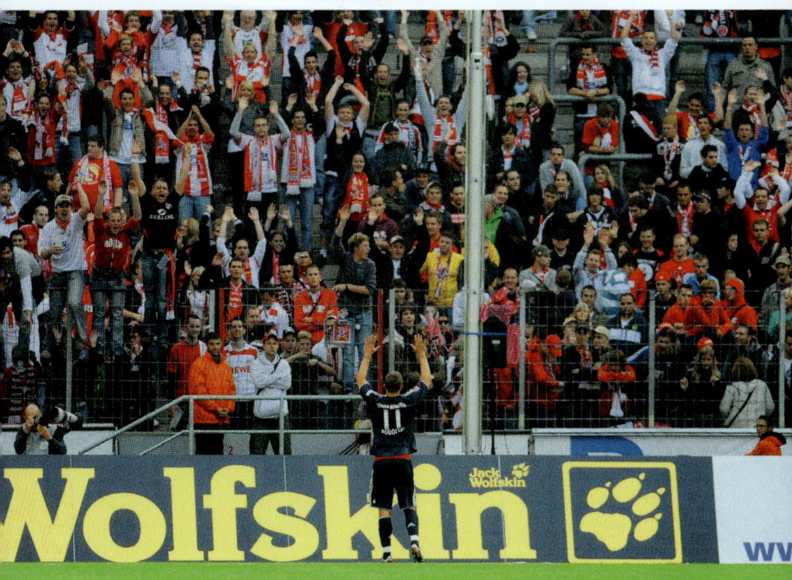

Selbst als Bayern-Spieler wurde Podolski in Köln gefeiert.

Die Euphorie verflog allerdings schnell. Anders als Podolski gegenüber angekündigt, wurde der Kader nicht auf breiter Front verstärkt. Es fehlte schlicht das Geld. Zu allem Überfluss fiel der Heilsbringer in ein Leistungsloch, erzielte in der Saison 2009/10 lediglich zwei Tore.

In den beiden folgenden Jahren erlebte Podolski seine persönlich besten Spielzeiten in Köln. Mit 13 Toren trug er als Kapitän maßgeblich zum guten zehnten Platz am Ende der turbulenten Saison 2010/11 bei. Im Jahr darauf traf Podolski gar 18-mal, doch der Kompetenzstreit zwischen Sportdirektor Volker Finke und Trainer Ståle Solbakken übertrug sich auf die Mannschaft. Nach einer desaströsen Rückrunde stieg der 1. FC Köln zum fünften Mal binnen 14 Jahren ab, Podolskis Wechsel zum FC Arsenal in die Premier League stand da bereits fest.

Ewige Verbundenheit

Obwohl er letztlich nicht einmal sechs Jahre für die Profis des 1. FC Köln spielte, wird Lukas Podolski stets und überall mit dem Klub aus der Domstadt in Verbindung gebracht. Auch, weil er selbst aus der Liebe zu Verein und Stadt nie einen Hehl macht. Nach dem Gewinn des WM-Titels 2014 trug er bei der großen Party am Brandenburger Tor eine Fahne der Stadt Köln gut sichtbar bei sich. Auf all seinen Auslandsstationen kehrte er immer wieder in die Heimat zurück, verfolgte Heimspiele des FC aus seiner eigenen Loge im Stadion, das einst sein Wohnzimmer war.

In Köln hat sich Podolski ein kleines Gastronomie-Imperium geschaffen. Es steht außer Zweifel, dass sein Lebensmittelpunkt nach dem Ende der aktiven Karriere in Köln liegen wird. Hier wurde er groß. Hier schoss er Traumtore. Auch international ist er der erfolgreichste Kölner, 31 seiner 49 Tore in 130 Länderspielen erzielte Podolski als FC-Akteur.

Ein Volltreffer geht allerdings nicht auf Podolski. Jahrelang wurde ihm das Bonmot „Fußball ist wie Schach, nur ohne Würfel" zugeschrieben. Der Spruch stammt aber von Satiriker Jan Böhmermann, der mit Erfolg auf Podolski-Parodien setzte. Dem ewig lausbubenhaften Podolski traute die Öffentlichkeit zeitweise wirklich alles zu.

Die besten Sprüche von Lukas Podolski

„Fußball ist einfach: rein das Ding und ab nach Hause."
„Jetzt müssen wir die Köpfe hochkrempeln. Und die Ärmel natürlich auch."
„Ich denke nicht vorm Tor – das mach ich nie!"
„So ist Fußball. Manchmal gewinnt der Bessere!"
„Eigentlich überwiegt beides."

Niemals geht man so ganz

80

Rückkehrer zum 1. FC Köln

Lukas Podolski ist nur ein Beispiel dafür, wie der 1. FC Köln Menschen berührt und nicht wieder loslässt. Die Rückkehr des Stürmers war sicherlich die emotionalste eines Stars zum Geißbockheim, doch es war bei Weitem nicht die einzige.

Weisweiler kommt dreimal zum FC

Dreimal sagte Hennes Weisweiler „Ja" zum 1. FC Köln. 1935 schloss sich der gebürtige Lechenicher im Alter von 15 Jahren dem Vorgängerverein Kölner BC an. Während des Zweiten Weltkriegs spielte der in Bayern als Flaksoldat eingesetzte Weisweiler schließlich für Wacker München, ehe er in die Heimat und zum KBC zurückkehrte. Nach der Fusion des Klettenberger Vereins mit Sülz 07 zum 1. FC Köln stand Weisweiler am 15. Februar 1948 beim ersten Spiel des Klubs auf dem Platz.

Im Sommer 1948 übernahm Weisweiler das Amt des Spielertrainers, später konzentrierte er sich ausschließlich auf seine Aufgaben an der Seitenlinie. 1952 verließ er den FC, kehrte aber über die Stationen Rheydter SV und Deutscher Fußball-Bund, wo er nach dem WM-Gewinn 1954 ein Jahr lang als Assistent von Bundestrainer Sepp Herberger tätig war, 1955 zurück. Nach drei weiteren Jahren auf der Kölner Trainerbank kam es 1958 zum Zerwürfnis zwischen den Alphatieren Weisweiler und Klub-Präsident Franz Kremer.

Doch 1976 war Weisweiler ein weiteres Mal machtlos, als die Heimat rief. 1977 führte er den 1. FC Köln zum DFB-Pokalsieg, ein Jahr später erstmals in der Vereinsgeschichte zum Double aus Meisterschaft und Pokal. Streitbar blieb er auch in dieser Zeit: Obwohl er ein Haus in Köln besaß, entschied Weisweiler sich für Neuss als Wohnort. Von dort pendelte er mit einem grünen BMW mit dem Kennzeichen „NE" zum Geißbockheim.

Litti hat Heimweh

Am 18. August 1987 wurde Pierre Littbarski am Köln-Bonner Flughafen wie ein Staatsgast empfangen. Das einjährige Rendezvous des Publikumslieblings mit Racing Paris war ein Reinfall, zahlreiche Fotografen und Kamerateams begrüßten den Offensivstar in Begleitung von FC-Präsident Dietmar Artzinger-Bolten umso euphorischer. Seine ersten acht Jahre beim 1. FC Köln hatten Littbarski geprägt, das Heimweh hatte ihn in der

Seine-Metropole Paris übermannt. „Nur wegen des Geldes den Spaß am Fußball zu verlieren, das kann es nicht sein. Außerdem haben wir Köln vermisst, mein Herz hängt an Köln“, sagte Littbarski.

Und so kehrte er nach nur einem Jahr für die damals horrende Summe von 3,4 Millionen Mark zum FC zurück, tauschte die edle Behausung in Frankreichs Hauptstadt gegen das Haus in Weilerswist. Noch einmal knapp sechs Jahre blieb „Litti“ bei seinem Herzensklub.

Auch wenn diese Zeit ohne Titel blieb, so war Littbarski doch mitverantwortlich dafür, dass der 1. FC Köln von 1987 bis 1990 drei Jahre in Folge um die Meisterschaft mitspielte. „Es war sportlich die schönste Zeit, weil wir wirklich nah dran waren“, sagte Littbarski.

Der Ruf des Geißbocks ereilt vor allem Stürmer

Auch vier Stürmer kamen nur zu gern zurück, als der 1. FC Köln sie rief. Tony Woodcock schloss sich 1986 im Alter von 31 Jahren noch einmal dem Klub an, der ihn 1979 für die damalige Bundesliga-Rekordablösesumme von 2,5 Millionen D-Mark verpflichtet hatte. Die „Waldschnepfe“, so die Bedeutung seines Nachnamens im Englischen, erlangte mit seiner lockeren Art ungemeine Popularität in Köln.

In insgesamt 152 Pflichtspielen für den FC erzielte er 46 Tore. Der „kölsche Engländer“ blieb der Domstadt anschließend treu und wechselte zur Fortuna, wo er nach seinem Karriereende 1990 auch eine Saison lang Trainer war. Auch wenn Tony Woodcock später auf die Insel zurückkehrte, ist er immer wieder Gast bei FC-Heimspielen.

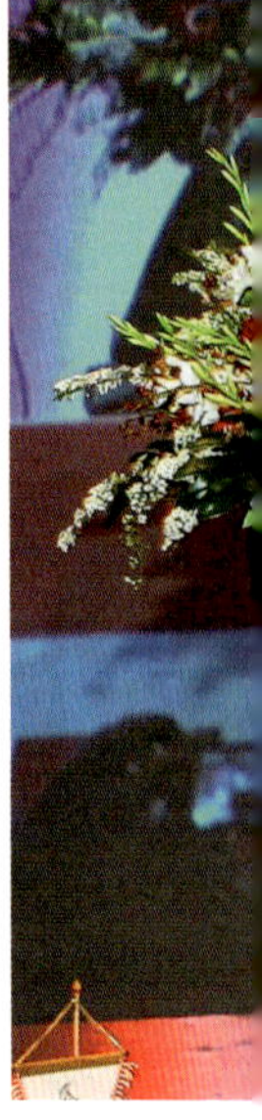

In der jüngeren Vergangenheit konnte der 1. FC Köln zwei Torjäger erneut begrüßen. Bei seinem ersten Gastspiel von 2009 bis 2011 war Simon Terodde nicht über die Joker-Rolle hinausgekommen, doch nach seiner Rückkehr im Januar 2018 schoss „T-Rod“ in zweieinhalb Jahren 43 Tore, davon 29 in der Zweitliga-Aufstiegssaison 2018/19.

Ab Februar 2019 hatte Terodde in Anthony Modeste einen weiteren Rückkehrer an seiner Seite. Dem Franzosen gelangen sagenhafte 40 Bundesligatore zwischen August 2015 und Mai 2017, federführend schoss er den FC mit seinen 25 Treffern 2016/17 nach einem Vierteljahrhundert wieder in den Europapokal, ehe er für die Vereins-Rekordablöse von 35 Millionen Euro nach China wechselte.

Im Reich der Mitte wurde die vielbesungene Kultfigur („Modeste, Modeste, Anthony Modeste“) aber nicht glücklich. Wegen eines Vertragsbruchs seines Vereins Tianjin Quanjian konnte der Fanliebling, begleitet von einigen juristischen Nebengeräuschen, letztlich ablösefrei in seine Wahlheimat zurückkehren.

Ebenfalls zum Nulltarif kam 2013 bereits Patrick Helmes zurück nach Köln. Zwischen 2005 und 2008 gelangen dem jungen Stürmer 35 Tore für den FC, ehe er ablösefrei und sehr zum Unmut des Kölner Anhangs zu Bayer Leverkusen wechselte. Dafür wurde Helmes 2013/14 mit zwölf Toren zum gefeierten Aufstiegshelden (siehe Kapitel 93).

Comeback auf Umwegen

Lange 25 Jahre musste Torwartidol Toni Schumacher auf seine Rückkehr zum 1. FC Köln warten. Nach seinem Rauswurf als Spieler 1987 gehörte „Tünn" ab 2012 als Vizepräsident sieben Jahre lang zur Führungscrew des Vereins. In diese Zeit fiel zwar ein Abstieg, aber auch zwei Aufstiege und die Europapokal-Qualifikation.

Mittelfeld-Zauberer Thomas Häßler war von 2006 bis 2011 für den 1. FC Köln als Techniktrainer tätig. Und Wolfgang Overath, die Spielmacherikone der Sechziger und Siebziger, bestieg 2004 den Präsidentenstuhl.

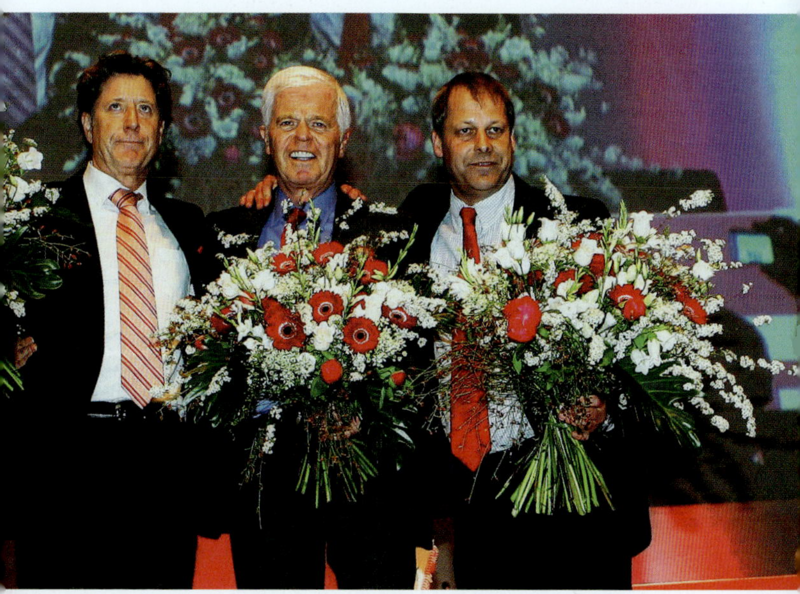

Rückkehr als Vizepräsident: Toni Schumacher (l.) neben Werner Spinner und Markus Ritterbach

Die Rückkehr des Königs

Die Präsidentschaft von Wolfgang Overath

81

Für die großen Überraschungsmomente war Wolfgang Overath schon als Spieler zuständig. Doch was er am 13. November 2011 den versammelten Mitgliedern des 1. FC Köln in der Lanxess Arena mitteilte, kam einer Detonation aus heiterem Himmel gleich. „Ich bitte den Verwaltungsrat um Verständnis, dass wir vorher darüber nicht gesprochen haben", erklärte Overath und führte aus: „Ich wurde verunglimpft, wie ich es vorher nie erlebt habe."

Worauf alles hinauslief, war dieser Satz: „Mit Ende der heutigen Mitgliederversammlung treten wir von unseren Ämtern als Präsident und Vizepräsident des 1. FC Köln zurück." Wir, das waren Overath sowie seine Vizepräsidenten Jürgen Glowacz und Friedrich Neukirch, die zwei Jahre vor dem Ende ihrer Amtszeit schlicht keine Lust mehr hatten: „Wir wollen uns nicht mehr über Spielberichte ärgern, nicht mehr die Wochenenden versauen!"

Hoffnung auf Rückkehr der goldenen Zeiten

Ein solches Ende mit Schrecken, eine entnervte Nichts-wie-weg-Stimmung, hatten die wenigsten erwartet, als Wolfgang Overath am 14. Juni 2004 unter breiter Zustimmung zum achten Präsidenten des 1. FC Köln gewählt wurde. Und Overath, der erfolgreiche Fußballer und Geschäftsmann, trat an, um die Sehnsucht der Fans nach Erfolgen zu stillen.

Sein Vorgänger Albert Caspers hatte den Verein zwar saniert, in seine sechsjährige Amtszeit fielen aber auch die Abstiege 1998, 2002 und 2004. Mit dem 60-jährigen Overath, so die Hoffnung, sollten die Erfolge der Ära Franz Kremer wiederkehren. Und die schillernde Ikone packte ähnlich entschlossen an wie der „Boss". Overath gewann Partner in der Wirtschaft. Er entließ Trainer Marcel Koller, der zwar den neuen Liebling Lukas Podolski entdeckt und gefördert hatte, aber den Abstieg nicht verhindern konnte.

Neuer Coach zum 1. Juli 2004 wurde Huub Stevens, zuvor mit Schalke 04 UEFA-Cup- und DFB-Pokalsieger sowie „Meister der Herzen". Stevens schaffte 2005 den direkten Wiederaufstieg, das erste Zwischenziel in Overaths Masterplan war erreicht. Doch der „Knurrer von Kerkrade" verließ den Verein, um seiner erkrankten Ehefrau beizustehen.

Uwe Rapolder, der mit Arminia Bielefeld eine spektakuläre Saison hingelegt hatte, wurde Stevens' Nachfolger. Rapolders Aufgaben waren von

Overath und Manager Andreas Rettig klar definiert: 2006 die Klasse halten, 2007 den FC im Liga-Mittelfeld etablieren, 2008 in den Europapokal.

Overaths Plan scheitert jäh

Mit einer umfangreich verstärkten Mannschaft und dem Schlüsselspieler Podolski startete der FC gut in die Saison 2005/06, doch nach dem 5. Spieltag gelang in der Hinrunde kein Sieg mehr. Rettig warf nach dem 2:3 bei Arminia Bielefeld am 17. Spieltag noch auf der Tribüne die Brocken hin, am Tag danach wurde Rapolder entlassen.

Das Präsidium musste den Verein auf einem Abstiegsplatz stehend neu ausrichten. Michael Meier kehrte nach über 18 Jahren als Manager zurück. Dritter Trainer der Ära Overath wurde Hanspeter Latour, doch auch der Schweizer schaffte nicht die Rettung.

Nach zwei Jahren stand Overath also wieder am Anfang. Der Klubboss und auch Meier, der dem FC eine „elitäre Arroganz“ implementieren wollte, holten nun die größtmögliche Lösung für den Trainerposten: Christoph Daum. Doch allein mit dem zwischenzeitlich tief gefallenen Zampano ging

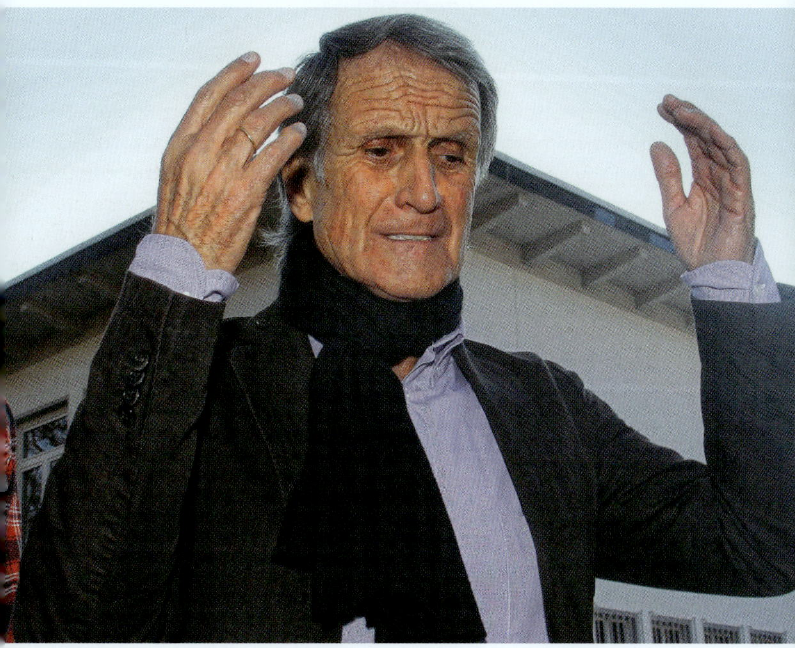

Als Präsident war Wolfgang Overath glücklos.

es nicht steil nach oben. Auch nicht, als Overath mit den portugiesischen Stars Petit und Maniche sowie Rückkehrer Lukas Podolski die nächsten großen Namen präsentierte.

Der fehlende Erfolg hing auch zusammen mit der großen Fluktuation auf der Trainerposition. Daum führte den Verein zwar 2008 zurück in die Bundesliga, nahm aber nach dem Klassenerhalt 2009 das üppig dotierte Angebot von Fenerbahçe Istanbul an. Sein blasser Nachfolger Zvonimir Soldo hatte einen schweren Stand beim Präsidium, ebenso wie der durchaus erfolgreiche Frank Schaefer. Overath ließ zu, dass Meier-Nachfolger Volker Finke den früheren U23-Coach öffentlich demontierte.

Finke, zuvor 16 Jahre lang erfolgreicher Coach des SC Freiburg, übernahm für die letzten drei Saisonspiele 2010/11 und schaffte mit drei Siegen den Klassenerhalt. Tabellenplatz zehn bedeutete das beste Abschneiden für den 1. FC Köln seit zehn Jahren. Doch die Entwicklungskurve zeigte keineswegs nach oben. Finke holte seinen Wunschtrainer Ståle Solbakken, einen norwegischen Taktikfuchs mit eigenwilligem Humor – und überwarf sich mit diesem heillos.

Wachsender Widerstand nach Zick-Zack-Kurs

All diese Querelen fielen vor allem auf das Präsidium zurück, und das Präsidium war für die Öffentlichkeit Overath. Der reagierte zunehmend dünnhäutig auf die durchaus berechtigte Kritik, der Verein habe kein sportliches Konzept. Besonders die oppositionelle Initiative „FC-Reloaded“ machte Overath mürbe, Handgemenge im Publikum bei der Jahreshauptversammlung 2010 und Schmährufe taten ihr Übriges. Und so kam es zur überraschenden Entscheidung am 13.11.2011.

Overath hinterließ eine Lücke, die erst im April 2012 mit der Wahl von Werner Spinner geschlossen wurde. Das Verhältnis zu seinem Nachfolger war lange belastet, für Overaths Geschmack wurde seine Amtszeit zu negativ beurteilt. „Natürlich haben wir Fehler gemacht. Aber ich habe keine einzige Entscheidung alleine getroffen“, sagte er 2016 der „Kölnischen Rundschau“.

Overath fügte an: „Ab unserem Amtsantritt in der 2. Liga hatten wir alle Spiele ausverkauft, alle Logen und alle Dauerkarten vergeben, fast von heute auf morgen. In dieser Zeit hat die Veränderung angefangen. Aus 12.000 Mitgliedern wurden binnen zwei Jahren 55.000. In der Wahrnehmung von außen entstand das, was man heute als Normalität betrachtet: Der FC wurde für viele Menschen eine Herzensangelegenheit.“

Diese Zahlen stimmen. Allerdings hatte der 1. FC Köln nach dem fünften Abstieg 2012, ein halbes Jahr nach Overaths Abschied, auch einen Rekord-Schuldenberg von fast 30 Millionen Euro angehäuft.

82

Sprücheklopfer und Dozenten

Kurzzeit-Trainer des 1. FC Köln

Gleich mit dem allerersten ging es los. Karl Flink wurde mit der Gründung des 1. FC Köln am 13. Februar 1948 der erste Trainer des Vereins. Am 30. Juni, nach dem verpassten Aufstieg in die Oberliga West, war der nur 1,57 Meter große Ex-Nationalspieler schon wieder Geschichte. 14 weitere Cheftrainer zwischen 1948 und 2019 teilten Flinks Schicksal: Sie „überlebten“ nicht einmal eine komplette Saison auf der Trainerbank des 1. FC Köln.

Der Kurzarbeiter: Jerat

Am kürzesten hielt sich Wolfgang Jerat (28.2.–28.4.1993). Mit dem jungen und ehrgeizigen Coach der FC-Amateure hoffte die Vereinsführung auf eine Neuauflage der Erfolgsgeschichte mit Christoph Daum sieben Jahre zuvor. „Wir hatten mit der U23 eine Riesen-Halbserie gespielt, Jörg Berger hatte sich verschlissen. Als ich die Mannschaft von ihm übernommen hatte, war es das schlechteste Ergebnis der Bundesligageschichte“, erinnerte sich Jerat im Express. Unter dem neuen Coach gewann die Mannschaft ihr erstes Spiel gegen Dynamo Dresden mit 3:1, doch nach nur zwei Siegen aus den nächsten acht Partien verlor der Vorstand in akuter Abstiegsgefahr das Vertrauen. Der damals 38-jährige Jerat wurde zum Co-Trainer degradiert.

Kurzzeit-Cheftrainer des 1. FC Köln (Amtszeit < 12 Monate)

Karl Flink (13.2.–30.6.1948)
Helmut Schneider (1.7.1952–17.5.1953)
Gyula Lorant (1.7.1971–4.4.1972)
Karl-Heinz Heddergott (16.4.–13.10.1980)
Georg Keßler (7.2.–22.9.1986)
Wolfgang Jerat (28.2.–28.4.1993)
Stephan Engels (27.8.1995–31.3.1996)
Lorenz-Günther Köstner (1.10.1997–30.6.1998)
Marcel Koller (2.11.2003–30.6.2004)
Uwe Rapolder (1.7.–18.12.2005)
Hanspeter Latour (3.1.–9.11.2006)
Frank Schaefer (24.10.2010–27.4.2011)
Ståle Solbakken (1.7.2011–12.4.2012)
Stefan Ruthenbeck (3.12.2017–30.6.2018)
Markus Anfang (1.7.2018–27.4.2019)
Achim Beierlorzer (1.7.2019–9.11.2019)

Die Schleifer: Lorant und Keßler

Zum Typus Schleifer gehörte ganz gewiss Gyula Lorant (1.7.1971–4.4.1972). Der Ungar war ein begnadeter Fußballer, 42-maliger Nationalspieler und Teil der Wunderelf seines Heimatlandes, die 1954 das WM-Finale in Bern gegen die deutsche Mannschaft verlor. Als Trainer kannte der 1964 nach Deutschland geflohene Lorant keine Gnade. Kondition bolzen am Decksteiner Weiher war bei ihm Programm, bei Frost wurde auf steinhartem Boden mit Stollenschuhen trainiert. Spannungen gab es trotz insgesamt guter Ergebnisse aber nicht nur zwischen dem Trainer und der Mannschaft, Lorant überwarf sich auch mit Präsident Oskar Maaß. „Halt das Maul, du fette alte Sau" soll der Coach seinem Vorgesetzten während der 0:3-Pokalniederlage bei Bayern München am Ostersamstag 1972, einem 1. April, zugerufen haben. Lorant meinte dies wohl nicht als Scherz, und Maaß verstand es auch nicht so. Schon auf der Pressekonferenz stellte sich der Präsident und nicht der Trainer den Fragen der Journalisten. Drei Tage später war der impulsive Lorant entlassen.

Ein Kölner Kurzzeit-Trainer der autoritären Sorte war auch Georg Keßler (7.2.–22.9.1986). Der „Sir", wie der silberhaarige Saarländer genannt wurde, hatte recht genaue Vorstellungen von Disziplin. Den Damen auf der Geschäftsstelle soll er einmal erklärt haben, dass sich selbst die Fliegen bei ihm in eine Richtung zu bewegen haben. Bei der Mannschaft kam seine Art nicht an, auf einem Abstiegsplatz liegend, übergab er an seinen bisherigen Co-Trainer Christoph Daum.

Der Dozent: Heddergott

Wenn der Name Karl-Heinz Heddergott (16.4.–13.10.1980) fällt, schlagen die damaligen Spieler des 1. FC Köln heute noch die Hände über dem Kopf zusammen. Nach dem Abgang von Double-Sieger-Trainer Hennes Weisweiler in die USA wagte FC-Manager Karl-Heinz Thielen das Experiment mit dem Konzepttrainer. Der gebürtige Düsseldorfer war zu diesem Zeitpunkt bereits 54 Jahre alt und ohne Erfahrung im Vereinsfußball. Dafür hatte er sich beim Verband einen Namen gemacht, als Spielebeobachter für Bundestrainer Helmut Schön und später als Leiter der DFB-Trainerausbildung. Zur Mannschaft fand der schnell als „Schöngeist" und „Theoretiker" geschmähte Heddergott aber keinen Zugang. Zudem überwarf er sich mit Jungstar Bernd Schuster. „Nach Hennes Weisweiler so einen Mann zu holen, das ging mir nicht in den Kopf", sagte Schuster 1998. Auch Torwart Toni Schumacher konnte wenig mit Heddergotts Methoden anfangen, die unter modernen Gesichtspunkten durchaus zeitgemäß erscheinen. „Der kam dann und versuchte Training zu machen mit hunderten Hütchen", so Schumacher, der anmerkte: „Ich glaube aber auch, dass man ihm kaum eine Chance gegeben hat."

Der Sprücheklopfer: Solbakken

Ståle Solbakken war nur gut neuneinhalb Monate beim 1. FC Köln (1.7.2011–12.4.2012), doch in dieser Zeit lieferte der Norweger Stoff für eine ganze Fußballzitate-Sammlung. „Oh, das ist meine Frau. Die will fragen, ob ich morgen noch eine Arbeit habe", sagte er einmal schlagkräftig, als während einer Pressekonferenz sein Handy klingelte. Auf das Gewicht des pausbäckigen neuen Verteidigers Ammar Jemal angesprochen, meinte er: „Ich werde ihn mir unter der Dusche mal genauer anschauen."

Doch so gut Solbakken bei Fans und Medien ankam, so beschwerlich verlief seine Kommunikation mit der Mannschaft. Beim FC Kopenhagen hatte er zuvor ein System mit radikaler Zonendeckung etabliert, mit dem der kleine Klub 2011 sogar ins Achtelfinale der Champions League einzog. In Köln aber scheiterte er an vielem: der mangelnden Geduld des Umfeldes, dem fehlenden Vertrauen der Mannschaft in sein System, der schwierigen Beziehung zu Sportdirektor Volker Finke und letztlich auch an sich selbst.

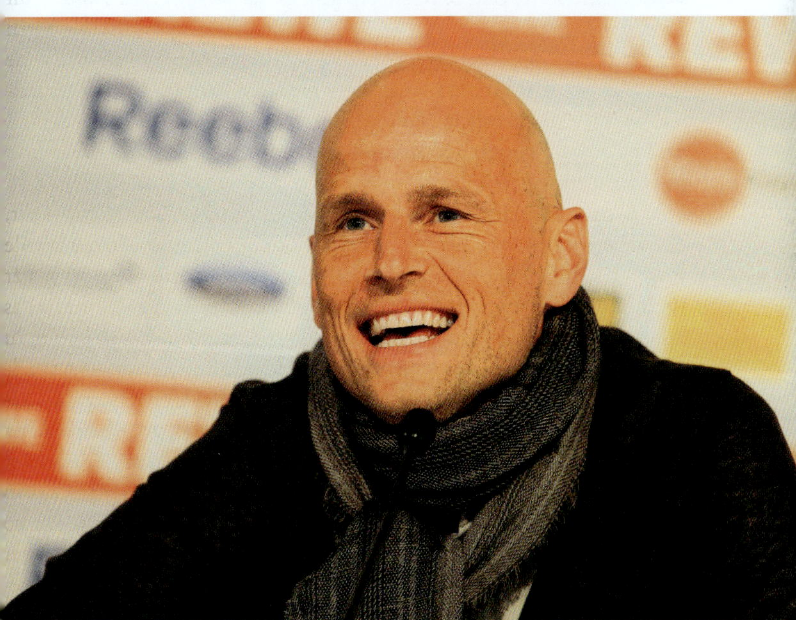

Charismatischer Charakterkopf mit kurzer Amtszeit: Ståle Solbakken

Milivoje Novakovič

83 Torjäger mit kleinen Schwächen

Milivoje Novakovič war sechs Jahre lang die personifizierte Lebensversicherung des 1. FC Köln. Der Slowene genoss Kultstatus, er war aber auch eine Reizfigur mit zweifelhafter Berufsauffassung. „Milivoje Novakovič ist ein Horror für die letzte Abwehrlinie." Dieses Urteil fällte Borussia Dortmunds Trainer Jürgen Klopp im April 2009 vor dem Bundesligaspiel des BVB gegen den 1. FC Köln. Ein Satz, der von jedem anderen Erstliga-Trainer hätte stammen können, immerhin war Novakovič einer der gefährlichsten Bundesliga-Angreifer dieser Zeit.

2006 für 1,4 Millionen Euro Ablöse als Wunschspieler des ansonsten glücklosen Trainers Hanspeter Latour aus Bulgarien geholt, schoss Novakovič den FC 2007/08 als Zweitliga-Torschützenkönig mit 20 Treffern in die 1. Liga. Herausragend waren auch seine Erstligaspielzeiten 2008/09 (16 Tore) und 2010/11 (17 Tore).

Eine Torquote wie Podolski

Auch bei der Einordnung in einen größeren Rahmen wird das Format von „Nova" deutlich: Seine 82 Tore in 176 Pflichtspielen für den FC sind nicht weit von der Marke eines gewissen Lukas Podolski entfernt, der in 181 Auftritten 86 Treffer erzielte.

Will man Milivoje Novakovič in all seinen Facetten beschreiben, ist jedoch die Verwendung des Wortes „Aber" unerlässlich. Auch hier sprach Jürgen Klopp bei einem Auftritt im „Doppelpass" bei Sport1 im Jahr 2011 für die breite Masse: „Der Novakovič kann alles. Der ist schnell, beidfüßig, kopfballstark, gut im Dribbling. Aber wenn der jetzt auch noch von der Mentalität her eine glatte Eins wäre, dann würde der doch nicht in Köln spielen!" Da waren sie, die Zwischentöne, die den Schlaks stets begleiteten. Der lebensfrohe Slowene mit jahrelangem Wohnsitz in der Kneipenmeile Kölner Altstadt machte nie einen Hehl daraus, gern zu feiern. Für Schlagzeilen sorgte vor allem sein Führerscheinentzug Ende 2007, als er in den frühen Morgenstunden von der Polizei im wahrsten Sinne des Wortes aus dem Verkehr gezogen wurde. Der mit 1,2 Promille betankte Novakovič erklärte den Ordnungshütern nach dem Alkoholtest, er habe zwei Glühwein auf dem Weihnachtsmarkt getrunken. Der hatte allerdings schon seit Stunden geschlossen.

Der „Express“ setzte die Story auf den Titel und gab dem Torjäger den Spitznamen „Novako-Hicks“. Der Verein reagierte leger: Nach Verhängung einer Geldstrafe bot Trainer Christoph Daum den Stürmer im nächsten Spiel gegen den FC Augsburg in der Startelf auf. Novakovič dankte es mit zwei Toren.

Novakovičs Schwächen waren Kölns Glück

Novakovič war gewiss kein zweiter George Best, der seine Karriere die eigene Kehle heruntergespült hat. Der Star von Manchester United aus den späten 1960er-Jahren hatte sowohl am Ball als auch bei der Selbstzerstörung mehr Talent als Novakovič. Doch wie Klopp es angedeutet hatte, wäre eine professionellere Version von Novakovič vermutlich eine Nummer zu groß gewesen für eine Fahrstuhlmannschaft wie den 1. FC Köln. Der FC konnte den Torjäger wohl nur solange an sich binden, weil er dessen Schwächen in Kauf nahm und dem Spieler eine gewisse Narrenfreiheit einräumte. Novakovič dankte es fünf Jahre lang mit Toren, nur im Abstiegsjahr 2012 gab auch der damals bereits 33-Jährige ein Bild des Jammers ab.

Nach dem Gang in die 2. Liga wurde die Kombination aus seinem Alter, seinem Lebenswandel und der Gesamt-Dotierung seines „Rentenvertrags“ bis 2014 für Novakovič zum Bumerang. Er wurde erst nach Japan verliehen und schließlich verkauft.

Milivoje Novakovič ging als Aufstiegsheld, als Derby-Matchwinner durch sein 2:1-Siegtor gegen Mönchengladbach im Oktober 2008 und als Bayern-Besieger durch seinen Doppelpack beim 3:2 im Februar 2011. Allerdings ging er auch als der Mann mit dem großen Aber.

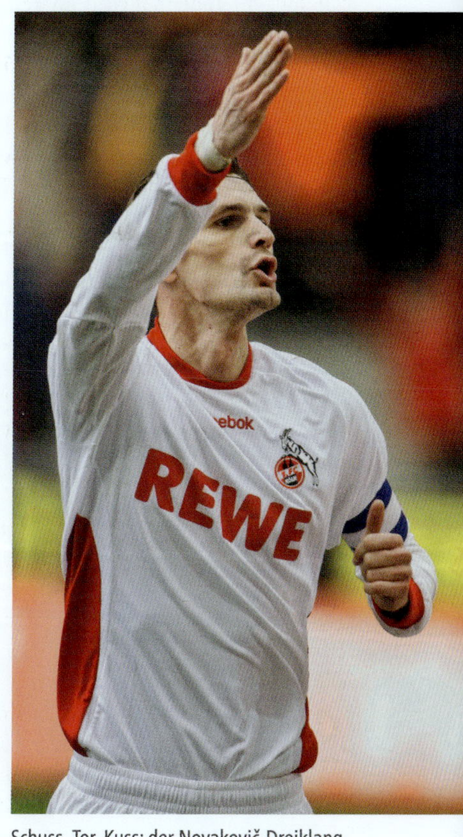

Schuss, Tor, Kuss: der Novakovič-Dreiklang

Nur ein Karnevalsverein

Der 1. FC Köln und die fünfte Jahreszeit

84

Es gibt einen Schmähgesang, den die Spieler des 1. FC Köln sogar in zwei Versionen kennen. Wenn es bei den Geißböcken nicht sonderlich läuft, stimmen die gegnerischen Fans gern den Klassiker „Ihr seid nur ein Karnevalsverein“ an. Bei mäßigem Spiel nimmt die Kölner Anhängerschaft sich und die eigene Mannschaft mit „Wir sind nur ein Karnevalsverein“ auf die Schippe. Seit dem 25. Januar 2015 stimmt dies sogar höchst offiziell. An diesem Tag wurde der 1. FC Köln als förderndes Mitglied im Festkomitee Kölner Karneval von 1823 aufgenommen. Beschleunigt haben dürfte den Vorgang, dass Festkomitee-Präsident Markus Ritterbach zeitgleich Vizepräsident des 1. FC Köln war. Der FC hatte zuvor bereits alljährlich eine Karnevalssitzung ausgerichtet, Spieler und Trainer hatten immer wieder an Rosenmontagszügen teilgenommen, oft genug auf Festwagen und in den Uniformen der Kölner Traditionskorps.

Karneval war immer schon ein Teil des 1. FC Köln

Der Karneval war tatsächlich immer ein Teil des 1. FC Köln. Seit Jahrzehnten werden nach Toren der Heimmannschaft in Müngersdorf

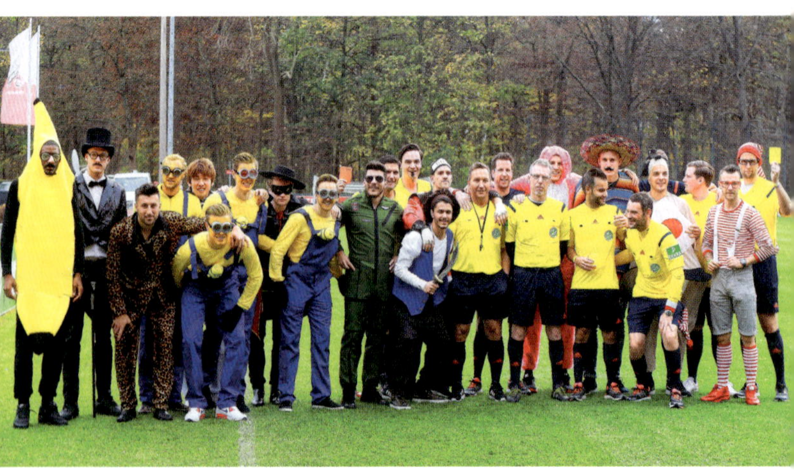

Nach dem Training ist vor dem Feiern: Sessionsstart 2015 am Geißbockheim

„kölsche“ Lieder eingespielt, oft genug sind darunter Karnevalsklassiker wie „Denn wenn et Trömmelche jeht“ von De Räuber. Auch von den Rängen erklingt regelmäßig karnevalistisches Liedgut, etwa „Denn wir sind kölsche Junge“ oder „Der treue Husar“.

Seit der Saison 2013/14 bekennt sich der 1. FC Köln auch sichtbar zum „Fastelovend“. Einerseits durch das Karnevalstrikot (siehe Kapitel 12), andererseits mit dem Karnevalstraining zum Sessionsstart. Am 11. November kommen dann noch ein paar Fans und Medienvertreter mehr als üblich ans Geißbockheim. Bei der stets lockeren Einheit wird den Anhängern Kölsch gereicht, anschließend zieht die Mannschaft mit Feierbefehl und kreativer Verkleidung in die Stadt.

Lange Jahre war das ganz anders, da verhängten Kölner Trainer in Krisenzeiten ein Feierverbot. Gebracht hat dies allerdings selten etwas. Am Rosenmontag 1972 etwa stand Trainer Gyula Lorant mutterseelenallein auf dem Trainingsplatz, die meist aus Köln und dem Umland stammenden Spieler feierten selbstredend den Höhepunkt der fünften Jahreszeit.

Selbstironie ist für die Spieler bei der Kostümierung oft Trumpf. So verkleidete sich der polnische Nationalspieler Slawomir Peszko am 11.11.2013 als Taxifahrer – nur gut eineinhalb Jahre zuvor hatte er in einem Taxi randaliert und der an Negativschlagzeilen reichen Abstiegssaison 2011/12 ein weiteres Kapitel beschert.

Karnevalsfluch als Hypothek

Bei aller Liebe und trotz des deutlichen Bekenntnisses zum Karneval wird der 1. FC Köln allerdings rund um Rosenmontag von einem regelrechten Fluch heimgesucht. Seit der Jahrtausendwende gewann der FC am Karnevalswochenende lediglich drei von 23 Spielen. Eines davon ausgerechnet bei Rekordmeister Bayern München, Daniel Brosinski und Fabrice Ehret erzielten am 21. Februar 2009 die Kölner Tore zum 2:1. Danach gelangen nur noch am 4. März 2019 ein 2:1-Sieg im Zweitligaspiel beim späteren Absteiger FC Ingolstadt und am 22. Februar 2020 ein 5:0 bei Hertha BSC.

In den weiteren 20 Partien während des Karnevalszenits setzte es ab der Saison 2000/01 13 Niederlagen und sieben Unentschieden. In der Mehrzahl handelte es sich um Auswärtsspiele, schließlich ist in der Domstadt zwischen Weiberfastnacht und Veilchendienstag auch ohne Fußball der Teufel los. Dennoch erschreckt diese Ausbeute, immerhin findet sich darunter etwa ein 0:5 in der Zweitliga-Saison 2006/07 beim späteren Absteiger Rot-Weiss Essen. Ebenfalls kein Ruhmesblatt war die doppelte 0:4-Klatsche in der Saison 2001/02 bei Borussia Mönchengladbach zwei Tage vor Weiberfastnacht sowie beim Hamburger SV am Karnevalssonntag.

Vorsicht, Falle

85 Čebinac, Zypern & Co.

Der 1. FC Köln war mehrfach Zielscheibe unseriöser Geschäftsleute. Oft genug witterte der Verein, wenn etwas faul war. Wie im Fall eines angeblichen Prinzen aus Saudi-Arabien, der sich 2008 als Privatinvestor vorstellte. Mohamed Al-Faisal wedelte mit 50 Millionen Euro, den FC-Verantwortlichen kam der Mann aber eher spanisch als arabisch vor. Ein Gefühl, das sich als richtig erwies: Der vermeintliche Blaublüter vom Persischen Golf hieß ganz profan Volker Eckel und suchte nach Wegen, sich aus der Privatinsolvenz zu befreien.

Keine Fotomontage: Der vermeintliche Sponsorendeal mit Zypern wurde bereits öffentlich gemacht.

Doch nicht immer gelang dem FC rechtzeitig der Rückzug. So schloss der Klub 2005 vermeintlich einen hochdotierten Sponsorenvertrag mit dem Tourismusverband von Zypern ab. Die Satena Holding vertrat allerdings keineswegs die Interessen der Mittelmeerinsel, wie sich erst nach der Bekanntgabe des Deals herausstellte.

Fast schon wie ein Lausbubenstreich kommt in diesem Kontext die Episode mit dem falschen Zwilling daher. 1965 verpflichtete der 1. FC Köln den Jugoslawen Srdjan Čebinac nach einem bärenstarken Probetraining. Der gute Eindruck verflüchtigte sich allerdings nach der Vertragsunterschrift. Čebinac offenbarte eine Vielzahl von Mängeln, bestritt nur drei Spiele.

Des Rätsels Lösung deutete sich an, als Čebinac längst wieder weg war. Ab 1967 zeigte nämlich dessen 15 Minuten jüngerer Zwillingsbruder Zvezdan beim 1. FC Nürnberg und bei Hannover 96 genau die Qualitäten, die einige beim Probetraining von Srdjan beobachtet haben wollten. Nachweisen konnte man den Brüdern nichts. Seitdem aber ist nicht nur beim 1. FC Köln vom „untalentierten Zwillingsbruder" die Rede, wenn sich ein Neuzugang als Flop erweist.

86

Beinahe-Transfer VI

Jürgen Klopp

Wir schreiben das Frühjahr 2019. Jürgen Klopp gewinnt als Trainer mit dem FC Liverpool die Champions League. Der gebürtige Stuttgarter ist endgültig in der internationalen Top-Garde angekommen, sein Name wird in einem Atemzug mit Pep Guardiola oder Zinédine Zidane genannt.

Wir schreiben das Frühjahr 2008. Jürgen Klopp ist eines der größten Trainertalente in Deutschland. Nach dem überraschenden Bundesligaaufstieg mit dem FSV Mainz 05 vier Jahre zuvor und dem weniger überraschenden Abstieg 2007 kämpft der 40-Jährige um die Rückkehr ins Oberhaus. Klopp ist begehrt. Der Hamburger SV beschäftigt sich mit ihm, hält ihn aber letztlich nicht für den Richtigen. Wenig später sagt Klopp zu Borussia Dortmund „Ja" und formt den BVB binnen fünf Jahren zum zweimaligen Meister, DFB-Pokalsieger und Champions-League-Finalisten. Doch bevor der BVB zuschlägt und damit seine sportliche Wiederauferstehung einleitet, baggert auch der 1. FC Köln intensiv an Klopp. FC-Trainer Christoph Daum lässt den Verein nämlich zappeln, Manager Michael Meier muss sich auf die Suche nach Alternativen begeben. Erste Adresse: Klopp.

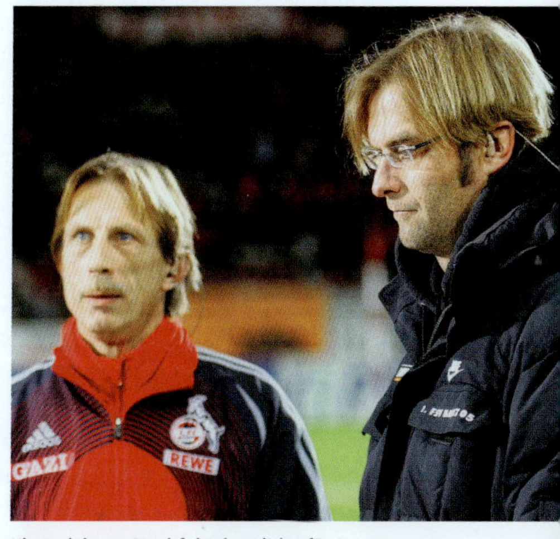

Klopp (r.) war Nachfolgekandidat für Daum.

„Ich habe das zwar immer dementiert, aber es ist so, dass wir damals mit Klopp verhandelt haben. Christoph Daum hatte gesagt, dass er nur noch den Aufstieg macht und dann gehen will", offenbarte Meier im Mai 2019 beim Köln-Talk „Loss mer schwade". Daum blieb letztlich allerdings doch, weswegen sich die Personalie Klopp wohl ein für alle Mal für den 1. FC Köln erledigte. Damals aber, so Meier, wäre seine Verpflichtung keineswegs utopisch gewesen: „So weit waren wir noch nicht – aber ich glaube, dass wir uns schon gute Chancen ausrechnen konnten."

Faryd Mondragón

Emotionaler Antreiber

87

Christoph Daum hatte ein Faible für polarisierende Typen. Unbequeme und unkonventionelle Spieler, die in Drucksituationen zu emotionalen Anführern werden. Der Prototyp des Daum-Spielers war Faryd Mondragón. 36 Jahre alt war der kolumbianische Nationaltorhüter, als Daum, einst Meistertrainer von Fenerbahçe Istanbul, ihn 2007 vom Stadt- und Erzrivalen Galatasaray abwarb. „Ich wollte ihn vorher schon immer aus der Türkei weghaben, weil er so gut war“, erinnerte sich Daum. Also empfahl er Mondragón verschiedenen Bundesligaklubs, keiner schlug zu. Nun holte er ihn selbst nach Köln. Die FC-Fans erkannten bei „Mondy“ schnell Parallelen zu ihrem langjährigen Liebling Toni Schumacher: Beide präsentierten sich in jeder Lebenslage emotional, auf dem Platz agierten sie teilweise überehrgeizig.

Der Fanshop macht Kasse

Mondragóns Identifikation mit dem Verein war außergewöhnlich. So stürmte der Keeper nach seiner Vertragsunterschrift in den Fanshop deckte sich mit zig Trikotsätzen, Polohemden, Badelatschen oder Taschen

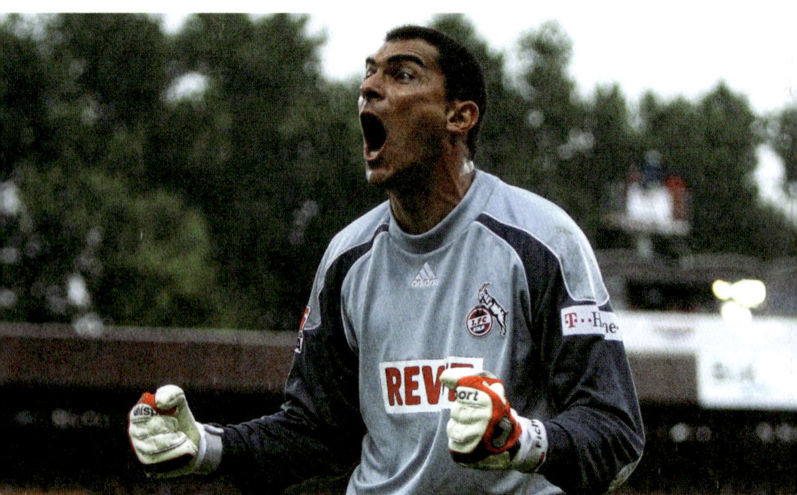

Ein typischer Mondragón-Jubel

ein und verschickte die Devotionalien in seine kolumbianische Heimat, „damit sich auch meine Familie zum Verein bekennen kann".

Mondragón war auch auf dem Platz alles andere als ein 08/15-Kicker. Seine Schwächen mit dem Ball am Fuß sowie bei der Beweglichkeit machte er durch sein gutes Stellungsspiel und Ausstrahlung wett. Typisch für den Kolumbianer mit libanesischen Wurzeln waren das Rudern mit den Armen und das lautstarke Dirigieren der Mitspieler.

Daum war der wohl größte Fan des Keepers, auch wenn er eingestand, dass Mondragón „auch mal emotional den Grenzbereich betritt". Mal stürmte der impulsive Keeper aus seinem Tor bis zur Mittellinie, weil eine Auswechslung des Gegners für seinen Geschmack zu langsam vonstattenging. Mal knöpfte er sich einzelne Mitspieler in der Kabine vor und stellte sie in den Senkel, weil ihm deren Leistungen missfallen hatten.

Als der 1. FC Köln am 33. Spieltag der Saison 2007/08 durch ein 2:0 gegen Mainz 05 die Rückkehr in die Bundesliga schaffte, feierte Mondragón nicht nur – ihm standen minutenlang die Tränen in den Augen.

Mit Daum ging auch Mondragóns Motivation

Als Daum den 1. FC Köln im Sommer 2009 verließ, war Mondragón nicht mehr derselbe. Der stolze Keeper schmollte oft, agierte lustlos, musste immer wieder aufgebaut werden. Das ging ein paarmal gut, im Herbst 2010 aber nicht mehr. Mondragón, mittlerweile 39 Jahre alt, reiste entgegen der Absprache zu zwei Freundschaftsspielen seiner Nationalmannschaft ins ferne Südamerika. Im ersten Test saß er auf der Bank, im zweiten an einem Mittwoch spielte er durch. Er kam deswegen erst donnerstags nach Köln zurück, obwohl der Verein freitags gegen Borussia Dortmund spielte. Trainer Zvonimir Soldo blieb konsequent und gab dem etatmäßigen Ersatztorhüter Miro Varvodić den Vorzug. Mondragón verließ pikiert das Mannschaftshotel. Später berief er eine Pressekonferenz ein, bei der er 20 Minuten lang auf Spanisch und ohne Nachfragen dem Verein Verrat vorwarf. Anfang Dezember 2010 gab der 1. FC Köln nach 115 Pflichtspielen die Vertragsauflösung mit Mondragón zum Jahresende bekannt.

Mondragón setzte seine Karriere zunächst in den USA und dann in der Heimat fort. 2014 schaffte er es noch einmal in den kolumbianischen WM-Kader. Durch seinen Fünf-Minuten-Einsatz im Gruppenspiel gegen Japan stieg Mondragón mit 43 Jahren zum ältesten eingesetzten Spieler bei einer WM-Endrunde auf. 2015 wurde er zum Honorarkonsul der Türkei in seiner kolumbianischen Heimat ernannt. Im Januar 2016 überlebte Mondragón einen Suizidversuch. In der Folge zog er sich weitgehend aus der Öffentlichkeit zurück.

Ümit Özat

88

Führungsfigur mit aufmerksamem Schutzengel

Es fehlte nicht viel, und der 29. August 2008 wäre zu einem schwarzen Tag für den 1. FC Köln geworden. Im Bundesligaspiel beim Karlsruher SC ist der Aufsteiger aus der Domstadt in die Defensive gedrängt. Es läuft die 26. Spielminute, als Kölns rechter Verteidiger Ümit Özat unvermittelt auf alle Viere geht, dann aufsteht, sich aber gleich wieder auf den Knien abstützt. Die ersten Kölner Spieler fordern Schiedsrichter Florian Meyer zu einer Spielunterbrechung auf. Noch glauben sie, ihr Kapitän hätte eine muskuläre Verletzung erlitten. Als die Partie Sekunden später nach einer Abseitsstellung des KSC unterbrochen ist, macht sich Hektik breit. Özat sinkt zu Boden, Meyer und FC-Mittelfeldspieler Roda Antar winken eilig die Mediziner herbei.

Kölns Physiotherapeut Dieter Trzolek und Mannschaftsarzt Dr. Paul Klein sind rasch zur Stelle, auch KSC-Arzt Dr. Marcus Schweizer eilt hinzu. Der beschreibt die dramatische Situation später so: „Özat war leblos, hat gekrampft. Deshalb mussten wir befürchten, dass entweder etwas mit dem Herzen war oder er einen Krampfanfall erlitten hat. Er war so weit weg, dass wir Schlimmeres annehmen mussten."

Dramatische Szenen

Özat hatte seine Zunge verschluckt, die TV-Kameras halten die dramatischen Sekunden in Naheinstellung fest, gehen erst etwas auf Abstand, als die tragische Dimension zu erahnen ist. Özat wird von einem halben Dutzend Sanitäter auf einer Trage in die Katakomben gebracht, aufmunternder Applaus ertönt von den Rängen, der bewusstlose Spieler bekommt davon nichts mit. Im Bauch des Wildparkstadions geht der Kampf um das Leben des 31-jährigen Türken weiter.

Die Beteiligten sind konsterniert, FC-Torhüter Faryd Mondragón weint auf dem Platz Sturzbäche. Auch Daum wischt sich Tränen aus den Augen. „Ich dachte daran, wie Marc-Vivien Foé gestorben war", sagt der Coach später. Kameruns Nationalmannschaftskapitän war beim Confed-Cup 2003 vor den Augen der Welt auf dem Rasen an Herzversagen verstorben. „Foé war für mich der Prototyp eines Fußballers, ein Top-Athlet – genau wie Ümit. Ich habe sofort an ihn gedacht. Ich dachte: Bitte nicht, lass ihn nicht von uns gehen."

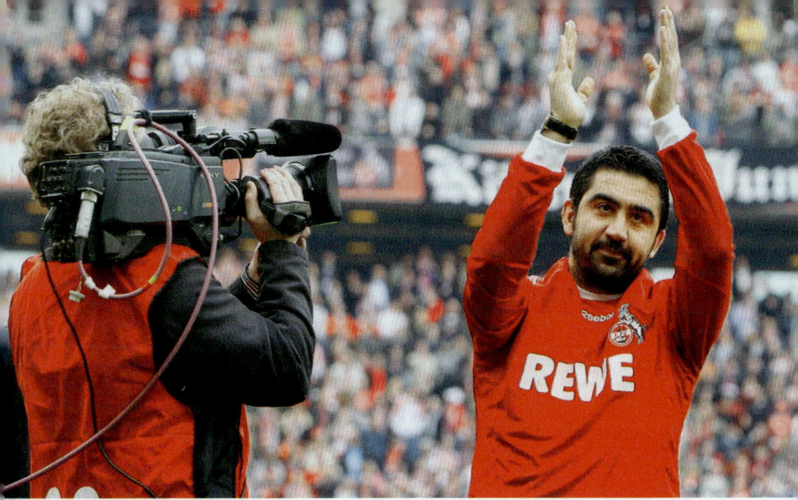

Özat verabschiedet sich von den FC-Fans.

Özat, einer der Daum-Lieblinge und ein Eckpfeiler beim Aufstieg 2008, hat mehr Glück als Foé. Der Zustand des 41-maligen türkischen Nationalspielers stabilisiert sich wieder, ehe er in ein Karlsruher Krankenhaus gebracht wird.

Doch all das wissen seine konsternierten Mitspieler und die tief getroffenen Karlsruher noch nicht, als das Spiel nach gut vierminütiger Unterbrechung fortgesetzt wird. Die Stimmung im Wildparkstadion ist gespenstisch, bis der Stadionsprecher die gute Nachricht vermeldet: Özat hat das Bewusstsein wiedererlangt. Die Zuschauer erheben sich und klatschen Beifall. Der 1. FC Köln gewinnt durch zwei späte Tore von Milivoje Novakovic und Sergiu Radu, doch der erste Saisonsieg am 3. Spieltag ist den meisten ziemlich egal.

Özat muss seine Karriere beenden

Genauere Untersuchungen ergeben, dass eine Herzmuskelentzündung der Auslöser für Özats Zusammenbruch war. Der ehrgeizige Türke muss seinem Körper Ruhe gönnen, hat aber den unbedingten Willen zum Comeback. Dazu kommt es nicht mehr. Unter Tränen gibt Özat am 14. März 2009 sein Karriereende bekannt. Die behandelnden Mediziner hatten ihm dringend geraten, mit dem Leistungssport aufzuhören.

Der 1. FC Köln macht Özat zur Saison 2009/10 zum Co-Trainer von Daum-Nachfolger Zvonimir Soldo. Nach einem halben Jahr wird der Türke aus seinem Vertrag freigegeben, um in der Heimat seine Karriere als Chefcoach zu starten.

Beinahe-Transfer VII

Eric „Faxim" Choupo-Moting

89

Eigentlich war doch alles abgewickelt. Der 1. FC Köln und Ligarivale Hamburger SV einigten sich am letzten Tag der Wintertransferperiode 2010/11 auf die Leihe des Deutsch-Kameruners Eric Maxim Choupo-Moting. Der FC fand somit doch noch eine Angriffs-Alternative, der HSV verschaffte seinem 21 Jahre alten Talent die Chance auf mehr Spielpraxis in der Bundesliga. Allerdings tickte die Uhr. Die Transferunterlagen mussten an diesem 31. Januar 2011 bis 18 Uhr in der DFL-Zentrale in Frankfurt eingereicht sein. Just Choupo-Moting, Vater und Berater des Spielers, faxte den Vertrag um 17.49 Uhr von Hamburg nach Köln. In der Domstadt kam wegen einer Übertragungspanne allerdings die letzte Seite mit der Unterschrift des Spielers nicht an.

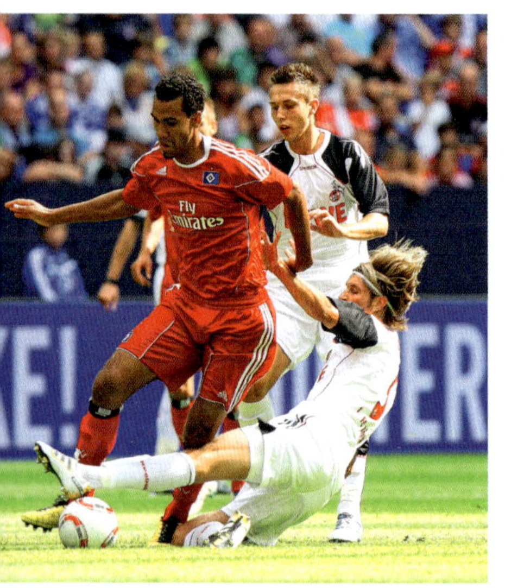

Choupo-Motings Nicht-Wechsel: Ein Drama, das heute nicht mehr wiederholbar ist.

Hektisch unternahm Vater Choupo-Moting einen zweiten Versuch. Als alles in der Domstadt zum Unterzeichnen und Weiterversenden war, zeigte die Uhr bereits nach 18 Uhr. Der FC schickte die Unterlagen schnellstmöglich weiter zum Ligaverband, wo sie um 18:13 Uhr eintrafen. Die Frankfurter Zentrale aber kannte keine Gnade, Fristen sind schließlich Fristen. „Die DFL hat uns mitgeteilt, dass die Unterlagen nicht rechtzeitig eintrafen und der Transfer nicht zustande kommt", sagte ein zerknirschter FC-Geschäftsführer Claus Horstmann.

Immerhin zog die DFL die Lehren aus der Angelegenheit: Seit der Saison 2015/16 ist das Transfer-Online-Registrierungssystem (TOR) im Einsatz. Alle wesentlichen Unterlagen können als Dateien hochgeladen werden. Papierstau oder dergleichen sind kein Ärgernis mehr.

90

Sławomir Peszko

Eine kleine medizinische Sensation

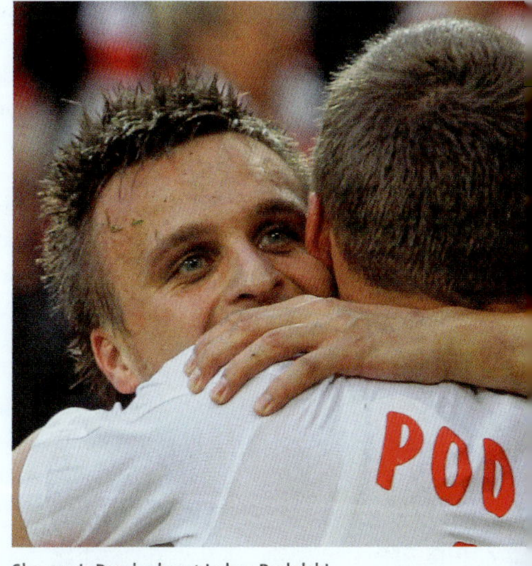

Sławomir Peszko herzt Lukas Podolski.

Der Kölner Mannschaftsarzt dürfte nicht schlecht gestaunt haben beim Medizincheck des Polen Sławomir Peszko im Januar 2011. Dem Nationalspieler fehlte nichts, im Gegenteil. Der Außenstürmer besaß vier Nieren anstatt der üblichen zwei. Die sogenannte Doppelniere ist laut Experteneinschätzung eine meist gutartige Fehlbildung und zudem eine echte Rarität: Statistisch gesehen kommt sie nur in einem von 5,5 Millionen Fällen vor.

Die Kölner Boulevardzeitung Express hatte schnell den passenden Spitznamen für Peszko bei der Hand: „Vier-Nieren-Pole". Beeinträchtigt war Peszko, dessen Mutter Ewa übrigens drei Nieren besitzt, durch seine körperliche Besonderheit nicht. Als flinker Dribbler war er ein beliebter Joker, in seinen ersten eineinhalb Jahren in Köln gelangen ihm in 45 Pflichtspielen 14 Torvorlagen und zwei Treffer. Nach einer Leihe zu den Wolverhampton Wanderers kehrte Peszko 2013 zurück und zeichnete sich bis zu seinem endgültigen Abschied im Sommer 2015 durch weitere zehn Torbeteiligungen in 45 Spielen aus.

In Erinnerung geblieben ist Peszko aber vor allem wegen seiner medizinischen Besonderheit. Und wegen eines Vorfalls im Frühjahr 2012, als er angetrunken in einem Taxi und später auch in einer Polizeistation randaliert hatte. Peszko verbrachte deswegen die Nacht vom 7. auf den 8. April in einer Ausnüchterungszelle. Der FC suspendierte ihn für ein Spiel und belegte ihn mit einer Geldstrafe von 25.000 Euro. Peszko zeigte sich geläutert und bewies Humor: Am 11.11.2013 verkleidete er sich zur Eröffnung der Karnevalssession als Taxifahrer.

Tiefpunkt 2012

Absturz mit Anlauf

91

Die schwarze Rauchwand vor der Südtribüne am 5. Mai 2012 war so etwas wie der letzte Vorhang für einen auf ganzer Linie desolaten 1. FC Köln. Es war der symbolisch passende Schlusspunkt einer jahrelangen Fehlentwicklung, die in den fünften Bundesligaabstieg mündete. Die Saison 2011/12 mit ihren zahllosen Eklats und Eifersüchteleien erwies sich dabei als Beschleuniger des Untergangs. Alles Negative kam zusammen. Der Verein war hochverschuldet. Nach dem überraschenden Rücktritt von Wolfgang Overath im November 2011 herrschte an der Vereinsspitze ein fast halbjähriges Machtvakuum, ehe das neue Präsidium um Werner Spinner gewählt wurde.

In dieser schwierigen Gemengelage passte auch sportlich kaum etwas zusammen. Sportdirektor Volker Finke kritisierte die Spielphilosophie von Trainer Ståle Solbakken, den er erst im Sommer 2011 wegen eben dieser Spielphilosophie verpflichtet hatte. Solbakken wiederum zeigte sich oft genervt vom schwierigen Austausch mit Finke.

Reibereien an allen Fronten

So holte Finke mit dem Nordkoreaner Chong Tae-se einen Mittelstürmer, den Solbakken partout nicht wollte und entsprechend links liegen ließ. Am 10. März 2012 musste Finke gehen, Solbakken folgte rund einen Monat später nach einem 0:4 in Mainz, als die Mannschaft bereits widerstandslos dem Abstieg entgegentaumelte. Nach dem 25. Spieltag gelang kein einziger Sieg mehr, durch das 1:4 im Saisonfinale gegen den FC Bayern, das durch die schwarze Wand „untermalt“ wurde, verlor der 1. FC Köln auch noch den Relegationsplatz und stieg direkt ab.

Handy-Telefonat auf der Reservebank

Bezeichnend für die teils mangelhafte Berufsauffassung einiger Spieler des 1. FC Köln in dieser Phase ist eine Episode aus der Saisonvorbereitung 2009. Während eines Freundschaftsspiels gegen den österreichischen Drittligisten WAC/SK St. Andrä (2:2) führte Außenverteidiger Pierre Womé (Spitzname: „Netto“ – weil ihn dies nach eigener Aussage am meisten motiviere) ungeniert und offenbar unbemerkt von Trainer Zvonimir Soldo ein zehnminütiges Handytelefonat.

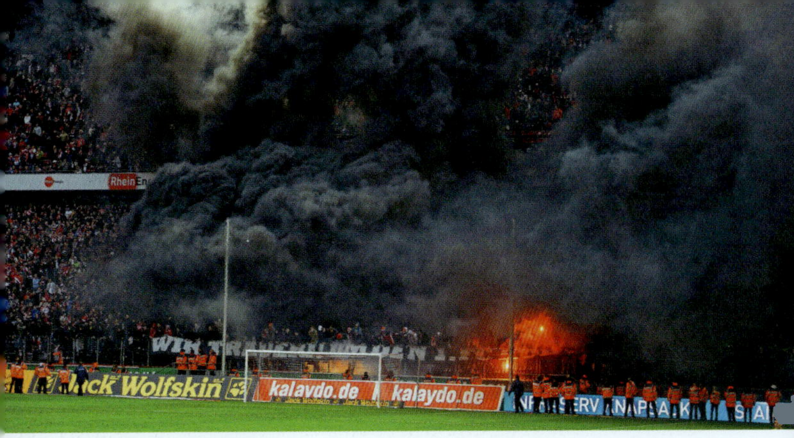

Der Tiefpunkt: die schwarze Wand

Auch die FC-Anhänger gaben ein desolates Bild ab. Am 2. Spieltag, einem 1:5 bei Schalke 04, flogen Fäkalien in den Knappen-Block. Im März 2012 attackierten Teile einer Ultra-Gruppe einen Fanbus von Borussia Mönchengladbach mit Steinen und Eisenstangen. Es waren dunkle Zeiten.

Mannschaft ohne Zusammenhalt

Sportlich wurden über die Jahre zu viele Fehler gemacht. Der Kader war aufgebläht und teils willkürlich zusammengewürfelt. Als Finke Anfang 2011 von Michael Meier übernahm, hatte der 1. FC Köln 35 Profis unter Vertrag. Viele waren ohne Perspektive, andere ließen die unbedingte Identifikation mit dem Verein vermissen. Die Unzufriedenheit war groß.

Weiterhin hatte die Mannschaft enorme Anpassungsprobleme an das System Solbakken, der zusätzlich vor der Saison zur allgemeinen Überraschung die Identifikationsfigur Lukas Podolski als Kapitän absetzte. Pedro Geromel erhielt die Binde, der Brasilianer sollte so zum Bleiben bewogen werden. Die Verantwortung lastete aber schwer auf dem schüchternen Abwehrchef, er spielte seine mit Abstand schwächste Saison im FC-Trikot. Zusätzlich war Podolski pikiert, weil abermals versprochene Top-Verstärkungen ausgeblieben waren. Hinzu kamen Entgleisungen Einzelner, teilweise im Wortsinn. Etwa die Taxi-Randale durch Sławomir Peszko oder aber der Ausritt eines Pkw ins Gleisbett der Stadtbahn zu nächtlicher Stunde und bei alkoholischer Betankung. Insassen: das slowenische FC-Duo Mišo Brečko und Milivoje Novakovič.

Zumindest hatte die Situation im Mai 2012 etwas Gutes. Der 1. FC Köln lag unwidersprochen am Boden. Auf allen Ebenen wurde die Grundlage für einen Neustart gelegt – und prompt ging es bergauf.

Heimat 2.0

92

Der 1. FC Köln besinnt sich auf seine Wurzeln

2012 vollzog der 1. FC Köln den größten personellen Umbruch der Vereinsgeschichte. Angeführt von Lukas Podolski, der für 15 Millionen Euro zum englischen Spitzenklub FC Arsenal wechselte, verließen 24 Akteure den Verein. Der Wandel war radikal: Für die Top-Verdiener Milivoje Novakovič, Pedro Geromel und Sascha Riether war kein Platz mehr, auch Torhüter Michael Rensing wurde trotz guter Leistungen ins Schaufenster gestellt.

Der 1. FC Köln setzte zwischen den Pfosten bewusst auf das erst 19 Jahre alte Eigengewächs Timo Horn und machte damit deutlich: Verdienste zählen nicht mehr. Hier soll eine junge und damit auch günstige Mannschaft aufgebaut werden, die Eigenschaften mitbringt, die der Abstiegsmannschaft am Ende vollkommen fehlten: Mentalität und Identifikation. Der klamme Verein nahm mehr als 17 Millionen Euro an Transfererlösen ein und sparte zusätzlich jede Menge Gehalt. Zu den zehn „echten" Neuzugängen um die Stützpfeiler Anthony Ujah, Dominic Maroh und Matthias Lehmann gesellten sich sechs Spieler aus der A-Jugend beziehungsweise der U23, darunter der spätere Nationalspieler Jonas Hector.

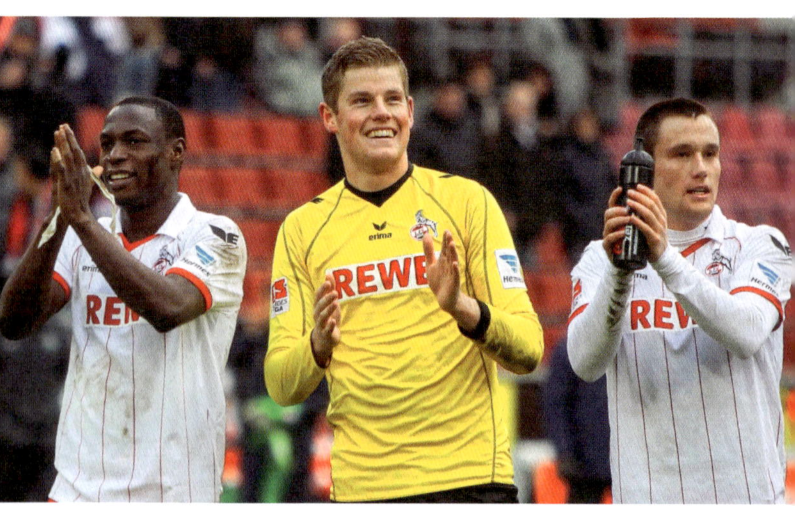

Drei prägende Figuren beim Neustart: Anthony Ujah, Timo Horn, Christian Clemens (v.l.n.r.)

Verschiebungen auf allen Ebenen

Das alles geschah parallel zur Personalsuche auf höchster Ebene. Zwei Wochen nach dem Abstieg wurde der ehemalige St. Pauli-Trainer Holger Stanislawski vorgestellt. Die sportliche Leitung teilte er sich zunächst mit Ex-Coach Frank Schaefer sowie Kaderplaner Jörg Jakobs. Als Finanz-Geschäftsführer wurde Alexander Wehrle verpflichtet, der unter anderem den Verein wieder attraktiv für Sponsoren machte und vertragliche Altlasten beseitigte.

Vom direkten Wiederaufstieg sprach zunächst niemand. Die Mannschaft sollte Zeit bekommen, sich zu finden. Und diese wurde auch benötigt. Erst am 7. Spieltag gelang der erste Sieg, der FC überwinterte auf dem zehnten Tabellenplatz. Von Unmut im Umfeld war dennoch wenig zu spüren, weil auch Fans, Sponsoren und Medien nach der Horrorsaison 2011/12 geerdet waren.

In der Rückrunde schielte die junge FC-Mannschaft gar Richtung Aufstieg, das vorentscheidende Spiel um den Relegationsplatz wurde im direkten Duell beim 1. FC Kaiserslautern 0:3 verloren. Platz fünf am Saisonende war ein versöhnliches Ergebnis. Alles wurde auf die Bundesliga-Rückkehr 2014 ausgerichtet – doch dann nahm Trainer Stanislawski überraschend seinen Hut. Als Grund nannte er nebulös die mediale Berichterstattung um seine Person, die „unter die Gürtellinie" gegangen sei.

Das Traum-Duo der nächsten Jahre kommt

Der FC musste wie schon im Jahr zuvor zwischen zwei Spielzeiten mehrere personelle Weichen stellen. Als Königspersonalie erwies sich die Verpflichtung von Jörg Schmadtke als Sport-Geschäftsführer. Der gebürtige Düsseldorfer stand bereits vor der Zusage bei seiner Fortuna, entschied sich aber letztlich für Köln.

Die Trainersuche hingegen drohte zu einer Odyssee zu werden. Vier Wochen lang suchte der FC den Stanislawski-Nachfolger, blitzte bei den Wunschkandidaten Roger Schmidt und Mike Büskens ab und holte schließlich aus Österreich den weithin unbekannten Meistertrainer von Austria Wien, einen gewissen Peter Stöger. Eine Personalie, die zunächst belächelt wurde, sich aber ebenso wie die Verpflichtung Schmadtkes schnell als Top-Griff erwies.

Unter diesem Duo trieb der 1. FC Köln ab 2013 die „Kölschisierung" des Kaders voran, holte etwa den in der Domstadt geborenen Marcel Risse heim oder beförderte das Top-Eigengewächs Yannick Gerhardt in den Profikader. Diese Mannschaft hatte unglaublichen Kredit bei den Fans und zahlte ihn mit Zinseszins zurück.

Patrick Helmes

93

Der verlorene Sohn wird zum Aufstiegshelden

Bei der „Kölschisierung" der FC-Mannschaft darf ein Mann keinesfalls vergessen werden. Doch obwohl Patrick Helmes in Köln geboren wurde, den Klub 2008 zum Aufstieg geschossen hatte und sogar als Spieler des Rivalen Bayer Leverkusen unter der Dusche FC-Lieder trällerte, war das Verhältnis zwischen dem Angreifer und dem Kölner Anhang lange belastet. Dies lag an eben diesem Wechsel des Torjägers zum Rivalen.

Nach dem ersten Abgang von Lukas Podolski 2006 trat Helmes zunächst in dessen Fußstapfen als Torjäger und Fanliebling. In den ersten fünf Spielen der Zweitligasaison 06/07 gelangen ihm sieben Tore, bis ein Mittelfußbruch den Lauf des abschlussstarken Stürmers beendete. In der Zeit der Rekonvaleszenz scheiterten die Gespräche über eine vorzeitige Vertragsverlängerung – angeblich, weil der FC den 22-Jährigen, der längst auf dem Zettel des Bundestrainers stand, zu Spar-Konditionen halten wollte. Helmes entschied sich unter der Vielzahl weiterer Angebote ausgerechnet für die Offerte aus Leverkusen und brachte damit die FC-Fans gegen sich auf.

Entfremdung und zarte Annäherung

Helmes' Comeback am 9. Februar 2007 bei Eintracht Braunschweig wurde zu einem Spießrutenlauf. Die mitgereisten Anhänger pfiffen den Angreifer schon beim Aufwärmen aus, verunglimpften ihn mit unfeinen Begriffen sowie mit dem Gesang „Helmes, du Zigeuner" zur Melodie des Ottawan-Klassikers „Hands up, baby, hands up".

Nur langsam näherten sich beide Seiten wieder an. Helmes blieb bis 2008 beim FC, wurde in dieser Zeit Mannschaftskapitän, debütierte als Zweitligaspieler in der Nationalelf und bildete mit Milivoje Novakovič ein furchterregend treffsicheres Angriffsduo.

Erst viel später verstand Helmes die Haltung der Fans, wie er 2015 dem Spiegel erklärte: „Als ich von Köln nach Leverkusen gegangen bin, habe ich das total unterschätzt! Ich habe mich damals in erster Linie gefragt, wie *ich* weitermachen möchte. Vielleicht war das naiv von mir. Später zumindest habe ich mir oft gesagt: ‚Okay, wärst du vielleicht mal lieber nach Dortmund gewechselt, dann hätte das weniger Stress gegeben.'"

Oft wurde der Sohn des einstigen Profis Uwe Helmes bei seinen weiteren Stationen von Verletzungen zurückgeworfen. Nach seiner starken Debütsaison in Leverkusen mit 21 Toren riss erstmals das Kreuzband, 2012/13 im Dress des VfL Wolfsburg ein zweites Mal.

Rückkehr in die Heimat

Infolgedessen wurde Helmes im August 2013 tatsächlich noch einmal ein Thema für den 1. FC Köln, der neben dem Nigerianer Anthony Ujah einen zweiten treffsicheren Angreifer suchte. Helmes spielte in Wolfsburg trotz gewohnt starker Torquote unter Trainer Felix Magath und dessen Nachfolger Dieter Hecking keine Rolle mehr. Der VfL wollte den Großverdiener nur noch von der Gehaltsliste bekommen und ließ ihn schließlich ablösefrei nach Köln ziehen.

Dort fand sich der 13-malige Nationalspieler schnell wieder zurecht und trug zwölf Saisontore zum souveränen Aufstieg 2014 als Zweitligameister bei. Dass die Bundesliga-Rückkehr gelang, machte Helmes auch an den Veränderungen im Verein fest: „Alles war anders als 2008: das Präsidium, die Entscheidungsträger und der komplette Charakter der Mannschaft. Früher gab es wahnsinnig viele, die unbedingt im Fokus stehen wollten, was sich auch auf die mediale Darstellung ausgewirkt hat. Immer Stress, überall Theater." Bei seiner Rückkehr habe er ein „viel stärkeres Wir-Gefühl" verspürt.

Daran teilhaben konnte Helmes nicht mehr lange. Wegen eines Knorpelschadens bestritt der Stürmer nach dem Aufstieg kein Spiel mehr, im Juni 2015 beendete er seine Karriere im Alter von 31 Jahren.

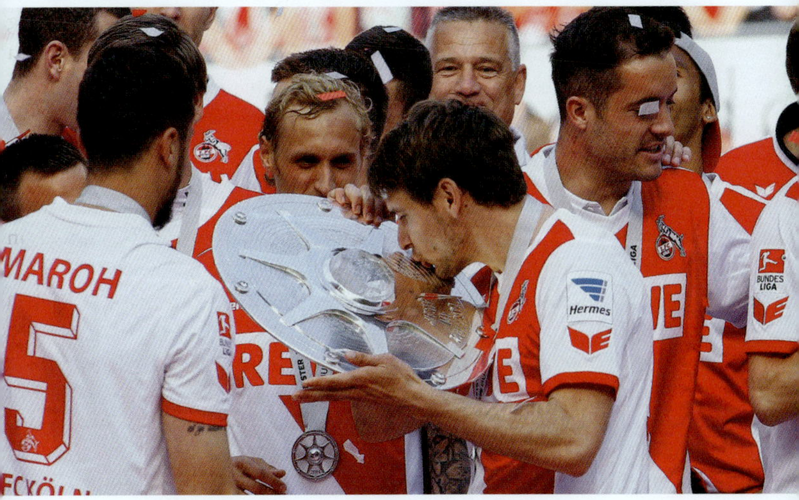

Da ist die Felge: Patrick Helmes steigt mit dem FC diesmal als Liebling auf.

Peter Stöger

Der Arsène Wenger von Köln

94

Irgendwann hatte sich auch Peter Stögers selbstironischer Running Gag totgelaufen. „Es kann nicht mehr lange dauern, dann ist dieser Ösi weg", sagte der FC-Coach bei öffentlichen Auftritten immer wieder über sich selbst und erntete dafür viele Lacher. Letztlich hielt der Österreicher Stöger es beim und mit dem 1. FC Köln aber länger aus als jeder andere Trainer in einer einzelnen Amtsperiode. Vom 1. Juli 2013 bis zum 3. Dezember 2017 war Peter Stöger der Chefcoach des FC. Mit der Marke von 1616 Tagen nacheinander im Amt ließ er sogar Double-Trainer Hennes Weisweiler (1460) und Christoph Daum (1376) hinter sich.

Kein Wunder, dass dem Österreicher der Spitzname „Arsène Wenger von Köln" verliehen wurde. An die Ära des Elsässers, der den FC Arsenal fast 22 Jahre lang betreute, reichte Stöger zwar bei Weitem nicht heran, doch für Kölner Verhältnisse war der Mann mit dem Wiener Schmäh und dem trockenen Humor eine absolute Konstante.

Ein Meister des Machbaren

Stöger schaffte es in seinem ersten Jahr, die unter Stanislawski gewachsene gute Stimmung in der Mannschaft zu konservieren und das Team fußballerisch weiterzuentwickeln. Er integrierte Neuzugänge wie Daniel Halfar und Marcel Risse ebenso gut wie die Rückkehrer Patrick Helmes und Sławomir Peszko. Zudem machte er die Talente Yannick Gerhardt und Kevin Wimmer zum Tafelsilber des Klubs.

Stögers Stärken, seine Unaufgeregtheit und Authentizität, behielt er auch nach dem Aufstieg bei. Der Wiener präsentierte sich keineswegs als Showman, zeigte aber immer wieder seine Identifikation mit dem Verein, der Stadt sowie ihren Gepflogenheiten und war auch deswegen bei Fans und Medien überaus beliebt. „Wo, wenn nicht in Köln", sagte er einmal, als er in einer pinkfarbenen Lederhose beim Kölner Oktoberfest aufschlug.

Der frühere österreichische Nationalspieler und WM-Teilnehmer war als Trainer ein Meister des Machbaren. Stöger ließ die Mannschaft das spielen, was das „Spielermaterial" hergab. Er wollte sich nicht als Systemtrainer durch seine Spieler verwirklichen, sondern mit ihnen den Schlüssel zum Erfolg finden. 2015 gelang mit Rang 12 der souveräne Klassenerhalt, in der Saison darauf führte Stöger den FC auf Platz neun und damit zum besten

Abschlussergebnis seit 1992. Zum Höhepunkt der Ära Stöger wurde die Saison 2016/17, die in diesem Buch ihr eigenes Kapitel verdient (siehe Kapitel 96). Mit Platz fünf und dem Einzug in die Europa League nach einem Vierteljahrhundert schrieben Stöger und sein Co-Trainer Manfred Schmid Geschichte.

Ein beispielloser Niedergang

Doch typisch für den 1. FC Köln ist auch, dass alles Positive fragil und vergänglich ist. Dem Rausch folgte der Kater mit dem Verkauf von Torjäger Anthony Modeste im Sommer 2017 für die Vereinsrekordablöse von 35 Millionen Euro nach China, dazu kam Stögers Zerwürfnis mit seinem einst kongenialen Partner Jörg Schmadtke. Der FC erwischte den denkbar schlechtesten Start mit drei Niederlagen in der Europa League zum Auftakt, vor allem aber einer katastrophalen Ligabilanz.

Nach nur drei Punkten aus den ersten 14 Bundesligaspielen 2017/18 wurde Stöger entlassen, der FC war abgeschlagener Tabellenletzter und stellte sich bereits auf den Abstieg ein. Schmadtke, der zweite Architekt des Zwischenhochs, hatte im Oktober 2017 bereits hingeschmissen, nachdem die Vereinsführung in einer Machtprobe nicht vom Trainer abrücken wollte, der „eine beispiellose Erfolgsgeschichte mit dem FC geschrieben" hatte, wie Finanzchef Alexander Wehrle bei der Entlassung Stögers zitiert wurde.

Der 1. FC Köln stand mal wieder vor einem Scherbenhaufen.

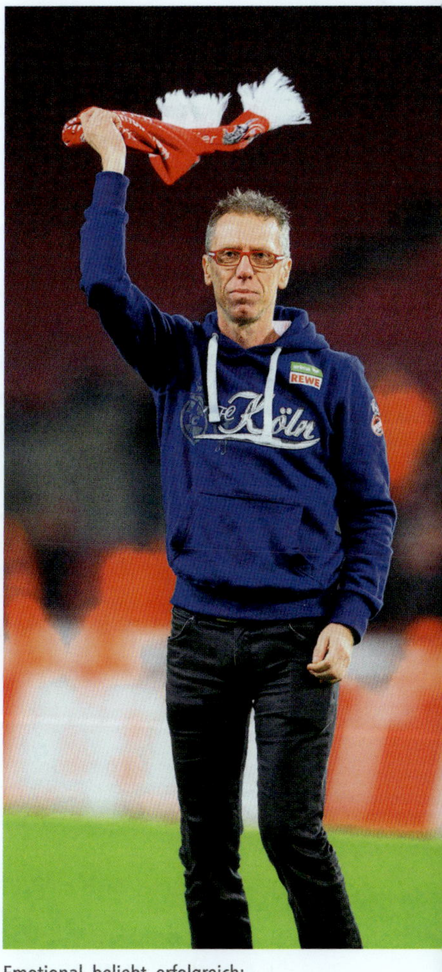

Emotional, beliebt, erfolgreich:
Peter Stöger prägte eine Ära beim FC.

Nicht mit uns

95 Wie sich der Kölner gegen Unrecht zur Wehr setzt

Nicht mit uns, dachte sich Hans Rütten. Der Chef der Kölner Sportstätten – und damit gewissermaßen auch der Herr über das RheinEnergieSTADION zu Müngersdorf – hatte Anfang Dezember 2015 gleich doppelten Grund zum Ärger.

Nicht nur, dass der 1. FC Köln durch das 0:1 gegen den FC Augsburg allmählich die Europapokalplätze aus den Augen verlor. Auch die Art und Weise, wie sich die Gäste aus Schwaben den Sieg im Rheinland ergaunerten, machte Rütten wütend. Und so schickte er eine Rechnung über 122,95 Euro nach Augsburg an die Adresse von Marwin Hitz.

Der Schweizer war Torhüter beim FC Augsburg, und nach einer Elfmeterentscheidung für den 1. FC Köln malträtierte dieser mit seinen Stollen den Untergrund vor dem Strafstoßpunkt dermaßen, dass anschließend ein ganzes Stück Rasen ausgetauscht werden musste. Auf dem von Hitz ramponierten Stück rutschte schließlich Kölns Torjäger Anthony Modeste bei der Ausführung aus und scheiterte mit seinem Versuch.

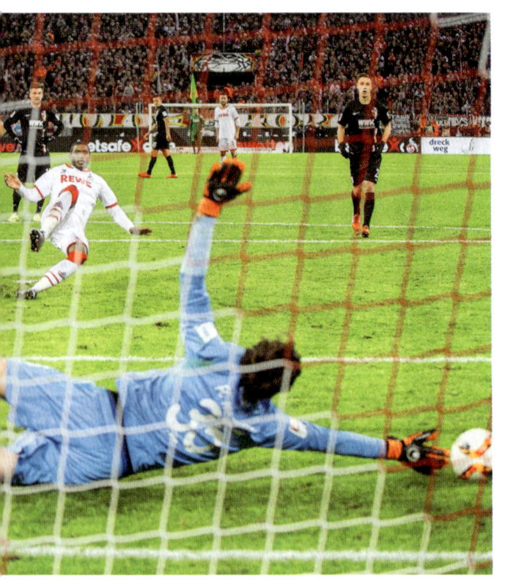

Nach der „Rasenpflege": Modeste rutscht aus, Hitz hält.

Rütten begründete seine süße Rache: „Es geht mir nicht um das Geld. Aber ein bisschen Strafe schadet nicht." Hitz zahlte die Strafe in Form einer Spende an die Kinderklinik in der Amsterdamer Straße. Bereits nach dem Spiel hatte der von den Kölner Fans gnadenlos ausgepfiffene Torhüter beteuert, die Aktion zu bereuen. „Ich möchte mich für meine Aktion vor dem Elfmeter entschuldigen. Das war nicht okay und kommt nicht mehr vor", erklärte Hitz.

„Return of the Goat“

96

Zurück nach Europa

Am 14. September 2017 war in London an Mittagsruhe nicht zu denken. An die 20.000 Fans des 1. FC Köln zogen singend und feiernd durch die britische Hauptstadt auf dem Weg zum Emirates Stadium. Jeder, aber auch wirklich jeder, sollte es vor dem Spiel am Abend beim FC Arsenal wissen: Ihr Verein, der einst so ruhmreiche 1. FC Köln, war nach 25 Jahren endlich zurück im Europapokal!

Es waren Gänsehautmomente für alle Beteiligten, unzählige Videos im Internet kursieren von der imposanten Fan-Show unter dem Motto „Return of the Goat“ – was ein feines Wortspiel ist, lässt es doch die Übersetzung „Die Rückkehr des Geißbocks“ ebenso zu wie „Die Rückkehr des Größten aller Zeiten“ (G.O.A.T.).

Derartige Ekstase und Euphorie sind nur zu verstehen, wenn man wie der 1. FC Köln ein Vierteljahrhundert voller Tiefschläge hinter sich hat. Dabei hatte die Erleichterung eine ganze Saison lang Vorlauf.

Tabellenführung und ein magischer Modeste

Der FC startete so gut wie seit 20 Jahren nicht mehr, nach einem 3:0 am 3. Spieltag gegen den SC Freiburg grüßte die Mannschaft zwischen dem 16. und 17. September 2016 gar von der Tabellenspitze. Während des Oktoberfests erreichte Köln beim Rekord- und Serienmeister Bayern München am 6. Spieltag dank eines artistischen Treffers von Anthony Modeste ein 1:1. Zwischenzeitlich wurde bereits der Besitzer eines Wettbüros in der Domstadt nervös, der vor der Saison eine FC-Meisterwette angeboten hatte.

Auch von der ersten Krise im Herbst mit drei Niederlagen zwischen dem 8. und 13. Spieltag ließ sich die Mannschaft um Torjäger Modeste (25 Treffer) nicht aus dem Konzept bringen. Trotz einzelner Rückschläge überwogen die Glanzlichter wie das 3:0 gegen den Hamburger SV am 9. Spieltag, als der Franzose Modeste die Hanseaten mit einem Hattrick im Alleingang besiegte.

Oder aber das rauschhafte 2:1 beim Erzrivalen Borussia Mönchengladbach am 11. Spieltag, bei dem Timo Horns Vertreter Thomas Kessler sein wohl bestes Spiel im FC-Tor machte und Marcel Risse, ein weiterer gebürtiger Kölner, mit einem Traum-Freistoß in der zweiten Minute der Nachspielzeit den Siegtreffer erzielte. Durch seinen Treffer, der zum „Tor des

Jahres 2016" gewählt wurde, änderte sich auch die Lieblingszahl des Schützen. Seither lautet sie „90.+2".

Auch der zweithöchste Auswärtssieg der Kölner Bundesligageschichte glückte in jener Saison, das 6:1 am 18. Spieltag beim späteren Absteiger Darmstadt 98 wurde nur von dem 6:0 bei Tasmania Berlin in der Saison 1965/66 übertroffen.

Es passte alles zusammen

2016/17 war der Zenit einer Entwicklung, die mit dem Abstieg 2012 durch den Radikalschnitt auf allen Ebenen eingeleitet wurde. War damals vieles verworren und kompliziert, konnte man vier Jahre später eine klare Struktur erkennen. Die Mannschaft war das beste Beispiel.

Die Kölner stellten 2016/17 mit 24 Spielern den kleinsten Profikader der Liga, jeder Profi hatte seine Rolle und seinen Anteil. Der Altersschnitt von 25 Jahren lag im guten Liga-Mittelfeld, einziger Stammspieler über 30 Jahre war Kapitän Matthias Lehmann (33). Kein Erstligist hatte zudem weniger ausländische Spieler im Kader als Köln (10). Schaute man auf den durchschnittlichen Marktwert der FC-Akteure, standen die Geißböcke bereits in der Frühphase der Saison mit 3,1 Millionen Euro auf Rang sieben im Ligavergleich – ein beachtlicher Wert.

Das Spielsystem war auf Modeste zugeschnitten, der nicht nur mit Abstand der torgefährlichste Spieler war, sondern auch der erste Empfänger der langen Bälle aus der Abwehr und dem Mittelfeld. Der Franzose hielt die Kugel und verteilte sie an die nachrückenden Mitspieler.

Stöger musste sich in der Zwischenzeit fragen lassen, ob er in seinem Vertrag eine Prämie für die Europapokalprämie verankert habe. Cool gab der Österreicher die Frage auf einer Pressekonferenz an Sport-Geschäftsführer Jörg Schmadtke weiter. „Habe ich?", so Stöger. Schmadtke antwortete: „Ja, hast du", worauf Stöger lausbübisch grinste und den Daumen hob.

Formanstieg zur rechten Zeit

Im letzten Saisondrittel sah es allerdings so aus, als käme der Verein um die Auszahlung der Prämie herum. Nach dem 30. Spieltag, einem 1:1 gegen die TSG Hoffenheim nach einem Last-Minute-Gegentor, belegte der FC Platz acht und befand sich damit außerhalb der Europapokalplätze.

Es folgte ein unnachahmlicher Schlussspurt mit dem 1:1 beim späteren Pokalsieger Borussia Dortmund, einem spektakulären 4:3 über Werder Bremen, dem 2:2 bei Bayer Leverkusen mit einem Traumsolo von Rechtsverteidiger Lukas Klünter sowie dem 2:0 gegen Mainz 05 am letzten Spieltag, nach dem alle Dämme in Müngersdorf brachen.

Nationalspieler Jonas Hector mit seinem einzigen Saisontor und Yūya Ōsako machten es am 20. Mai 2017 möglich, der FC sprang auf Tabellenplatz fünf und war direkt für die Gruppenphase der Europa League qualifiziert. Ekstatisch wie nach einer Meisterschaft stürmten die FC-Fans bei Frühsommerwetter den Platz, der hemmungslos weinende Modeste wurde von zig Anhängern auf Händen getragen, der Rasen zerstückelt und die Tornetze zerschnitten. Die Sehnsucht der Fans war gestillt.

Doch kurz nach dem Höhepunkt zogen dunkle Wolken auf. Der FC hatte bereits in der Winterpause ein beinahe unmoralisch hohes Angebot aus China für den hochgradig populären Torjäger Modeste ausgeschlagen, um dank der Treffer des Franzosen doch noch den Europapokal zu erreichen. Wenige Monate später wurden die Chinesen erneut vorstellig. Und dieses Mal entwickelte sich ein Sommertheater.

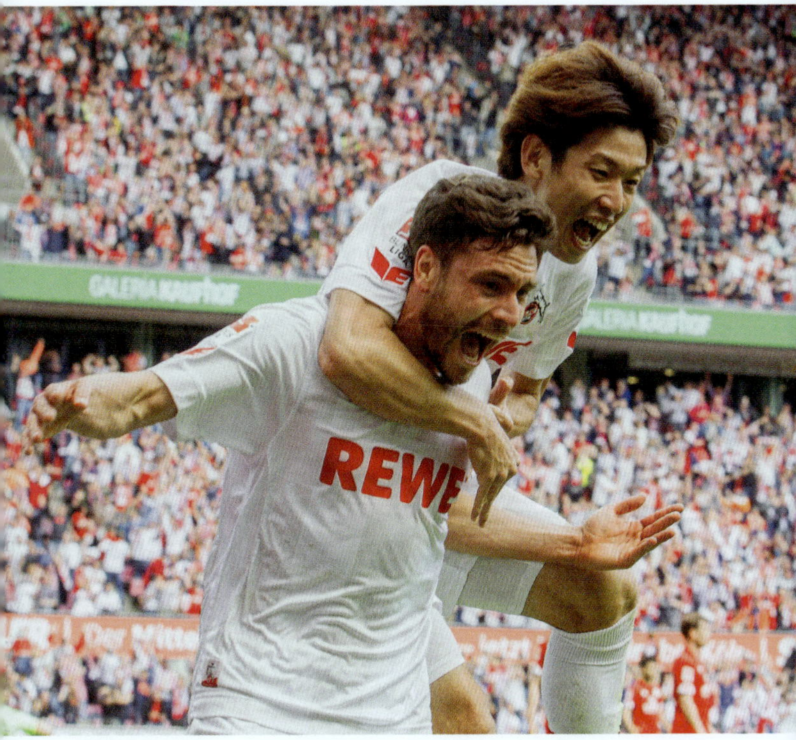

Jonas Hector und Yūya Ōsako schießen den FC nach einem Vierteljahrhundert zurück nach Europa.

Ein Jahr zum Vergessen

Der Abstieg 2017/18

97

Niederlagen gelten gemeinhin als charakterbildend, und in dieser Hinsicht hat der 1. FC Köln in der Saison 2017/18 in puncto Persönlichkeitsentwicklung einiges mitgemacht. Dem Höhepunkt der ersten Europapokal-Qualifikation seit 25 Jahren folgte nämlich die rein sportlich betrachtet schlechteste Spielzeit der Vereinsgeschichte.

22 Punkte am Saisonende markierten einen Bundesliga-Minusrekord für den 1. FC Köln, der ab dem 2. Spieltag auf einem Abstiegsplatz stand und insgesamt 30-mal den letzten Tabellenplatz belegte. Auf dem Weg zum ersten Saisonsieg am 17. Spieltag (!), dem 1:0 gegen den VfL Wolfsburg, kassierte die Mannschaft 13 Niederlagen und erzielte lediglich neun Tore bei 32 Gegentreffern.

Und: Auf dem Weg zu dieser unglaublichen Negativmarke verlor der FC neben seinem Torjäger Anthony Modeste auch den langjährigen Erfolgstrainer Peter Stöger und Sport-Geschäftsführer Jörg Schmadtke. Ein scheinbar stabiles Konstrukt lag binnen weniger Monate in Trümmern.

Der Zusammenhalt stimmte

Torwart Timo Horn allerdings sprach sich und den Kollegen Mut zu. Der Zusammenhalt sei „viel besser als in der Abstiegssaison 2011/12. Wir sind immer noch in der Lage, das Feld von hinten aufzurollen. Als Gejagter lebt es sich schwerer, das haben wir damals zu spüren bekommen. Dieses Mal ziehen wir an einem Strang."

Viel besser wurde es aber nicht mehr. Schmadtkes Lücke wurde mit der Verpflichtung des früheren Stuttgarter Meistertrainers Armin Veh als Sport-Geschäftsführer geschlossen, zum Stöger-Nachfolger bis zum Saisonende ernannte die Vereinsführung um den ebenfalls nicht mehr unumstrittenen Klubboss Werner Spinner im Dezember den bisherigen U19-Trainer Stefan Ruthenbeck.

Veh und Ruthenbeck konnten nicht mehr viel ausrichten, lediglich die Weichen für die neue Saison stellen. So holte Veh vom VfB Stuttgart Angreifer Simon Terodde zurück. Der zweimalige Zweitliga-Torschützenkönig galt als Vorgriff auf die Saison 2018/19 im Unterhaus.

Doch wie konnte der 1. FC Köln überhaupt in eine solche Krise geraten? Die Mannschaft trug eine gewaltige Hypothek mit sich herum. Modeste-

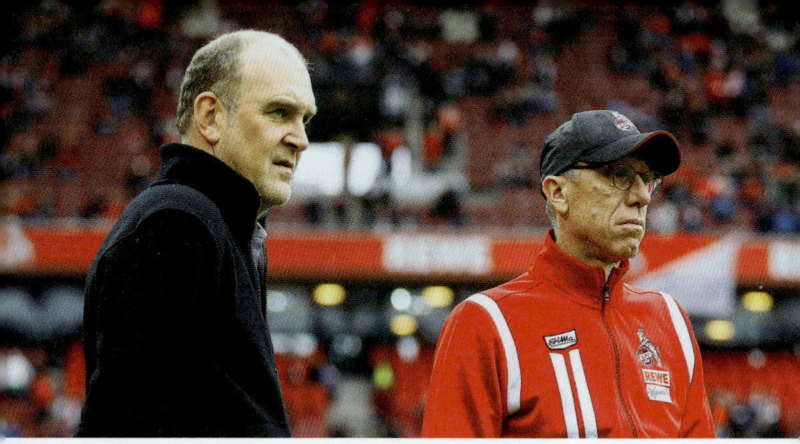

Erfolg am Ende: Auch zwischen Jörg Schmadtke (l.) und Peter Stöger stimmte es im Herbst 2017 nicht mehr.

Nachfolger Jhon Córdoba, 17 Millionen Euro teuer, fand keine Bindung zu den Mitspielern, dem Kölner Spiel fehlte ohne den Fixstern und Torganten Modeste die Struktur und Sicherheit. Die Saison begann mit dem 0:1 bei Borussia Mönchengladbach holprig. Im ersten Heimspiel gegen den Hamburger SV war Köln überlegen, verlor aber 1:3.

Neue Situation für die Mannschaft

Auf einmal war ein negativer Druck zu spüren, den die Mannschaft seit dem Wiederaufstieg drei Jahre zuvor nicht kannte. 103-mal in Folge stand der 1. FC Köln auf einem Nichtabstiegsplatz. Die Situation, auf einmal unter dem Strich zu stehen, führte zum Verkrampfen. Hinzu kamen zahllose Situationen, in denen trotz des neu eingeführten Videobeweises Situationen fälschlicherweise zuungunsten der Geißböcke bewertet wurden. In Summe sind das allesamt typische Symptome eines Absteigers.

Lediglich Achtungserfolge linderten den Schmerz, darunter das 2:1 gegen Borussia Mönchengladbach oder das 2:0 gegen Bayer Leverkusen. Zu den wenigen Highlights gehörten auch die beiden Erfolge in der Europa-League-Gruppenphase gegen BATE Borissow (5:2) und den großen FC Arsenal (1:0). Letztlich wurde aber auch auf internationalem Parkett das Weiterkommen verpasst.

Die besten Nachrichten kamen aus den eigenen Reihen. Nationalspieler Jonas Hector, der umworbene Keeper Timo Horn oder Mittelfeldspieler Marco Höger bekannten sich überraschend allesamt zum Verein und verlängerten trotz des Abstiegs ihre Verträge. Anders als nach der Bankrotterklärung 2012 behielt der Verein seine Stars mit Kusshand.

Kein Traumpaar

Der 1. FC Köln und der Videobeweis

98

Vieles im Leben ist eine Frage des richtigen Timings. Was den Videobeweis angeht, so sind der 1. FC Köln und dieses technologische Hilfsmittel um Lichtjahre aneinander vorbeigerauscht. Hätte es den Video Assistant Referee (VAR) in der Saison 1997/98 bereits gegeben, wäre der FC womöglich nie abgestiegen. Das Handspiel des Schalker Feldspielers Oliver Held (siehe Kapitel 68) wäre eindeutig zu entlarven gewesen.

Auch in der „Handreasen"-Affäre hätte der Videobeweis dafür sorgen können, dass dem 1. FC Köln Gerechtigkeit zuteilwird. Leon Andreasen von Hannover 96 nämlich traf in der Saison 2015/16 glasklar und eigentlich ohne TV-Bilder sichtbar mit der Hand zum 1:0-Siegtreffer der Niedersachsen in Köln. Die Zuschauer tobten, Kölner Spieler und Verantwortliche waren fassungslos ob der offensichtlichen Fehlentscheidung.

Trainer Peter Stöger immerhin brachte dieses Ärgernis die Auszeichnung für den besten Fußballspruch des Jahres ein. „Ich habe dem Linienrichter meine Brille angeboten, aber auch das hat er nicht gesehen", witzelte der Österreicher nach der Partie, mit der Kölns Serie von 14 Heimspielen ohne Niederlage endete.

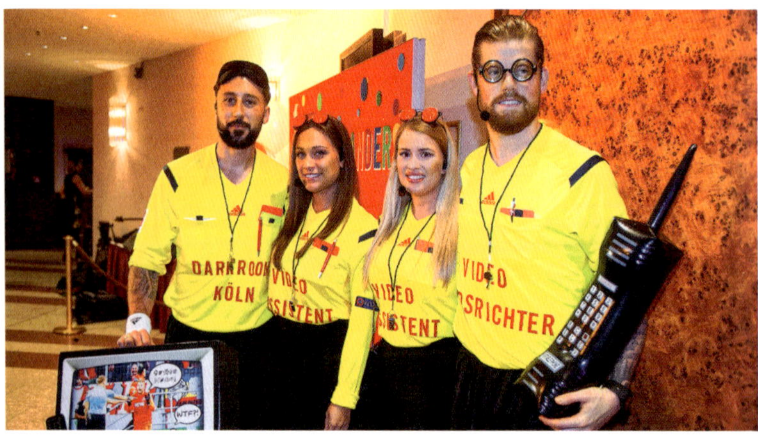

Nahmen es irgendwann mit Humor: Die Ehepaare Maroh (l.) und Horn bei der FC-Karnevalssitzung 2018

Verlierer des Videobeweises

Entsprechend müsste man annehmen, dass in der Domstadt durchgeatmet wurde, als zur Bundesligasaison 2017/18 der Videobeweis eingeführt wurde. Doch weit gefehlt: Auch der VAR bewahrte den FC nicht vor klaren Fehlentscheidungen. Diese waren zwar nicht alleinverantwortlich für den sechsten Abstieg, verschärften die Krise aber besonders in der Hinrunde, als eine Aufholjagd noch realistisch erschien.

Am 4. Spieltag verloren die Kölner zwar verdient mit 0:5 bei Borussia Dortmund, fühlten sich aber trotzdem betrogen. Torwart Timo Horn nämlich ließ kurz vor der Halbzeit beim Stand von 0:1 im Fünf-Meter-Raum den Ball fallen, BVB-Verteidiger Sokratis staubte ab. Schiedsrichter Patrick Ittrich pfiff ab, weil er ein Foul an Horn gesehen hatte.

Danach sprach der Referee über Headset mit Videoassistent Felix Brych. Anschließend pfiff er erneut und zeigte Richtung Mittelkreis: Das Tor zählte doch. Allerdings hatte Ittrich zuvor gepfiffen, bevor der Ball über die Torlinie gerollt war. Das Spiel war also formal unterbrochen, der Videoschiedsrichter hätte nicht auf Treffer entscheiden dürfen.

Geschäftsführer Jörg Schmadtke tobte und forderte eine Neuansetzung. Zwei Tage lang hielt sich der FC einen Protest offen, verzichtete dann aber letztlich.

Fan zeigt Videoschiedsrichter an

Doch der 1. FC Köln blieb vom VAR-Pech verfolgt. Am 12. Spieltag entschied FIFA-Referee Felix Brych bei Mainz 05 auf Elfmeter für die Rheinhessen und blieb auch nach Überprüfung durch den Videoassistenten bei seiner Einschätzung. Der Ex-Kölner Daniel Brosinski verwandelte den Strafstoß, Mainz gewann mit 1:0. Tatsächlich aber war dem Elfmeterpfiff eine Schwalbe von Pablo de Blasis vorausgegangen, die Brych auf dem Feld nicht erkannte und die auch der Videoschiedsrichter übersah.

Nach der Partie und nach Ansicht der Bilder hatte Brych die Größe, seine Fehlentscheidung zumindest einzuräumen: „Ich kann keinen Kontakt erkennen." Allerdings hatte der Unparteiische im Spiel auf die Möglichkeit verzichtet, sich die Szene auf einem Bildschirm anzuschauen. Wieder einmal war der FC der Verlierer eines holprig anlaufenden Systems. Ein erboster Fan erstattete sogar Anzeige wegen Betrugs gegen Videoschiedsrichter Tobias Welz.

Und so summierten sich fragwürdige Entscheidungen und klare Fehler. „Wenn man das nüchtern und sachlich analysiert, dann ist es einfach so, dass diese Entscheidungen ein Stück weit willkürlich getroffen werden", sagte Timo Horn im Februar 2018 ziemlich resigniert.

Preis-Leistungs-Sieger

99

Wie Anthony Modeste für den 1. FC Köln zweimal zum Transfercoup wurde

Die Frage, welcher denn nun der beste Transfer des 1. FC Köln sei, könnte einen Stammtisch einen ganzen Abend lang beschäftigen. Hans Schäfer, Wolfgang Overath, Bernd Schuster, Pierre Littbarski oder Thomas Häßler waren bei ihrer Verpflichtung Schnäppchen, die ihren Marktwert beim FC vervielfachten. Zumindest in der jüngeren Vergangenheit ist diese Frage einfach zu beantworten: Anthony Modeste.

2015 investierte Jörg Schmadtke die 4,5 Millionen Euro Ablöse für Mittelstürmer Anthony Ujah, den es zu Werder Bremen zog, eins zu eins in den Franzosen, der bei der TSG Hoffenheim nach spektakulärem Start aufs Abstellgleis geraten war. Und Modeste erwies sich sogleich als klare Verstärkung für das Angriffszentrum.

In seiner ersten Saison war der auch fußballerisch beschlagene Angreifer mit 15 Treffern der erfolgreichste Schütze der Mannschaft, er wurde von Trainer Peter Stöger aber auch in einer Acht-Spiele-Durststrecke im Herbst 2015 bedingungslos gestützt. „Er muss wissen, dass er eine Führungsrolle hat, dem muss er sich stellen", erklärte Stöger.

Modeste zahlte das Vertrauen zurück, besonders in seinem zweiten Jahr: 13 Tore erzielte er in der Hinrunde, 12 in der Rückrunde. Nur der Dortmunder Pierre-Emerick Aubameyang und Robert Lewandowski von Meister Bayern München waren 2016/17 erfolgreicher als Modeste. Modestes Ausbeute wurde beim FC zuletzt 1985/85 von Klaus Allofs (26 Tore) getoppt.

Irrweg nach China

Modeste erreichte in Köln Popularitätswerte, die mit denen von Lukas Podolski vergleichbar waren. Doch der Franzose musste im Sommer 2017 eine Entscheidung treffen: Mit dem FC durch Europa ziehen, oder aber für beinahe unmoralisch hohe Bezüge nach China wechseln und ein für allemal aussorgen.

Modeste entschied sich gegen den Legendenstatus in der Domstadt und forcierte in einem Sommertheater seinen Wechsel in Chinas Super League. Nach wochenlangem Hickhack – Modeste bestritt eigenmächtig bei Tianjin Quanjian bereits den Medizincheck – erteilte Sportchef Schmadtke dem 29-Jährigen am 12. Juli 2017 schließlich genervt die Freigabe.

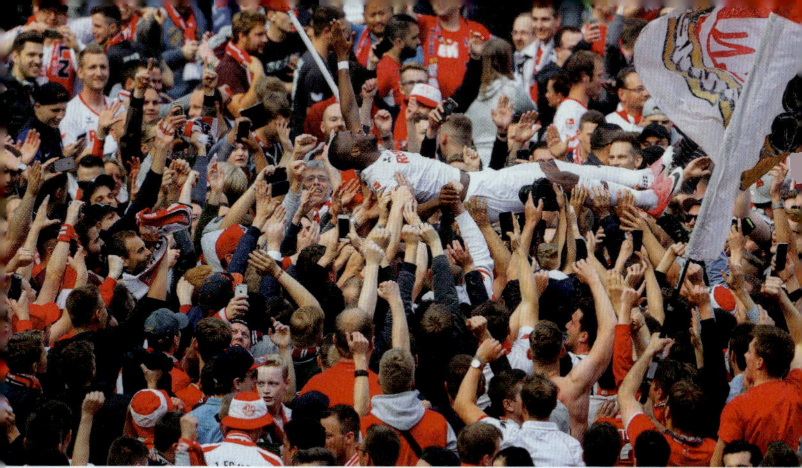

Nach seiner 25-Tore-Saison trugen die FC-Fans Modeste auf Händen.

Modestes Abgang schmerzte sportlich ungeheuer, was jeder in der Horrorsaison 2017/18 an den Ergebnissen ablesen konnte. Der 1. FC Köln kassierte die Vereins-Rekordablöse von 35 Millionen, musste allerdings fast die Hälfte davon in Nachfolger Jhon Córdoba stecken. Ein branchenübliches Phänomen, sobald die Konkurrenz weiß, dass man zu Geld gekommen ist.

Rückkehr mit Anlauf

Modestes Familie blieb in der zweiten Heimat Köln. Und irgendwie schauten die FC-Verantwortlichen immer wieder ins Reich der Mitte. Als Tianjin dem Stürmer vertraglich fixierte Zahlungen verweigerte, klagte Modeste auf Auflösung seines Vertrags und ablösefreien Wechsel.

Mit einem Mal war der Franzose wieder für die halbe Bundesliga interessant. Während die Konkurrenz aber zögerte wegen der unklaren Vertragssituation, schlug der 1. FC Köln zu. Am 17. November 2018 machte der Geißbock-Klub den Coup anlässlich der Gala zum 70. Geburtstag des Vereins offiziell.

Der ehemalige SPD-Kanzlerkandidat Martin Schulz soll bei der Rückkehr Modestes zum FC eine entscheidende Rolle gespielt habe. Er habe ein paar Kontakte in China eingesetzt, verkündete Schulz in der Bild-Zeitung. Modeste erklärte: „Ich bin einfach nur glücklich, wieder bei dem Verein zu sein, bei dem ich zu Hause bin."

Es dauerte allerdings bis zum 14. Februar 2019, ehe der FC die Spielgenehmigung für den ablösefreien Stürmer erhielt. Mit sechs Tore in zehn Spielen knüpfte der Rückkehrer an seine Glanzzeiten an und leistete seinen Beitrag zum Aufstieg.

eSport und mehr

Der 1. FC Köln in Zeiten des digitalen Wandels

100

Die Bundesliga für die Männer- und die Frauenmannschaft ist für den 1. FC Köln seit Anfang 2019 nicht mehr genug. Der Geißbock-Klub gehörte zu den Gründungsmitgliedern der Virtual Bundesliga. Bei der sogenannten VBL Club Championship wird seither unter dem Dach der Deutschen Fußball Liga (DFL) alljährlich der deutsche Vereinsmeister im Konsolen-Klassiker „FIFA" ausgespielt.

Man mag den eSport noch als Nische abtun, doch er wächst weltweit unaufhörlich. Anders als die Rasen-Branchenführer Bayern München und Borussia Dortmund stieß der 1. FC Köln in diese Lücke vor. Anfang 2018 sicherte sich der Verein Anteile am Kölner eSport-Team SK Gaming, ein Jahr später ging der FC in seine erste VBL-Saison, die Dylan „Dullenmike" Neuhausen, Mirza „Mirza" Jahic, Timo „Praii" Gruneisen und Niklas „Bomb" Flöck auf Platz 10 unter 22 Teams abschlossen.

Vonseiten des 1. FC Köln betonte man, dass man sich mit dem Einstieg in den eSport „den veränderten Ansichten seiner Fans öffnen" wolle. Zugleich unterstrich Finanz-Geschäftsführer Alexander Wehrle, dass „der Ball sich nicht durch den Controller ersetzen" ließe, sondern dass man bei Ideen und Trends mit der Zeit gehen wolle, um unter dem Strich damit „den professionellen Fußball zu stärken".

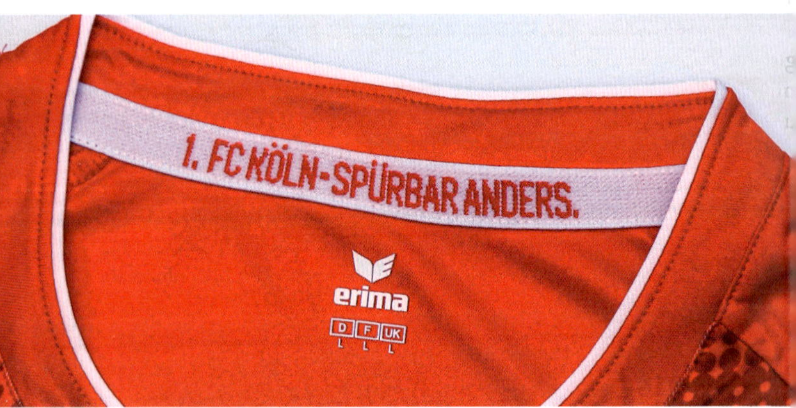

Der 1. FC Köln hat seinen eigenen Kurs eingeschlagen.

Köln treibt Digitalisierung voran

Der Einstieg in den Wachstumsmarkt eSport ist aber nur eine Maßnahme des 1. FC Köln im Segment der Digitalisierung. Im Bereich Klub-TV, Information und Unterhaltung der Fans über die Website sowie die offizielle Vereins-App gilt der Klub innerhalb der Bundesliga auch dank professioneller Agentur-Unterstützung als progressiv und stilbildend.

Hochglanz-Clips wie das Markenkampagnen-Video „Spürbar anders“ oder originelle und aufwändig produzierte Saisonrückblicke wurden bei weltweit verfügbaren Portalen wie YouTube und Co. überproportional häufig aufgerufen.

Für die erfolgreiche Mitgliederkampagne „Werde FC“ wurde der Klub mit dem renommierten German Brand Award 2019 in der Kategorie „Excellence in Brand Strategy and Creation: Brand Communication – Integrated Campaign“ ausgezeichnet.

Gewürdigt wurde mit dem Preis, „dass der FC über alle Kommunikationskanäle hinweg eine stimmige Kampagne entwickelt hat, die mit starken und emotionalen Botschaften überzeugt“. Das ausgegebene Ziel von 100.000 Mitgliedern wurde schon neun Monate vor dem eigentlich geplanten Termin erreicht.

Smartphone als Eintrittskarte und Zahlungsmittel

Auch das Smartphone ist beim 1. FC Köln zu einem Alltagstool geworden. Beim Mobile Ticketing und Mobile Payment gehörte der 1. FC Köln zu den First Movern im Fußball, seit 2014 können Tickets analog zu Fluggesellschaften oder zur Deutschen Bahn mobil bezogen und aufgerufen werden.

Seit Herbst 2017 ist es möglich, Speisen und Getränke im RheinEnergieSTADION per App zu bezahlen. Auch die Medienvertreter können sich mittlerweile digital für Heimspiele akkreditieren. „Das spart Zeit, Nerven und Papier“, erklärte die Medienabteilung des Geißbock-Klubs.

Philipp Liesenfeld, der seit 2017 beim FC für die Unternehmensentwicklung und die Internationalisierung hauptverantwortlich ist, erklärte im Podcast „Sportsmaniac“: „Wir wollen die Kundenerfahrung verbessern für die Menschen, die bereits Fans oder Mitglieder des 1. FC Köln sind. Wir wollen aber auch eine neue Zielgruppe erreichen, neue Erlöspotenziale generieren, aber auch unsere Organisation immer weiterentwickeln. Und wir wollen datenbasierte Entscheidungen treffen, sowohl in der Organisation als auch im Sport.“

Hinzu kommen Investitionen in Start-up-Unternehmen, vornehmlich aus der Region.

Wachstum ohne Grenzen?

Der 1. FC Köln und die Zukunft

101

Wie jeder andere Profi-Fußballverein muss sich der 1. FC Köln für die Zukunft wappnen. Für den ersten Bundesligameister geht es nicht zuletzt darum, neben dem Platz die Grundlage zu legen, um auf dem Platz die Fahrstuhlpendelei zwischen der 1. und der 2. Liga zu beenden. Ein ewiges Thema ist dabei die Stadionfrage.

„Wir sind am Limit. Wenn wir die Lücke zu den finanziell ganz Großen zumindest ein wenig verkleinern und wettbewerbsfähig sein wollen, dann müssen wir weiterhin wachsen", erklärte der damalige Vizepräsident Toni Schumacher nach der Europa-League-Qualifikation 2017. „Unsere 50.000 Plätze sind fast immer ausverkauft. Deshalb sind wir im Austausch mit der Stadt und arbeiten an einer Machbarkeitsstudie, was den Ausbau des RheinEnergieSTADIONS angeht. Parallel müssen wir auch über einen

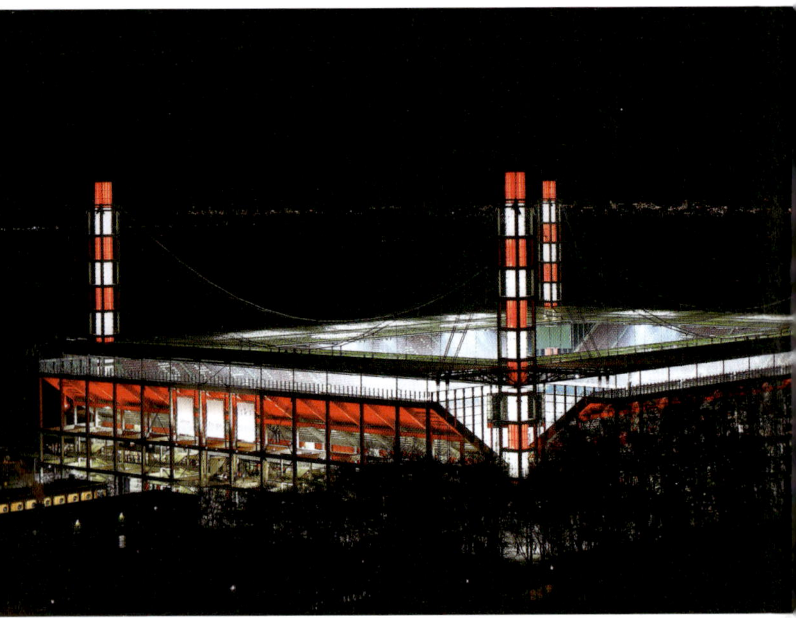

Ausbauen oder neu bauen? Nur eine von vielen Zukunftsfragen

Stadionneubau zumindest nachdenken", erklärte die Torwartikone der erfolgreichsten Klubära. „Die Klärung der Stadionfrage ist unser wichtigstes Zukunftsprojekt", unterstreicht auch Finanz-Geschäftsführer Alexander Wehrle. Die Aufgabe des Vereins besteht aber darin, nicht nur aus unternehmerischer Sicht die beste Lösung zu finden.

Der 1. FC Köln selbst möchte am liebsten schon 2023 vor 75.000 Zuschauern und damit im drittgrößten deutschen Stadion nach Dortmund und München spielen. Im RheinEnergieSTADION ist der FC noch Mieter. Bei einem Neubau außerhalb der Stadt, so die Rechnung, stünde man über Jahrzehnte billiger da und wäre noch dazu der eigene Herr.

Standort Müngersdorf für die Fanszene „unverhandelbar"

Für die meisten Fans ist der Traditionsstandort Müngersdorf allerdings „unverhandelbar". Zugleich fühlen sich die Anhänger in dieser essenziellen Frage, bei der auch die Identität des Vereins auf dem Spiel steht, nicht ernst genommen und ins Boot geholt.

Politik und Steuerzahler wiederum schauen auf die Kosten, wobei ein Umbau des RheinEnergieSTADIONS nicht nur architektonisch gewisse Herausforderungen mit sich bringen würde.

Baumaßnahmen bei laufendem Spielbetrieb würden auch temporäre Einnahmeneinbußen und Einschränkungen beim Komfort bedeuten. Hinzu kommt: Der 1. FC Köln wäre wohl der einzige Nutzer der Arena, der 50 Prozent mehr Plätze tatsächlich in Anspruch nehmen würde. Für Konzerte ist das RheinEnergieSTADION bereits ausreichend dimensioniert.

Auch die Erweiterung und Modernisierung des Trainingsgeländes und der Geschäftsstelle am Geißbockheim ist ein Zukunftsprojekt. „Ich führe keine neuen Spieler in die Kabine. Unsere Möglichkeiten hier sind mehr als rückständig. Wir platzen aus allen Nähten und brauchen dringend einen Umbau", sagt Sportchef Armin Veh unverblümt.

Dem stellt sich aber eine Bürgerinitiative zum Erhalt des Grüngürtels entgegen. Der FC würde das Geißbockheim gern auf einer Wiese neben dem bestehenden Areal erweitern, neben weiteren Trainingsplätzen zusätzlich ein hochmodernes Leistungszentrum für Profis und Nachwuchs bauen – und als Ausgleich auch Plätze anlegen und pflegen, die der Öffentlichkeit zur Verfügung stehen. Wenn dieses

Projekt scheitert, ist auch das Geißbockheim als Heimat des Vereins nicht mehr sicher. Hier lauert weiteres Konfliktpotenzial.

Gesprächsbedarf zwischen Vorstand und Fans

Im Kern muss der 1. FC Köln mit der aktiven Fanszene wieder auf eine Linie kommen. Spätestens mit der Ära von Wolfgang Overath als Präsident keimten immer wieder Konflikte auf, die auch unter Nachfolger Werner Spinner in knapp sieben Jahren nicht gelöst wurden.

Die Fans fühlen sich mit ihren Fragen zur Vereinszukunft (Stadionausbau, Öffnung gegenüber potenziellen Investoren etc.) nicht ernst genommen. Zugleich stößt vielen die Null-Toleranz-Politik des Klubs gegen Pyrotechnik auf, bei Strafen durch den DFB fehlt ihnen die Rückendeckung seitens der FC-Führung.

Das Präsidium Spinner/Schumacher/Ritterbach war 2012 unter dem Motto „Verein vereinen" angetreten, am Ende ihrer Amtszeit gehörten „Vorstand raus"-Banner auf der Südtribüne zu jedem Heimspiel wie das Singen der Hymne oder die Show der Cheerleader – die für viele Anhänger nur ein weiteres Symbol für die fortschreitende Kommerzialisierung des Vereins ist. An dieser kommt der 1. FC Köln allerdings kaum vorbei, will er wirtschaftlich mit der Konkurrenz Schritt halten.

Internationalisierung in Nordamerika und Asien

Um weiter zu wachsen, hat sich der 1. FC Köln deswegen auch der Internationalisierung verschrieben. Japan, Nordamerika und China mit der Region Liaoning als Schwerpunkt wurden zu Kernmärkten erklärt. Dort will der Verein als Marke zunächst einmal bekannt werden. Dies funktioniert in erster Linie über die digitalen Kanäle.

„Wenn man authentisch ist und seiner Marke treu bleibt – wir sind ‚spürbar anders' als andere Klubs –, dann haben die Chinesen auch von der Mentalität her ein Interesse, wenn man sich anders positioniert", sagt Philipp Liesenfeld, Leiter für Unternehmensentwicklung und Internationalisierung: „Dann muss man den Menschen ein Gefühl geben, was besonders ist an dem Klub und warum es sich lohnt, uns auf den Sozialen Plattformen zu folgen."

Daneben will der 1. FC Köln in Liaoning eine Fußballschule aufbauen und sein Know-how einbringen. Mit diesem Zugang könne in China ein Netzwerk entstehen und der FC dauerhaft präsent sein.

Auch mehr als 70 Jahre nach der Gründung unter Franz Kremer ist der 1. FC Köln ein ambitionierter Verein. Er ist allerdings auch ein Klub, der sich vielen Widrigkeiten stellen muss. Die Zukunft wird eine Herausforderung. Dem „Boss" Kremer hätte das gefallen.

Literatur

Annas, Max/Wigand, Elmar (Hg.), Die Geißböcke. Glanz und Elend des 1. FC Köln, Köln 1998.

Hardt, Thomas u. a., Hennes & Co. Die Geschichte des 1. FC Köln, Göttingen 2000.

König, Hans-Gerhard, 1. FC Köln. Vom Vorstadtverein zum Weltclub, Düsseldorf 1975.

Overath, Wolfgang, Ja, mein Temperament. Fußball vor und hinter den Kulissen, Köln 1970.

Sabel, Rolf D., Titel, Träume, Turbulenzen. Eine Insider-Chronik des 1. FC Köln, Köln 2000.

Udelhoven, Dirk, 111 Gründe, den 1. FC Köln zu lieben: Eine Liebeserklärung an den großartigsten Fußballverein der Welt, Berlin 2018.

Unschuld, Dirk, Als der Geißbock Moped fuhr. Unverzichtbares Wissen rund um den 1. FC Köln, Göttingen 2009.

Unschuld, Dirk/Hardt, Thomas, Im Zeichen des Geißbocks. Die Geschichte des 1. FC Köln, Göttingen 2008.

Online-Quellen

www.fc.de
www.ksta.de
www.11freunde.de
www.express.de
www.rundschau-online.de
www.tagesspiegel.de
www.transfermarkt.de
www.bild.de
www.faz.net
www.spiegel.de
www.sueddeutsche.de
www.geissblog.koeln
www.effzeh.com
https://sportsmaniac.de/

Filme

FC – Der Film, 50 Jahre 1. FC Köln – Titel, Tore, Typen, Köln 1998.
Heinz Flohe – Der mit dem Ball tanzte, Köln 2015.
Das Double 1977/78, Köln 2015.

Bildnachweis

2 imago images/Chai v. d. Laage; 7 imago/Laci Perenyi; 8, 9 aylight; 11 imago/Otto Krschak; 14 imago/Chai v. d. Laage; 17 imago/hqfl; 19 imago/WEREK; 21 imago/ZUMA Press/Keystone; 23 imago/Ferdi Hartung; 26 imago/Eduard Bopp; 29 imago/VI Images; 30 imago/Eibner; 31 imago/Sven Simon; 32 imago/Horstmüller; 35 imago images/Sascha Janne; 37 imago/mika; 39, 40, 42 imago/Horstmüller; 43 imago/WEREK; 45 imago/Kicker/Metelmann; 47 imago/WEREK; 51 ullstein bild – Horstmüller; 53 imago/Camera 4; 55 imago/Horstmüller; 57 imago/Kicker/Metelmann; 58 imago/Pfeil; 61 imago/Eduard Bopp; 62 imago/Kicker/Eissner; 63, 65 imago/WEREK; 67 imago/Fred Joch; 69 imago/Frinke; 70 imago/Manngold; 72 imago/Horstmüller; 73 imago/WEREK; 74 imago images/Sven Simon; 75 imago/WEREK; 77 imago/Pfeil; 79 imago/Sven Simon; 81 imago images/Pressefoto Baumann; 83 imago/Eduard Bopp; 84 imago/Rust; 86 imago/Norbert Schmidt; 87 imago/Thomas Zimmermann; 89 imago/Sportfoto Rudel; 90 imago/WEREK; 91 imago/Horst Galuschka; 93 imago/WEREK; 95 imago/Kicker/Liedel; 96 imago/Colorsport; 98 imago/Sven Simon; 101 imago/Thomas Zimmermann; 103 imago/Sven Simon; 104 imago/Kicker/Liedel; 105 imago/Werner Otto; 107 imago/Kicker/Eissner; 108 imago/Sven Simon; 109 imago/Horstmüller; 110 imago/Kicker/Liedel; 112 imago/Sportfoto Rudel; 113, 115 imago/WEREK; 116 imago/Kicker/Liedel; 117 imago/Oliver Hardt; 119 imago/Passage; 120 imago/Horstmüller; 121 imago/Buzzi; 123 imago/Team 2; 126 imago/Eduard Bopp; 128 imago/mika; 129 imago/Udo Gottschalk; 131 imago/Eduard Bopp; 132 imago images/Manngold; 135 imago/Rust; 137 imago/Dahmen; 138 imago/Team 2; 139 imago/Revierfoto; 141 imago/Thomas Zimmermann; 143 imago/Team 2; 147 imago/Manngold; 149 imago/Eduard Bopp; 153 imago/Chai v. d. Laage; 155 imago/Thomas Zimmermann; 156 imago/Herbert Bucco; 158 imago/Eduard Bopp; 159 imago/Schüler; 160 imago/Claus Bergmann; 163 imago/mika; 164 imago/MIS; 165 imago/Herbert Bucco; 167 imago/MIS; 168 imago/Eduard Bopp; 171 imago/mika; 173 imago/Eibner; 174 imago/Sven Simon; 177 imago/Eduard Bopp; 179 imago/mika; 180 imago/Sven Simon; 183, 184 imago/Herbert Bucco; 186 imago/mika

Impressum

Verantwortlich: Jerome P. Schäfer
Redaktion & Lektorat: Birgit Günther
Korrektorat: Ralf J. Klumb | The Wordworms
Layout: BUCHFLINK Rüdiger Wagner
Repro: LUDWIG:media
Herstellung: Julia Hegele
Printed in Poland by CGS Printing

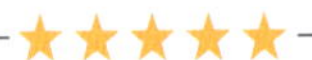

Sind Sie mit diesem Titel zufrieden? Dann würden wir uns über Ihre Weiterempfehlung freuen. Erzählen Sie es im Freundeskreis, berichten Sie Ihrem Buchhändler oder bewerten Sie bei Ihrem nächsten Onlinekauf. Und wenn Sie Kritik, Korrekturen oder Aktualisierungen haben, freuen wir uns über Ihre Nachricht an Bruckmann Verlag, Postfach 40 02 09, D-80702 München oder per E-Mail an lektorat@verlagshaus.de.

Unser komplettes Programm finden Sie unter 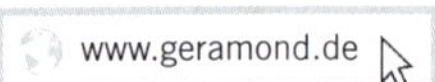

Die Deutsche Nationalbibliothek verzeichnet diese Publikation in der Deutschen Nationalbibliografie; detaillierte bibliografische Daten sind im Internet über http://dnb.d-nb.de abrufbar.

Bildnachweis Umschlag – Ralph Hellberg/Alexander Mück unter Verwendung folgender Fotos: imago/T-F-Foto (Umschlagvorderseite), imago/Frinke (Umschlagrückseite), Mitch Gunn/Shutterstock.com (vordere Umschlaginnenseite), Tobias Steinert/Shutterstock.com (hintere Umschlaginnenseite)

2. Auflage

ISBN 978-3-96453-052-3